LISTE

DE

Seize mille Militaires Français

Ou au Service de France,

FAITS PRISONNIERS DE GUERRE DE 1810 A 1814,

ET QUI SONT MORTS EN RUSSIE, EN POLOGNE ET EN ALLEMAGNE,

SUIVIE D'UNE AUTRE LISTE DE MILITAIRES ENCORE VIVANS EN RUSSIE.

PUBLIÉE

Par E. G. C. Mehliss,

NOTAIRE ROYAL A BERLINSDORFF.

Prix : 4 fr., et 4 fr. 50 cent. par la Poste.

PARIS,

CHEZ HENRI GUILLEMÉ ET COMPAGNIE,

À LA LIBRAIRIE DE L'INDUSTRIE, RUE SAINT-MARC-FEYDEAU, N°. 40;

ET CHEZ ROBET, RUE HAUTEFEUILLE.

1826.

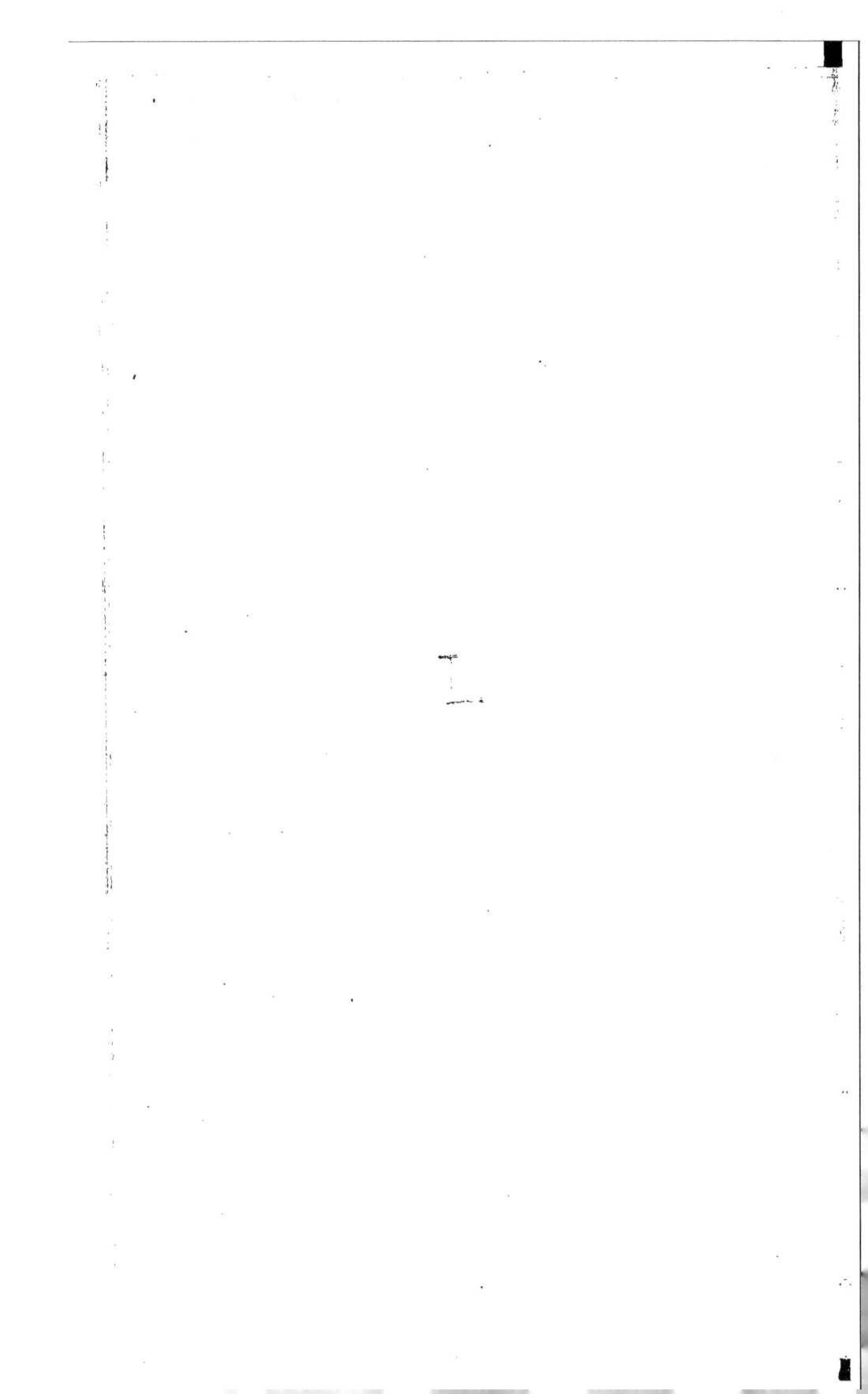

LISTE

DE

16,000 MILITAIRES

Au Service de France,

FAITS PRISONNIERS DE GUERRE DE 1810 A 1814,

ET QUI SONT MORTS EN RUSSIE, EN POLOGNE ET EN ALLEMAGNE.

AVERTISSEMENT.

L'UTILITÉ du Livre que nous publions est malheureusement incontestable. Après avoir deux fois vaincu l'Europe armée contre elles, les phalanges françaises, victimes des élémens, ont été décimées dans les plaines glacées de la Russie et forcées d'abandonner leurs glorieuses conquêtes. Des milliers de braves ont expiré dans les hôpitaux de la Russie, de la Pologne et de l'Allemagne, sans que leurs familles aient pu se procurer la connaissance de leur perte. Ce défaut de renseignemens a été la source d'une multitude d'embarras que les formalités judiciaires n'ont fait qu'augmenter. On a constaté des absences; mais l'incertitude qui régnait sur le sort de ceux qui manquaient à leurs drapeaux et à leurs parens, n'a pas permis de procéder à des partages réguliers et définitifs. Ce provisoire dure encore.

Plusieurs personnes en Allemagne ont entrepris des recherches laborieuses pour combler cette immense et déplorable lacune. Durant quatre années, elles ont parcouru les divers lieux dans lesquels on avait établi des hôpitaux militaires, en Pologne, en Russie et dans toutes les parties de l'Allemagne. Des fonctionnaires publics ont aidé à donner au résultat de ces investigations toute l'authenticité nécessaire. C'est ce résultat que nous publions aujourd'hui. Nous n'y avons rien changé; nous avons, au contraire, respecté jusqu'aux erreurs qui peuvent s'y trouver, dans la crainte d'y en substituer d'autres et de faire prendre le change à ceux que ces Listes intéressent.

On remarquera que la première LISTE, qui contient les noms et prénoms des militaires décédés, contient aussi l'indication de la commune et du département où ils sont nés. Cette Liste a été relevée dans les hôpitaux d'Allemagne, où le système français d'administration avait pénétré. Les autres Listes n'offrent pas malheureusement le même avantage; elles ont été prises dans les hôpitaux d'Allemagne, de la Pologne et de la Russie : elles ne contiennent que des noms et des prénoms, encore n'oserions-nous pas affirmer que quelquefois l'ordre n'est pas renversé et que le nom n'est pas mis à la place du prénom. La

différence du langage, le désordre qui existait dans les établisse-
semens militaires russes et polonais, ont causé ces erreurs qu'il
n'est pas en notre pouvoir de rectifier. Ce sera à ceux qui croi-
ront avoir trouvé, dans l'immense nomenclature que nous pré-
sentons, un nom qui les intéresse, à saisir cet indice. Nous allons
leur indiquer les moyens qu'ils auront ensuite de le mettre à
profit.

Il n'a pas été possible de donner les noms de tous les hôpitaux
où sont décédés les militaires dont les Listes se trouvent dans
notre Ouvrage, cela eût été une confusion inextricable; on n'en
aurait d'ailleurs tiré aucun avantage pour les recherches. Com-
ment écrire dans un village de la Pologne ou de la Russie? à qui
s'adresser? Les registres de décès n'existent souvent plus dans
les lieux où des hôpitaux temporaires avaient été établis. Les personnes qui ont concouru à la formation des Listes ont pourvu à
cet inconvénient; elles se sont assuré les moyens de pouvoir,
au besoin, demander les renseignemens, et même les extraits
mortuaires que l'on pourrait désirer.

Un fondé de pouvoirs de M. Mehlis, notaire à Hemmendorff, a
établi dans notre maison un bureau où il recevra toutes les de-
mandes qu'on voudra lui adresser. Il se chargera de les trans-
mettre dans les divers lieux où se trouvent les renseignemens que
l'on sollicitera, et communiquera les réponses et les pièces qui
lui seront envoyées. Les personnes qui recourront à son inter-
vention n'auront d'autre soin que celui d'écrire à la LIBRAIRIE DE
L'INDUSTRIE, rue Saint-Marc, n° 10. Tous ceux qui désireront
soit des informations authentiques, soit des extraits mortuaires
revêtus de toutes les formalités légales, pourront se les procurer.
On pourra également les faire venir pour les personnes dont les
noms ne figurent pas sur les Listes. (On ne recevra que les lettres
affranchies).

Nous avons cru rendre service à un grand nombre de nos
compatriotes en publiant les Listes qui composent cet Ouvrage,
et en facilitant les recherches d'une multitude de familles.

PARIS, 25 décembre 1825.

Hy. GUILLEMÉ et Cie,

A la Librairie de l'Industrie,
rue Saint-Marc, n° 10.

LISTE

DE

16,000 MILITAIRES

AU SERVICE DE FRANCE,

FAITS PRISONNIERS DE GUERRE DE 1810 à 1814;

ET QUI SONT MORTS EN RUSSIE, EN POLOGNE ET EN ALLEMAGNE.

—————•◆•—————

AVERTISSEMENT.

—————•◆•—————

L'UTILITÉ de la Liste de seize mille militaires décédés que nous publions, est incontestable; car depuis un an qu'elle a paru pour la première fois, un très grand nombre de veuves de militaires ou leurs héritiers, arrêtés dans le partage des successions, ou ayant encore à toucher des sommes déposées, soit parce que le décédé était remplaçant ou autrement, ont pu se procurer l'extrait mortuaire qui leur manquait, et par ce moyen ont recouvré tout ce qui leur était dû. Plusieurs veuves ont même obtenu avec cette pièce des pensions, et touché l'arriéré depuis le décès de leur mari. Elle est particulièrement d'une nécessité indispensable pour les maires, qu'elle peut mettre à même de rendre de très grands services à leurs administrés.

Les noms, depuis le nᵒ. 1 jusqu'à 44, ont été recueillis dans des paroisses et de petits hôpitaux, et depuis le nᵒ. 45 jusqu'à 108, dans des hôpitaux spéciaux. Le temps et le refus des autorités n'ont pas permis à l'auteur de copier en entier toutes les notes qui accompagnent les actes de décès. Quoique quelques gouvernemens permettent à un étranger de prendre dans les bureaux une copie entière des archives, il aurait fallu des années entières pour se livrer à un pareil travail; et il a donc dû se contenter, en attendant, de prendre les noms et prénoms. L'insertion d'ailleurs dans la Liste de toutes les notes des actes de décès, aurait eu l'inconvénient, en augmentant le volume de la brochure, d'en augmenter aussi les frais d'impression, de poste, etc. ; mais on peut avoir connaissance de toutes ces notes en s'adressant franc de port au bureau de l'auteur, galerie Vivienne, nº. 56, qui se charge de faire venir, dans trente jours au plus, en s'adressant sur les lieux même, tous les renseignemens portés sur les registres des hôpitaux. Il possède encore une autre Liste de plus de cinquante mille autres militaires morts également dans les campagnes de 1812 à 1814, qui n'a point été imprimée. On peut s'adresser à lui pour la consulter, et il se charge aussi de procurer les extraits mortuaires de tous les noms qui y sont portés.

La Liste que nous publions n'a point été classée dictionnairement par lettre alphabétique, parce que l'auteur en la rédigeant a craint d'omettre quelque nom.

Il est à observer que la tenue des registres des hôpitaux ayant été confiée à des gens qui ne connaissaient point la langue française, beaucoup de noms s'y trouvent mal orthographiés, et que c'est ainsi qu'on a souvent écrit un B pour un P, ou un D pour un T, et que quelquefois on a même ajouté ou omis une ou deux lettres dans un seul nom. Plusieurs maires, à qui on a présenté, sans aucune formalité, des actes de décès entachés de ces erreurs, ont refusé de les accepter; mais les parties intéressées s'étant adressées aux tribunaux, elles ont toujours obtenu leur inscription sur les registres de décès, car une erreur ne peut détruire le vrai droit qui subsiste toujours. Il est malheureusement commun de rencontrer ces erreurs, et c'est même beaucoup lorsque les ennemis prenaient la peine d'inscrire un seul prénom sur les registres; mais lorsqu'on trouvera un nom approximatif à celui qu'on cherche, les renseignemens ultérieurs qu'on peut prendre conduiront aisément à faire reconnaître l'identité de l'individu.

Beaucoup de militaires français, faits prisonniers de 1812 à 1814, sont morts dans différens villages d'Allemagne, de Prusse, de Pologne et de Russie, et leurs noms ne se trouvent point compris dans cette Liste, mais sont inscrits dans les registres de décès des communes où ils sont décédés. L'auteur connaissant à fond les langues du nord, et ayant voyagé pendant cinq ans dans ces différens états, où il a une correspondance très étendue, se charge de faire venir tous les actes qui pourraient intéresser les familles de ces militaires, et de recueillir les renseignemens qu'on désirerait.

Dans le nombre des militaires faits prisonniers en Russie, plusieurs y sont encore vivans, et s'y sont même établis. Le *Journal des Débats*, du 28 octobre 1825, a rendu compte de l'arrivée à Avesne, département du Nord, d'un de ces individus, nommé Sculfort, qui avait été fait prisonnier de guerre en 1812, et conduit près du lac Baïkal, frontière de la Tartarie chinoise, à douze ou treize cents lieues de Moscou. Il en était parti avec quatre autres individus italiens, qui sont retournés dans leur patrie.

Plusieurs familles qui ont trouvé dans la Liste des noms de militaires, leurs parens, attendent, pour en demander l'extrait mortuaire, quelque cas extraordinaire, tel qu'un partage, une succession, etc.; l'auteur croit devoir les prévenir que son but ayant été l'utilité publique, malgré le pénible et dispendieux voyage qu'il a fait pour recueillir tous ces noms, son bureau n'est ouvert que momentanément, et que les familles ne connaissant point le lieu du décès, car la plupart des hôpitaux provisoires qu'on avait formés ayant été détruits, les registres ont été transportés ailleurs, elles auraient à craindre que le retard qu'elles mettraient à demander les renseignemens ou l'extrait mortuaire, les mît dans l'impossibilité de se procurer cette pièce à l'avenir.

Enfin, comme la loi porte qu'aucun acte venant de l'étranger ne sera valable en France et reconnu authentique, s'il n'est légalisé par l'ambassadeur ou le ministre de France près du pays où il a été délivré, aucune pièce ne sera procurée sans être revêtue de cette formalité.

Deux exemples, pris sur un très grand nombre que l'auteur pourrait citer, suffiront pour faire connaître l'utilité de ces listes.

Il revenait à la veuve Uhle, dont le mari, qui servait dans le 25e. régiment de chasseurs à cheval, était mort au service de France, une somme de seize mille francs sur la succession de son beau-frère, décédé en Hanovre. Les co-héritiers, loin de faire la recherche de cette malheureuse veuve, cherchèrent au contraire à se procurer clandestinement l'acte de décès de son mari, pour la frustrer de ses droits. L'auteur, à qui on s'était adressé, instruit que ce militaire avait laissé une veuve et un enfant, en fit faire la recherche, et la découvrit à Paris, dans la plus grande misère. Cette infortunée a déjà obtenu un jugement qui lui alloue un tiers sur la succession de cinquante mille francs que son beau-frère a laissée.

Un maire se présenta, il y a quelque temps, au bureau de l'auteur, pour le charger de faire la recherche de l'acte de décès du nommé Dregman, matelot absent depuis quatorze ans, dont la femme, qui était nourrice chez lui, voulait se remarier. A force de démarches, l'auteur parvint à découvrir que ce marin avait été tué sur un vaisseau de guerre, et lui procura non seulement l'extrait mortuaire, mais fit obtenir à cette veuve une pension annuelle, dont elle toucha un arriéré de plus de deux mille francs, depuis le jour du décès.

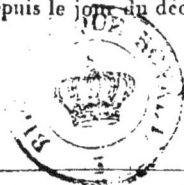

IMPRIMERIE ANTHELME POUCHER, RUE DES BONS-ENFANS, N°. 34.

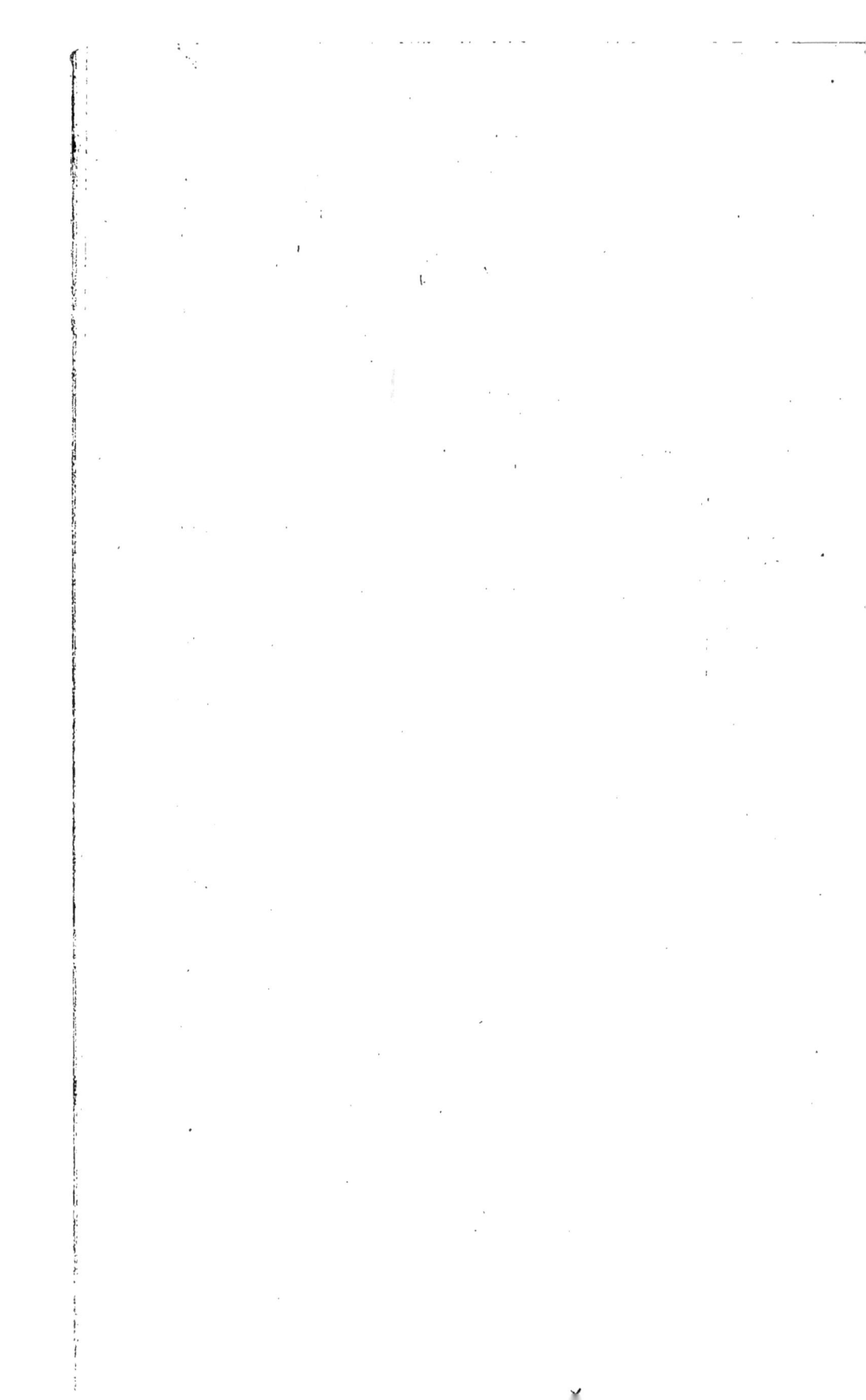

LISTE

De 16,000 Militaires au service de France,

QUI ONT ÉTÉ FAITS PRISONNIERS DE GUERRE,

ET QUI SONT MORTS DANS DIVERS HÔPITAUX DE RUSSIE, DE POLOGNE, D'ALLEMAGNE, PENDANT LA DERNIÈRE GUERRE, JUSQU'EN 1814.

Bisson, Louis. Essouche, Orne.
Aulignon, Claude. Beaubois, Isère.
Roveille, Claude. Ceanie, Mayenne.
Gabillon, Auguste. Cardenau, Aisne.
Bonnau, Pierre. Tisseran, Charente-Inférieure.
Bernejan, Gilbert. Redel, Creuse.
Leverge, Jean-Baptit. Castre, Nord.
Curoux, Guillaume. Queusenaer, Lot.
Patia, François. Worichut, Escaut.
Claude, Antoine. Lironcourt, Vosges.
Feuret, Pierre. Andre, Yonne.
Brunet, Jean. Abjat, Charente.
Listeller, Bernard. Cassano, Taro.
Davarene, Joseph. Ansoir, Hte-Marn.
Delalande, Pierre. Maze, Maine-et-Loire.
Monegatco, Ange. Lavingo, Piave.
Hardy, Joseph.
Parao, Franç. Corde, Jemmappes.
Mayonar, Pierre. Lavaude. Corrèze.
Lefranc, Jacques. St-Plotier, Tarn-et-Garonne.
Verdier, Jean. Bousnel, Lot-et-Gar.
Jacob, François. Couteny, Allier.
Lubrenet, François. Teyano, Dordog.
Blin, Nicolas. Birarville, Seine-Infér.
Glorier, Jean. Lafiluis, Aude.
Coudère, François. St.-Joux, Haute-Loire.
Donte, Dominique. Champeta, Reno.
Jacquet, Jean-Bapt. Paris, Seine.

Vayant, Vincent. Tausse, Finistère.
Boen, Jean. Ekeren, Deux-Nèthes.
Lanier, Antoine. Charnay, Saône-et-Loire.
Papin, Pierre. Dion, Charente-Infér.
Griot, Mathurin. Quiryan, Morbihan.
Verlingen, Antoine. Boulogne, Calais.
Lhomme, Jean. Gurthe, B.-Pyrenn.
Berton, Jean-Louis. Bourdeau.
Ventiole, François. Egleus, Ardèche.
Bhéobald, François. Viller, H.-Rhin.
Brun, Jean-Pierre. Tarriet, Mt-Blanc.
Torlet, Benoît. Haut-Cour, Mont-Blanc.
Champenois, Charles. Saint-Hilaire, Marne.
Blaise, Henri. Augnère, Marne.
Jarro, Pasca. Laorny, Corrèze.
Tachon, Eugène. Paillemont, Nord.
Levisse, Jean-Jacq. Hardingen, Nord.
Belos, Jean. Beaune, Côte-d'Or.
Sanie, Pierre. Chaubac, Rhône.
Albrecq, Nic. Froid-Chapelle, Jemm.
Crohel, François. Crennes, Mayenne.
Jallier, Jean-Prudent. Nantes, Loire-Inférieure.
Egnaudy, Godefroy. Stroppo, Stura.
Réné, Christian. Auchetton, Morbih.
Courtemans, J.-Bapt. Hekely, Dyle.
Berthe, Jean. Vouvant, Vendée.
Bèche, Pierre. Marchane, Dordogne.
Rofi, Jean. Legianero, Taro.

Rinc, Chauvel. Anvennes, Sarthe.
Glement,Louis. Poupardau, Finistère.
Murat, Jean. Figniant, Tarn-et-Gar.
Varin, Jean. Abbeville, Somme.
Dariveau, Bernard. St.-Sever, Landes.
Verrie, Jacques. Blessei, Sarthe.
Maison, Jean. Painbœuf, Loire-Infér.
Milliet, Fiacre. Meniton, Cher.
Daza, Jean. Brigneule, Vienne.
Tribouillard, Jean. Coudeau, Orne.
Caumette,Jacques. Murasseau, Aveyr.
Simonin , Antoine. Percy, Seine-et-
    Oise.
Care, Eloi. Coude, Loir-et-Cher.
Hennecueille, Joseph. Frison, Vosges.
Delfaut, François. Nizas. Lot.
Perrod, François. Bergement, Aisne.
Bunesto, Jean. Custriole, Marengo.
Cartayrade, Franç. Sallas, Hérault.
Breton, Jean. Marolle, Sarthe.
Vivier, Franç. St-Malo . Côte-du-N.
Benken, André. Veroux, Ourthe.
Braun, Pierre. Isle-Helgaland.
Dumasse, Louis. Marvejols, Lozère.
Letourne, Louis. Breteuil, Eure.
Binau, George. Ochtesne, Nord.
Tibary, Dominiq. Courtonner, Orne.
Franz, Henri. Kyle, Sarthe.
Leroi, Pierre. Poitiers, Vienne.
Lanier, Jean. Villemer. Corrèze.
Pinier, Franç. Chennevel, le Mans.
Jeotto, Nicolas. Fadour, Yonne.
Sainlilan, Pierre. Finiai, Côte-du-N.
Pillard, Nicolas. Dalencourt, Marne.
Jubai, Louis. Ronet, Sarthe.
Bertin, Comar. Marlincourt, Meuse.
Quetton, François. Teintine, Jemm.
Grenier, François. Courtomet, Orne.
Pellerin, Jacques. Sablé, Sarthe.
Sauvat, Nicolas. Jannet, Yonne.
Benoît, Franç. Gonneville, Calvados.
Horreau, François. Cholet, Maine-et-
    Loire.
Ferralo, Domin. Castriote , Marengo.
Noël, Claude. Oscher, Meuse.
Coqueret, Nicolas. Bragelonne, Aube.
Lecomte, Jean. St.-Léonard, Sarthe.
Pipeau , Bonaventure. Caillat , Pyré-
    nées.
Marie, Jean-Gab. Haugery. Calvados.
Boussiol, Jean. Belignier, Nord.
Dumas, André. Marcel, Loire.
Ploujac, Jean. Saint-Romas, Tarn-et-
    Garonne.
Satis,Antoine. St-Omer, P.-de-Calais.
Jertter, Angelin. Lianove, Simplon.

Ligot, August. Cornu, Ile-et-Vilaine.
Gervar, Jacques. Arnoues, Vienne.
Brunet, André. Renausart, Aisne.
Beau, Joseph. Colone, Var.
Ale., Jean. Cerbanne, Allier.
Louchard, Réné. Lucher, Sarthe.
Guiglard, Joseph. Rivolet, Pô.
Demedo, Joseph. Chorento, France.
Orlet,Jean. Satornay, Saône-et-Loire.
Lamotte, Alex. Pyrénées.
Charlon, Antoine. Vallet, Hte-Saône.
Chaplat, Alexandre. Isère.
Courtolan , Jacq. Zaumartin, France.
Delalai, Jean. Rouville, France.
Macoin, Jacob. Chartolet, France.
Montagne, Jean. Quenoy, France.
Legay, Philippe. Maubeuge, Nord.
Betlas, Jean. Montreuil,
Friquet, Joseph. Flequon.
Kleen,Christian. Strasbourg, B.-Rhin.
Kaiser, Gerril. Feurswolde, Ysel sup.
Heindrich,Andréas. Estern, Hollande.
Rinio, Joseph. Slivenje, Jar.
Trinito , Crochu. Rennes, Ile-et-Vi-
    laine.
Delafosse, Ch. Tourneu, Calvados.
Destefani, Maximilien. Pangalzo, Pô.
Arquengogon, Jean. Haitantord, Bas-
    ses-Pyrénées.
Ulphein , Gérard. Gelderman, Ysel-
    Supérieur.
Balacco, Corneille. Rome, Tibre.
Beck, Jean. Walfgans, Haut-Rhin.
Noël, Baptiste. Inasle, Pô.
Courenou-Marcus. Paris, Seine.
Nicolas, Samuël. Neutel, Roër.
Chirom, Pierre. Sulligne, Gironde.
Estain,Jean Bapt. Vambrechy, Nord.
Poullain, Charles. Rame, Nord.
Greau, Pierre. Mons.
Pett, Jacques. Rabels-Rohr, Hollande.
Halleau, Nicolas. Allaine, Aisne.
Dams, Aubert. Berg-op-Zoom.
Tisson, Pierre. Vaux, Aisne.
Ambrosi, André. Rouset, Drôme.
Charpio, Jean. Petit-Crois, Ht.-Rhin.
Allier, Joseph. Moderet, Tarn.
Eudes, Louis. Breteuil, Eure.
Digue, Jean. Poyon, Manche.
Rode , Barthélemy. Bremen, Weser.
Paul, Guillaume. Circass, Hollande.
Charpin, Nicolas. St-Vincent, Isère.
Forge, Joseph. Amiens, Somme.
Van-Deyk, Namus. Amsterdam, Zuy-
    derzée.
André, Mathieu. Denike, Alpes.

Marquison, Nicolas. Lurano, Pô.
Sampo, Bartholomey. Benne, Stura.
Satan, Marcus. Pionin, Creuse.
Cochetty, Joséph. St-Paulo, Tibre.
Janet, Pierre. Paris, Seine.
Lejeune, Jacques. Menilhelmy, Orne.
Benoît, Pierre. Amsterdam, Hollande.
Bentenuneo, Vincent. Coise, Portug.
Pau, Joseph. Nuppe, Nord.
Domrino, Antoine. Leèze, Tibre.
Soufré, Antoine. Banie, Stura.
Vincent , Etienne. Belle-Espérance ,
  Oise.
Prevost , Nicolas. Boudon, Seine-Inf.
Pactot, François.Lajaudanier, Vendée.
Barass, Darasse. Lille, Nord.
Kup, Jean-Gilles. Eupen, Roër.
Moser, Georges. Breda, Hollande.
Derly, Pierre-Joseph. Eikerhof, Jem-
  mappes.
Peterilly, Antoine. Ansonie, Vau.
Derath, Pierre. Meulebek, Dyle.
Beyer, Marcus. Heumstad, Escaut.
Lacavalle, J.-B. Tase, Pyrénées.
Kobeing, Henri. Hanôvre, Aller.
Stavolly, Jean. Parma, Taro.
Barbier, Jean. Pontigny, Côte-d'Or.
Kohl, Jean. Linden, Sarre.
Reenier, Friedr. Breda, Hollande.
Dinot, Joseph. Venise, Adriatique.
Lapetit, André. Vio, Indre.
Herman, Gerril, Ratheim, Roer.
Tonnus, Laurent. Liége, Ourthe.
Blanchard, Marx. Marseille, Rhône.
Grenier, Gilbert. Banier, Allier
Mey, And. Breda, Hollande.
Dubo, Jean. Noyer, Cher.
Pervin, Hyacinthe. Dote, Jura.
Brechout, Beivet. Moulin, Moulène.
Rouet, Adrien. Mievi, Jura.
Dornissen, Antoine. Amsterdam, Hol-
  lande.
Kitzem, Bigau. Colmar. Haut-Rhin.
Chony, Jean-Bapt. Florence, Arno.
Arvievio, Joseph. Citoula, Portugal.
Feuiller, Jean. Neuvillier, Sarthe.
Beck, Charles. St-Nicolas, Sarthe.
Fontaine, Pierre. Zillenlot, Eure.
Kopenat, Antoine. Goudek, Meuse.
Fontaine, Pierre. Assani, Aisne.
May, Martin. Lever, Brabant.
Tang, Jean. Courtray, Lys.
Mak, Guillaume. Borgenbuseh, Meuse.
Armant, Jean. Orléans, Loiret.
Sartojean, Jean. Gas. Basses-Pyrénées.
Reicherd, Jean. Mechelen, Brabant.

Arienet, Jen. Aivauville, Meuse.
Decamp, Jean. Miraubes, Calvados.
Vital, François. Rembertoiles, Vosges.
Farrenoud , Augustin. Brezne, Neuf-
  Châtel.
Beatini, Joseph. Inesa, Arno.
Faber, Joseph. Liége, Ourthe.
Brun, Jean-Bapt. Vienne, Isère.
Masson, Jean-Bapt. St-Smiez, Isère.
Fontain, Silvain. Germain, Cher.
Bertier, Jean-Husard. Ivoges, Aube.
Bavotte, Nicolas. Lison, Var.
Tranchant, Jean. Penin, Allier.
Vatter, Pierre. Satlzbourg, Bas-Rhin.
Cronier, Pierre. Suit, Orne.
Denuelle, Pierre. Amsterdam, Holl.
Dauver, Louis. Russey, Sèvre.
Bernard, François. Solines, Aisne.
Osterhof, Bernard. Dam, Ems-Sup.
Février, Pierre. St-Stefani, Vienne.
Gagne, Jean. Noseau, Charente.
Ninoneitte , Jean-Pierre. Chermale ,
  Marne.
Hubert, André. Colombe, Orne.
Arvouy, Isidor. Valamy, Indre.
Berth, Antoine. Ivas, Isère.
Guillotin, Michel. Pusseleroye , Mo-
  selle.
Blum, Philippe. Maëstrich, Hollande.
Demangellier , Pierre. Saintenil , Es-
  caut.
Rudnik, Jean. Ruk.
Kerks, Marcus. Willeselle, Lys.
Guaquibent, Jean. Dunkerque, Nord.
Artonsen, Jean. Utrecht, Hollande.
Loillet, Jean. St-Martin, Marne.
Masch, Pierre. St-Esingen, Dyle.
Frobese, Frédéric. Warlck, Aisne.
Carron, Louis Franç. Peuville, Somme
Grobot, Philipe. Trifort, Gironde.
Humbert, Jean. Clemercourt, Vosges.
Laumonier, Ant. Cheron, S.-et-Oise.
Engel, Frédéric. Anvers, Hollande.
Braun, Pierre. Denteviller, Sarre.
Michel, Claude. Villes-Jusen, Meuse.
Grégoire, Antoine. Sedan, Ardennes.
Dehert, Franç. Valencien., Jemmapp.
Colognon, Jean. Paris, Seine.
Duchêne, St-Germain. Villone, Meuse
Boyer, Pierre. Lamelier, Orne.
Holm. Maestrich. Meuse.
Bidaut, Laurent. Reims, Marne.
Pornio, Pasqual. Iserno, Agogna.
Mendelo, Jacques. St-Etienne, Isère.
Chagneux, Benoit. Tanchata, Ain.
Plata, Henry. Hanvre, Allier.

Descheiber, François. Olskamp, Lys.

Busché, Philippe. Kalen, Nord.

Courtier, Antoine. Labastel, Aude.

Beker, Domin. Niederseiler, Forets.

L'enfant, Jean-Loire. Rieux, Seine.

Sochon, Pierre. Romia,Ile-et-Vilaine.

Danqueque , Franç. Chartres, Eure-et-Loire.

Fonteville,Claude. St-Christop.,Loire.

Ferret, Claude. Rousseau, Loire.

Stahl, Blause. Bresund, Ilrien.

Wulsterke, Constant. Marks, Lys.

Bercular, Jean. Villau, Meuse.

Daesse, Andréas. Hoest, Braband.

Catte, Jean. Cateau, Nord.

Raimbeau, Pierre. Breuille, Maine-et-Loire.

Vause, Antoine. Radeller, Lot.

Hode, Isac. Neure, Zuyderzée.

Gagez, J. Bartholomy. Vas, Simplomb

Vilioti, Joseph. Baselga, Adigo.

Castano, Antoine. Castano, Oranna.

Barlier, Jean. Lyon, Rhône.

Fourgery, Jean. Albengen, Gent.

Huts, Jean. Entingen, Pays-Bas.

Klein, Jacques. Mulheim, Harz.

Tierret, André. St-Pierre, Mayenne.

Frike, Adam. Richter, Oker.

Chenau. Moulene, Vienne.

Paudbiry, Henri. Langendyls. Zuyderzée.

Ohms, Jean. Dossel, Nethe.

Carron, Pierre. Villertonnel, Somme.

Jullien, Pierre. Flore, Cantal.

Dourlan, Charles. Paris, Seine.

Pelzer, Louis. Hanver, Allier.

Carrin,Jacques. Montheillieur, Mont-Blant.

Marquis,Jean. Chapelle-au-Bois, Maine-et-Loire.

Vierhaus, Bernhard. Borg, Hollande.

Ricatti, François. Piémont, Stura.

Préaubert, Philippe. Nantes Loire-Inf.

Chasseur, Jean. Friès, Moselle.

Wesch Van, Philip. Cobruge, Escaut.

Genèvre, Jean. Simon, Montenotte.

Guatala, Jean. St-Chinos, Hérault.

Giclet,Philippe. Cenvain, Pas-de-Cal.

Baker, Réné. Beisheim, Roer.

Laurent, Pilippe. Rual, Saône-et-Loire

Linden Van, Pierre. Sicilia, Deux-Nèthes.

Masselly, Louis. Lacroix,St-George.

Barbier, Jacques. St.-Jor, Manche.

Jospard,Henri.Mastrich,Meuse-Inf.

Clert,Pierre Sur-le-Lande, Gironde.

Minot, Jean. Andernois, Gironde.

Rossignol, Pierre. Morillon , Gironde.

Clemont, Jean. Common, H.-Loire.

Bertry, Pierre. Pontorson, Manche.

Rougeron, Antoine. Silvail, Creuse.

Tournaire, Pierre. Grussière, Ardèche

Jansen, Andréas. Anvers, Deux-Nèthes

Musch, Jean François. Gand, Escault.

Verghnes, Antoine. Thonor, Tarn.

Bevin, Jean. Martillac, Gironde.

Davinaud, Eustache. Mennin, Vendée.

Cozi, Antoine. Pont-Siéva, Arno.

Roualt, Ant.'St-Martin Charente-Inf.

Vett, Jacques. Dordogne.

Vernier, Gérard. Bazaras, Escaut.

Heu, Sébastien. Bonnain, Eure.

Guissagnet, Raimond. Suq, B.-Pyrén.

Chavarat, Jean Jacques. Chezy, Aisne.

Peter, Andréas. Aaderwek, Hollande.

Raes, Pierre. St-Nicolas, Escaut.

Martin, Louis. Ansicardo, Somme.

Delitte, Louis. Paris, Seine.

Bayonnet, Pierre. Lamogan, Basses-Pyrénées.

Péruchon, Jacques. Brison, Gironde.

Scheler, Cristian. Brand, Pays-Bas.

Cornier, Jacques. Brignoles, Charente-Inférieure.

Moreau, Jean. Paris, Seine.

Montbailly. Rouen, Seine-Inférieure.

Réné, Pierre. Mathurin, M.-et-Loire.

Cattina, Jean. Chivas, Loire.

Laborie, Jean. Montballo, Tarn.

Bos, Jean. Cussac, Gironde.

Winkel,Mathias. Luxembourg,P.-Bas

Malard, Franç. Chavagnac, Dordogne.

Guarat, Jean. Quize, Basses-Pyrénées.

Papau, Paul. Meran, Tarn-et-Garonne

Dunèges, Pierre. Castelnau, Landes.

Garçon, Nicolas. St-Guste, Loire.

François, Jean. Liège, Ourthe.

Paponet, Jacques. Lambard, Jura.

Elias, Carl. Ypern, Pays-Bas.

Bouché, Pierre. Augon, Sarthe.

Maissier, Jean. Germinet, Jura.

Speck, Jean. La Haye , Bouches-de-la Meuse.

Germain, Jacques. Groçay, Cher.

Chauvry, Etienne. Lesloges, Seine-et-Oise.

Auret, François. Poiret, Loire.

Peliot, Jean. Connay, Jura.

Debock, Pierre. Dilivern, Hollande.

Girardel,Claude.Luberquemont,Jura.

Philippon, Antoine. Bray, Saône.

Galabert, François. Caussade, Gers.

Tourrès, Jean. Damasan, Garonne.

Lusty, Corneil. Hausen, Zuydersée.

Anne, Pierre-François. Rebeceven, Manche.

Parnot, Jean - Gabriel. Servans, Hte-Saône.

Haan (de), Thomas. Hollande.

Forret, François-Jean. Blankenberg, Zuyderzée.

Moulibet, Jean. Artignol, Basses-Pyr.

Wallerant, Constantin. Avesné, Nord.

Sommenzo, Antoine Lode, Pô.

Beaubelle, Sébastien. Risole, Loire.

Josar, Jean. St-Lane, Arriège.

Leroy, François. Rassé, M.-et-Loire.

Mission, Henri Joseph. Rustor, Lys.

Bidondo, André. Bedaroy, B.-Pyrén.

Aker Van. Barl. Hollande.

Michel, François. Baron, Calvados.

Daler, Jean. Cameyrai, Gironde.

Scholn, André. Harlisheim, B.-Rhin.

Laporte, André. Parigny, Manche.

Gondelier, Jean. Bellefond, Côte-d'Or

Dodeau, Pierre. St-Léger, Mayenne.

Oneda, Jean-Bap. Orsevra, Tarno.

Franz, Guillaume. Baver, Brabant.

Castex, Jean. St-Siresa, T.-et-Garon.

Pigae, François. Tiligny, Sarthe.

Denausse, Louis. Arquenai, Mayenne.

Pagot, Julien. Cantenay, Sarthe.

Thomas, Joseph. Ortoncour,, Vosges.

Hamard-Henry. Neard, Mayenne.

Ganser, M. Oker, Pays-Bas.

Hubner, Daniel. Mulheim, H.-Rhin.

Robert, Jean. Lestouche, Charente-Inf

Lagraulet. Larcot, Gironde.

Guilleaume, Jean. Aridecles, Roer.

Martin, Jean. Colombs, Aube.

Basseau, Jean. Monteger, Orne.

Rouland, Pierre. Soujet, Indre.

Gouas, Martin. Qitte, Indre-et-Loire.

Jordan, Antoine. Breda.

Alexander, Louis. Paris, Seine.

Candeau, Jacques. Naveret, B.-Pyren.

Mercier, Hubert. Chapot, Allier.

Dardim, Guill. Labassière, Aveyron.

Papon, Jean. Aubert, Drôme

Le Quai, René. Gener, Saône-et-Loire.

Bourguignon, Gabriel. Gramer, Aube.

Le Chartier, Julien. Lison, Calvados.

Blesmes, Marin. Serrex, Holl.

Coutourier, Charles. Frangy, Léman.

Michel, Pierre. Rennes, Ile-et-Villaine

Quieppe, Joseph. Bosnavo, Gènes.

Arnau, Louis. Mordell, Vienne.

Boulanger, Jean. Pyserol, Creuse.

Paden, Pierre. Trieriveiler, Sarre.

Viol, Jean. Badouge, Mayenne.

Jacques, Jos. St-Nieux, P.-de-Calais.

Bolling, Auguste, Jolem, Brabant.

Ayot, Jean. Vauvin, Sambre-Meuse.

Raimond, François. Clermont, Puy-de-Dôme.

Ignino Georg. Bruno, Montenotte.

Cassagno, Franç. Celle, Montenotte.

Dufour, Jean. Loupaye, Tarn.

Amelain, Pierre. Varenville, S.-Infér.

Travailla, Jean. Bistano, Montenotte.

Surisio, Charles-J. Dale, Marengo.

Auriol, Bernard. Pejou, Tarn.

Sander, Herman. Fries, Brabant.

Pieron, Martin. Ravon, Vosges.

Rançon, Louis. Tiloy, Somme.

Robert, Étienne. Guadebourg, Ch-in.f

Briand, Louis. Luines, Indre-et-Loire.

Guedon, André. Maglan, Léman.

Dieflat, Hemry. Oster-Hagen, Holl.

Boucher, Nicolas. Blangy, Jemmappes.

Diedier, Nicolas. Orbey, H.-Rhin.

Danoel, Louis. Brille, Manche.

Tyseghem, Pierre. Wincke, Escaut.

Lafanestre, Jean. Leyros, Landes.

Plat, Pierre. Duillar, Aude.

Jansen, G. Mastricht, Meuse-Infér.

Berguet, Nicolas. Teantes, Aisne.

Pelissier, Arnaud. Beauliac, Corrèze.

Constant, Pierre. Berry, Vendée.

Lasalle, Jean-B. Compignies P. de Cal.

Levecque, Théodore. Dusini. Nord.

Graverolle, Michel. Marilla, Drôme.

Guisard, Jean. S-Bernard, Charen-In.

Endris, François. Trier, Sarre.

Donand, Philippe. Lyon, Rhône.

Pirault, Joseph. St.-Vincent, Dyle.

Lefevre, Jos. Versailles, Seine-et-Oise.

Ammant, Mathieu. Mesker, Bade.

Hacks Guill. Harlem, Zuyderzée.

Declerc, Flamant. Hanoven, Escaut.

Paupe, François. Durambe, Dyle.

Moulard, Pierre. Mylibet, Isère.

Illingen, Valentin. Berg, Bas-Rhin.

Enseante, Hippolyte. Vieille-Eglise, Pas-de-Calais.

Toumain, Franç. Dovelle, Moselle.

Dekemp, Jean. Molken, Lys.

Clemendot, Toussaint. Cher, Lyon.

Exact, Jacques. Bruxelles, Dyle.

Darbois, François. Magny, Côte-d'Or.

Ramella, Laurent. Droasia, Sesia.

Dewoff, Guillaume. Campenhout, Dyle.

Benoit, Pierre. Harbe, H.-Rhin.

Bayli, Jean. Lanmalet, Landes.
Victoria, Joseph. Venise, Italie.
Auger, François. Belesme, Indre-et-L.
Devau, Charles. Tournay, Jemmappes.
Guillers, Pierre. Tonger, Meuse-Inf.
Lavatier, Pierre. Neuhaus. Vienne.
Moddenburg, Jean. Bourg, Lys.
Frinquac, Louis. St-Urain, S.-et-Oise.
Evrard, Philippe. Monteigni, Ourth.
Busard, Jean. Fresne, Orne.
Fromager, Guillaume. St-Vert. Seine-
  Inférieure.
Mersier, Ch. Sierie-aux-Bois, Loiret.
Yezequel, Sébastien. Melizac, Finist.
Romier, Jean Pierre. Saderat, Mande.
Reef, Jacques. Merl, Rhin et Moselle.
Berth, Martin. Brumat, Bas-Rhin.
Brissot, Claude Marie. Milleam-Pot,
  Jura.
Renot, Jean. St-Core, Cher.
Bocque, Franç. St-Denis, Mayenne.
Pallu, Charl. Charon, Eure-et-Loir.
Lodier, François. St-Rée, Mayenne.
Bains, Auguste. Uspieu, Jemmappes.
Vincent, Jean Ant. St-Sorlin, Rhône.
Jacquement, Jean Pierre. Vallon, sim-
  plon.
Krebillier. Octoville, Seine-Inférieure.
Le Tocquard, J.-B. Bernauville, Som.
Brunet, Jean. Grazai, Mayenne.
Tribut, Antoine. Dusselport, Yonne.
Grandemougin, Franç. Vittori, Haute-
  Saône.
Cartally, Pierre. St-Croix, Aveyron.
Malahotte, Louis. Bouvanne, Italie.
Smitz, Jean Joseph. Gumlieh, Roer.
Constance, Louis Pierre. Logrum, Eu-
  re-et-Loir.
Maignace, Fran. Lasajouche, Mayenne.
Denis, Julien. Crai, Sarthe.
Schreiner, Jean. Quavenbrok, Ems
  supérieur.
Beraud, Louis. Versailles, S.-et-Oise.
Garet, Jean-Bapt. Bongrans, S.-Infé.
Fruchlus, Gab. Franç. Varamba, Ain.
Queny, Denis Isidor. Chassy, Yonne.
Dutant, Jacques. Chatillon, Aisne
Lagace, Louis. St-Martin, P.-de-Calais.
Munier, Vincent. Montbert, Aisne.
Lindeman, Girard. Elt, Ems-Supér.
Verrier, Edeme. Aux, Aube.
Crepière, Pierre. Bressin, Aisne.
Remigt, Ph, St-Martin, Mont-Tonner.
Bicht, Laur. Vivignal, Côte-du-Nord.
Rochter, Jean. Aubin, Eure-et-Loire.
Aubert, Jean Pierre. Fraze, E.-et-Loir.

Perrot, Jean-Bapt. Fraisne, Nord.
Mangolon, Et. Parady, Ind.-et-Loire.
Bon Mere, Pierre. Molimes, Moselle.
Randureu, François-Martin. Bois-le-
  Duc, Bouches-de-la-Meuse.
Raglia, Franç. Bapt. St-Maurice, Pô.
Van Hock Conrad. Londerzel, Dyle.
Vander Schuren. Everbey, Jemmapp.
Gallon, Joseph. Vincère, Mayenne.
Allier, Jacques Marin. Vitrai, E.-et-L.
Baudry, Jean. Greville, Manche.
Fointain, Germain. Etrichy, Cher.
Hachard, Hyacinte. Maure Bas.-Alpes.
Chabrol, Jacques. Limoge, H.-Vienne.
L'hermitte, Pierre. Maine-et-Loire.
Voelkes, Jean. Eschevéiler, Bas-Rhin.
Gibiet, Franç. Romiez, Ile-et-Vilaine.
Chaupen, Jacques. Présigni, Sarthe.
Didier, Dominiq. Greport, Meurthe.
Riviere, Claude. Monseaux, Aisne.
Rousseau, Jacques. Montigni, Creuse.
Kops, Giles. Ludendes-Heel, Meuse-
  Inférieure.
Hery, Julien. Rennes, Ile-et-Vilaine.
Guerin, Jean. Loiru, Mayenne.
Pellerin, Math. Bruxelles, Dyle.
Parthons, Guillaume. Hams - Saint-
  Hubert, Meuse-Inférieure.
Villeneuve, Joseph. Rouliers, Indre.
Eischen, Nicolas. Burmerange, Forets.
Vigne, Joseph. Extempet, Cher.
Kavenbaner, Josh. Petsonge, Moselle.
Gobit, Jean. Sorlasse, Nièvre.
Guillot, Etienne. Ogin, Seine-et-Oise.
Claude, Louis François. Esseignies,
  Vosges.
Le Moing, Mathurin. Languillier,
  Morbihan.
Nicolas, Paul. Nery, Lyon.
Chalumeau, Marin. Agrez, Mayenne.
Montmarche. Moigny, Seine-et-Loire.
Montsalont, Pierre. Hetbrivet, Mayen-
  ne.
Daniel, Pierre. Plomasti, Finistère.
Charpentier, Henry. Gardelle, Sarthe.
Kysbulq, Franç. Eloo, Escaut.
Monny, Jean. Jely, Côte-d'Or.
Cormier, Etienne. Coutant, Sarthe.
Borel, Remond. St-Joly Lévecque,
  Aude.
Paleloup, Jean Louis. Chapelle, Cher.
Sabatier, J.-Bapt. St-Pierre H.-Loire.
Noé, Pierre - François. Magnenière,
  Aisne.
Rivière, Anton. Orbekivier, Cortier.
Brigand, François. Aglo, Nord.

Hemery, Etienne. Venveuille, Loire-et-Cher.
Massucco, Jean. Arba, Stura.
Prose, Antoine. Fortern, Eure.
Pivet, Gabriel. Garigny, Cher.
Chamerois, Georg. Longchamp, Aube.
Le Mettre, Marin. St-Calais, Mayenne
La Hay, Michel. Beschep, Nord.
Lays, Pierre Aug. Broux, E.-et-Loire.
Le Garnier, Jean. Flosin, Aveyron.
Gouvet, Denis. Bigni, Eure-et-Loire.
De Voeque, Isidor. Ovry, Oise.
Loquers, Jean. Rouen, Seine-Infér.
Laillat, Mathieu. Villeneuve, Aube.
Macquart, Jean-Bapt. Eure, Marne.
Orange, Pierre. Cany, Oise.
Lafond, Pierre. Orgat Dordogne.
Charpentier, Jean. Dampierre, Indre.
Pepin, Mathias. Mentor, L.-et-Cher.
Dorschlaart, J.-B. Hambek, Dyle.
Keller, Pierre. Ebiron, Moselle.
Briord, Jean Franç. Bruxelles, Dyle.
Mostrey, Pierre. Seleghem, Lys.
Ogeole, Jean. Bregne, Cantal.
Prot, Honoré. Vilmord, Aube.
Tournain, Pierre. Chevalier, Nord.
Moulins, Claude. Montain, Jura.
Bourbier, Pierre. Artleven, Somme.
Hadivet, Corneil. Bridorg, Deux-Nèth.
Weyener, Martin, Rosenfeld.
Briceo, Jean. Calma, Pô.
Qichard, François. Colmie, Yonne.
Courtier, Bart. Angeneaume, Loire.
Qenot, Jean. Grand-Bois, Marne.
Cardon, Fort. Abelin, Aine.
Bouvet, Julien. Ruillie, Mayene.
Simmer, Adam. Niederkerk, Trèves.
Varle, Isidor. Lavernat, Somme.
Bongea, Jean. Amie, Orne.
Eugène, Baptiste. Rome.
Stapas, Frédéric. Habscheid, Deux-N.
Masset, Antoine. Rochemont, Pô.
Gomet, Nicolas. Fournier, Nord.
Jullien, Antoine. Saumon, Gard.
Lanau, Louis. Seeronesse, Mayenne.
Auguivier, Jean. Cazizi, Nièvre.
Pœklker, Cristian. Larq, Haut-Rhin.
Cligart, François. Heusen, Escaut.
Siebert, Piere. Poitron, France.
Hohs, arnold. Pays-Bas.
Alfiery Joseph, Parme, Taro.
Clamme, Gille, Gambeving, Moselle.
Auvaint, Vinc. Bernardière Vienne.
Marque, Pierre.
Marpaul, Le Lefèvre. Noisoler, France.
Linkerbek, Henry. Harderwyk, Hol.

Drut, Jean. Chaivre, Mayenne.
Georg, François. Servas, Ardennes.
Esling, Mathias. Helsingen, Moselle.
Francissini, Angelo. Zungia, Alona.
Monacy, Jean. Bayene, Creuse.
Foane, André. Sernaye, Potier.
Armoset, François. Aurillac, Tarn.
Michot, Jean. Avelar. Leman.
Hechman, Jean. Mastrich. Meuse-Inf.
Gabrielle, Garnier.
Meritier, Jean.
Tirinansie, Jaquino.
Mantoule, Louis. Anvers, Deux-Nethes.
Valpini, Ch.-Mar. Greppelle, Gonge.
Geinier, Gaspard. Veroule, Ems-Sup.
Egliseaux, Hilaire. Bageat, Corrèze.
Molet, Jacques. Danier, Côte-d'Or.
Pourreon, Jean. St-Ar, Ind.-et-Loire.
Pretessail, Jean.
Viole, Hilaire. Bruxelles, Dyle.
Collard, René. Bligni, Aube.
Maas, V. Der. Wancomp, Roer.
Cuignan, Julien. Myden, Loire-Inf.
De Quai, Jean. Karejean, Nord.
Cosson, François. Evreon.
Damen, Baptiste. Ah.
Choineaut. Poitiers, Vienne.
Wemmans, Corneil. Telbok, Brabaut.
Basta, Joseph. Dasta, Utena.
Conard, Franç. Chapelmade, Vienne.
Van Erberger, Pierre. St-Den., Escaut.
Thibault, Réné. Vivonne, Vienne.
Franchi, Pierre. St-Évrard, Garonne.
Fournien, Étienne. Colbac, Dordogne.
Ragona, Jean-Pierre, Meurcourt Haute-Saône.
Tengarten, Jacques, Salmer, Brabant.
Benedik, Jacques. Bahr, Haut-Rhin.
Grierien, Jacq. Von-Way, Ind.-et-L.
No, Joseph. Chamegion, Moselle.
Théné, Ferdinand. Uclié, Pas-de-Cal.
Parot, Dominique-Louis, Fongliano, Genua.
Vliet Vander, André. St-Martens. Es.
Peter, Jean, Amsterdam.
Signoretty, Michel. Vilanpenta, Mincio.
Tabouron Jean. Villewecq, Maine-et-Loire.
Tordes, Jacques. Setasen, Elbe.
Coet, Jean. Ligne, Issel.
Ange, Georges. Italien.
Reze, Louis. Farmaster, Mayenne.
Louvrier, François. Camar, Calvados.
Fiore, Jean. Sala, Marengo.

Adam, Lambref, Flandres.
Dechiant, Jean-Bap. Ideghem, Escaut.
Faure, Paul. Calachet, Liége.
Chauvet, Jean. Dati, Vaucluse.
Tadeponse. Montgon, Ardennes.
Heindrichs. Hollande.
Garteau, Jean. Broche, Brenta.
Marchon, Antoine. Carbenson, Nord.
Scherkouse, Jean-Jacques. Godewer-
weld, Nord.
Schivarz,Louis. Werenhemses,Mont-
Tonnerre.
Cosse, André, Fert, Manche.
Gammer, Jacques. Chatel-Montagne,
Nièvre.
Laymaker, Jean. Hemma, France.
Pere, Jean-Pierre. Esquéheries, Aine.
Mourn (le), Etienne. Derais, Dordog.
Berthe, Jean. Saint-Legne, Oise.
Phlippe-Jacques. Bruxelles, Dyle.
Bromini, François. Jusara, Mincio.
Blanc, Jean-J. Chesne, Léman.
Demonge, Gabriel. Montblanc.
Toutanc, Charles. Sonunque, Hautes-
Pyrénées.
Bicot, Benj. Senou-Force. Eure-et-L.
Croix (de la), Jean-Bap. Etere, Nord.
Lormo, Charles. Peraveux, Nantes.
Reou, Pierre. Curas, Aube.
Siebenberg, Georges. Hollande.
Joliè, Pierre. Locu, Garonne.
Thiel, Lannes. D'Hun, Roer.
Simple, Claude. Ombaye, Aine.
Dapon, Jean. PontFerou, Creuse.
Gratius Willemsen. Arnheim.
Famigli, Louis. Pontea, Arno.
Barbier, Louis, Hames, Pas-de-Calais.
Noel, Jean-Jac. Mennel, Vosges.
Lange, Jean. Malines, Brabant.
Luleman, Christophe. Achan,Ems-su-
périeur.
De Faye, Julien. Chapelle, Manche.
Buekens, J.-B. Orchott, Dyle.
Langedeck, Simon. Audedorff. Brab.
Porin, Pierre. Virine, Haute-Loire.
Louche, François. Assocai, Cher.
De Chartre Jos. Terger, Allier.
Diocot, Jacques. Sartelanau, Drôme.
Schoviot, Guil. Rauweda, Stura.
Nicolas, Louis.
Volterkam, Guillaume. Heinkel, Hol-
lande.
Dumond, Gérard. Conture, Oise.
Bosony, Ange. Viga, Taro.
La Biere Gegas. Murel, Montabel.
Le Rey, Franç. Beral, Ile-et-Villaine.

Rebouillet, Joseph, Chabeuil, Drôme.
Guilliant, Paul. Lyon, Rhône.
Boseke, Jean, Langemark, Brabant.
Poison, Charles. Remberville, Vosges.
Fleuse, Gérard. Wichert, Bas-Rhin.
Knadler, David.
Michel, Anton. Seine-et-Oise.
Pacot, Jean. Dervans, Saône-et-Loire.
Baudeville, Desiré, Lille, Nord.
Torroten,Jacques.Chabrilain,Drôme.
Wenecke, Pierre. Ziel, Flandern.
Caromelly, Hily. Frabuy, Stura.
Laqui, Jean-François.
Kramer,Joseph. Apromencher,Vosges
Branle, Louis. Arnal. Sambre-Meuse.
Le Ganet, Nic. Honfleur, Seine-Inf.
Landais, Pierre. Mayenne.
Heindrich, Dretrich. Markhof, Brab.
Massucco, Jean. Arba, Stura.
Roche, Jean. Lavigni,Lyon.
Thierry, Joseph. Montigni, Meuse.
Neef,Jean-Bap. Castello,Deux-Nethes.
Geraux,Franç.St-Choi,Ille-et-Vilaine
Pavello, Fabre, St-Longe, Alsobita.
Glace, Bernhard, Gend, Brabant.
Raynaud, Léonard. St-Vignol. Corrèze
Herman, André. Oberkerk, Corrèze.
Girard, Jean. Cermain, Pô.
Tourisseau, Joseph. Chanieve Vendée.
Lebel, Frédéric. Grone.
Castel, Jean. Gand.
Parot, Domin.-Louis. Fougt, Genua.
Beause, Simon. Passirai, Charente.
Lanies, Jean-Louis. Sondendle, Seine-
et-Marne.
Bellier,André. Fougner, Deux-Sèvres.
Prisard, Pierre. Clifabre, Charente.
Louvel,Pierre. Trut-Meure-le-Grand.
Segueux, Michel. Onivin, Eure-et-
Loire.
Gothier, Charles. Van-Louet, Aisne.
Pellegrin, Antoine. Marseille, Rhône.
Bavière, Jean. Baroi, France.
Demnik, Pierre. Hund-Schoten, Hol.
Floro, Jean. Salas, Marengo.
Congnies, Jean. Dorlecourt, Marne.
Marquet, Etienne Echavanier, Côte-
d'Or.
Haude, Joseph. Frumgen, Oise.
Thiébaut, Jean. Frageur, France.
Gérard, Jean. Carmian, Pô.
Fabre, Jean-Baptiste. Toulouse, Hte-
Garonne.
Renet, Gerbel. Côtes-du-Nord.
Painson, Jean. Frenois, Somme.
Brot,Franç.-Antoine. Vaulsaen,Aube.

Mora, Domine. Talgara, Italie.
Médard, Ambroisie. Saluce, Hte-Gar.
Fouraier, Anton. Cazar, Pô.
Heimeri, René. Saint-Martin-de-Marigni, Orne.
Mathieu, Franç. Gomdercy, Vienne.
Millos, Jacq. Gondrecourt, Hte-Saône.
Beckard, Pierre. Wormond, Nord.
Cornot, Jean-Baptiste. Orges, Haute-Marne.
Phillipert, P. Blansy, Seine-et-Oise.
Jeanke, Julien. Lugano, Italie.
Carrara, Domini. Bassano, Italie.
Blod, Michel. Miroir, Saône-et-Loire.
Plaunier, Jean. Saint-Germain, Cher.
Haricourt, Dominique. Centry, Meurthe.
Denille, Louis. Villers, Eure.
Bretin, Charles. St-Philippe, Loire-Inférieure.
Ellers, Jacques. Burhar, Weser.
Perche, (la) Jean. Ile-et-Vilaine.
Fiedeler, Henri. Lindeno
Derville, (la) Pierre. Serville, Dordog.
Genet, François. Saint-Jean, Isère.
Sagean, François. Saint-Georges, Manche.
Noel, Jean-Jacques. Saint-Georges, Manche.
Paridon, Ive. Doque-Frill, Finistère.
Unatien. Caforges, Sarthe.
Monnar, Dromp. Paris.
Fouraier, Anton. Cazar, Pô.
Saine, Joseph. Auriol, Rhône.
Decan, Louis. Moisle, Lys.
Faget, Alexandre, Castelle, Gers.
Ceima, Jacques. Ingebajon.
De Meester, Pierre. Arducle, Lys.
Gilbert, Nicolas. Segni, Ardennes.
Visière, Pierre. Laprotte, Pô.
Bonespérance, Toussaint Feutière, Oise.
Lambert, Jean.
Brenille, François. Versillard, Dordogne.
Madel, Jean. Laperche, Finistère.
Bangoli, Jean-Marie. Sastiane, Ombrone.
Benert, Marin. Dyon, Saône-et-Loire.
Glodo, Rosoco. Bowry, France.
Maasvan, Pierre. Gand, Brabant.
Thiolet, Etienne. Westphuys, Loire.
Julien, Jean. Lugano, Italie.
Schmitz, Pierre. Rhoé, Roër.
Tuliere, (la) Claude. Chapelle, Seine-et-Oise.

Boucard, Bernard. Dainsen, Escaut.
Baura, Pierre. St-Placouf, Mayenne.
Gelnde, Louis. Verne, France.
Boreman, Bores. Rotterdam, Hollan.
Forsott, Henri. Canthe, Manche.
Amourems, Mathieu. St-Aman, Lot-et-Garonne.
Forg, Jean-Baptiste. Marnier. Nord.
Kochs, Lambert. Flulmerath, Meuse-Inférieure.
Crange, Réné. Finistère.
Lodmerie, Pierre. Mouen, France.
Kuschentrager, Jean. Harlingen, Holl.
Visière, Pierre. Labrotte-Cassel, Pô.
Dieux, Claude.
Pertier, Pierre. Biersé, Mayenne.
Grenier, Jean. Bourg, Gironde.
Malil, Pierre. Rheims, France.
Wetigni, Jean. Berbon-les-Charbons, Allier.
Stinkes, Joseph. Brutslad, Brabant.
Mottel, Joseph. Antu-Piage, Drome.
Policard, Etienne. Villequin, Cher.
Antimo, Joseph. Castre, Orne.
Prodam, Pierre. Mobertin, France.
Been, Jacob. Rotterdam.
Bonani, Jean. Nicolai-au-bois, Aisne.
Rose, Joseph. Dubrok, Vosges.
Jaberiga, Jean. Villegran, Côtes-du-Nord.
Piboulet, Armand. Leverat, Gironde.
Combeau, Jean. Saint-Thomas, Fr.
Kerkkusch-Heisiger. Wilmand, Fries.
Rugent, Pierre. Vilberg, Sarre.
Vital, Saül. Bergne, Cantal.
Bondeau. Mandblüh, Sarthe.
Bechat de Cara. Montafadas, Drôme.
Brunette, Mathurin. Evrans, France.
Olivier, Jean-Marie. Ceurken, Finist.
Cotte, Louis. Precy, Yonne.
Roman, Michel. Bermais.
Sière, François. Corrèze.
Clibon, Joseph. Horderick, Lys.
Ruger, Jacques. Busse, Zuyderzée.
Perfia, Jean. Prum, Oise.
Couplet, Agricolle. Avignon, France.
May, Anton. Breda, Hollande.
Don, Carlo Anton. St-Georges, Italie.
Hombourg, Jean-Baptiste. Abbeville, Somme.
Huillier, Pierre. Perrien, Vienne.
Freuil, Pierre. Tillique, Corrèze.
Daloura, René. Haunes, France.
Rou, Benoît. Lienz, Creuse.
Montigène, Porto. Conies, Trasimène.
Parma, Louis. Saint-Martin, Tarn.

Chevalier, Michel. Châtenay, Puy-de-Dôme.

Thissier, François. Lahourous, Fr.

Alfen, Antoine. Breda, Hollande.

Fressent, Jean-Marie. Saviliac, Stura.

Denis, Laurent. Lavilledeux, Pyrén.

Pradier, Pierre. Lodi, Italie.

Dezni, François. Guine, Pas-de-Calais.

Parisot, Jean. Troyes, Champagne.

Bastin, Vincent. Apart, Italie.

Weber, Pierre. Amsterdam, Holl.

Larivent, Joseph. Mazain, Garonne.

Peregrini, François. Truance, Tarn.

Kaiser, Ernest. Chartres, France.

Toussaint, Jean-Pierre. Fontaine-la-Creuze, France.

Agnou, Marchat. Saint-Augustin, France.

Bon, Denis. Gauge, Jura.

Giron, Pierre. Targon, Gironde.

Gonjean, George. La Ruette, Corrèze.

Pauses, Claude-Marie. Borger, Aisne.

Müller, Jean. Nimegen, Hollande.

Tenau, Nicolai. Laflant, France.

Castres, Louis-Jean. Calais, Calais.

Foque, Louis. Lille, Nord.

Pinot, Jean. Orne.

Dupitrai, Jean-Baptiste. Limoges, Vienne.

Barcelone, Pierre. Perville-sur-mer, Aube.

Trompe, Marine. Zirkzée, Hollande.

Ami, Jaquenoi. Genève, Léman.

Denist, Jean. Châteaudun, Eure-et-Loir.

Massignat, Ant. Vantonge, Charente.

Collin, François-Martin. Lens, Jemm.

Toulielly, Pierre. Laucé, Pô.

Beauregard, Antoine. Carteil, Seine-et-Marne.

Le Coin, Nicolas, Saint-Martin, Fr.

Bucato, Dominiq.-Neopol. Crousege, Couseine.

Monier, Jérôme. Montreuil, Eure.

Morthiaux, Antoine-J. Ardennes, Sambre-et-Meuse.

Desougeret, Jean-Emmanuel. Perpignan, Pyrénées-Orientales.

Cropart, Louis. Ossart, Marne.

Brivado, Jean. Navers, Nièvre.

Cassagne, Joseph. Brugier, France.

Dalia, Joseph. Castego, Genua.

Boluo, Antoine. Denomier, Isère.

Antoine, Louis. Villentrois, Indre.

Callay, Charles. Fauvillers, Forêts.

Rambaud, Charles. Paris, Seine.

Imon, Julien. Mont-Blanc, France.

Gura, George. Baronon, Radon.

Jony, Guillaume. Laufin, Côtes-du-Nord.

Noyelle, Franç. Guyancourt, Somme.

Dolioti, Pierre. Vaiseme, Tanaro.

Butau, Ivri. Camles, France.

Delara, Sante. Albignolo, Panaro.

Jeosse, Pierre. Largny, Aisne.

Bouvier, Antoine. Côte-Saint-André, Isère.

Noé, Isaac. Sevilla, Ardèche.

Guilleton, Joseph. Ales, Drôme.

Schœfer, Godofrid. Neusaty, Holl.

Doed, Joh.-Wynand. Utrech, Holl.

Massolin, J.-B. Vinans, Pô.

Carnet, Denis. Lillers, Pas-de-Calais.

Furth, Jean. Sottel, Rhin.

Piau, François. Degroliere, Mayenne.

Brisseaux, Michel-François. Sainte-Suzanne, Mayenne.

Degalai, Eleuter. Bruxlles, Jemmappes.

Chauniot, Claude. Albin, Vendée.

Rhéne, Martin. Draille, Charente-Inf.

Malhurus, Aug.-Alexis. Croucher, Fr.

Mendes, Henri. Drombusch, Holl.

Guillino, Joseph. Gavesio, Montenotte.

Lejeune, Alexandre. Custel, Somme.

Lecomte, Jean. Courdemanche, Sarthe.

Sébastian, Michel. Eacone, Marne.

Juillier, Jacques. Dominge, France.

Krauenberg, Cornelis. Langes-Wald, Hollande.

Poleon, August. Courtenai, Isère.

Caradant, César. Besson, Seine-et-Oise.

Danchau, Jean-Bapt. Querr, France.

Waldenburg, Cornel. Alphen., Holl.

Coraro, Dominique. Gossone, Montenotte.

Richard, Nicolas. Sapicourt, Marne.

Gobert, François. Gueville, Jemm.

Dixtra, Pierre. France.

Bandelier, Frédéric. Luxembourg, Forêts.

Alfiery, Joseph. Parme, Taro.

Dikma, J.-Daniel, France.

Veldhaus, Henri. France.

Niemand, Pierre. Hollande.

Poison, Etienne. Bouger, Isère.

Salome, Philippe. Serrey, Yonne.

Mousset, Louis. Tournay.

Azzoni, Antoine. Tereza, Taro.

Neule, Célestin. Toison, Jemmappes.

Cherret, François. Souligne, Sarthe.

Bruin, Louis. Plurien, Côtes-du-Nord.

Reaux, Nicolas. Contoure, Manche.
Ferret, Jean. Roane, Loire.
Fromelin, Victor. Fiave, Seine-Infér.
Bernard, Victor. Soissons, Aisne.
Bellet, Corneil. Breda.
Kron, Pierre. Valbasili, Pô.
Thierry, Charles. Montreuil, Pas-de-Calais.
Dupressoi, J.-L.-H. Charigni, Aisne.
Henri, Guillaume. Mogny, Loire.
Morlef, Jacques. Maestrich, Meuse-Inférieure.
Aubin, Eli. Fécamp, Rouen.
Questre, Pierre-Henri. Widehent, Pas-de-Calais.
Charne, Louis. Rouanne, Loire.
Vaillant, Joseph. Rouanne, Loire.
Brand, Cornelis. Holder, Zuyderzée.
Xavier, Emmanuel-Landry. Chomercy, Jura.
Lemaire, Julien. Sait-Fraim-Bautt-de-Pierre, Mayenne.
Renedot, August. Saint-Germain-en-Laye, Seine-et-Oise.
Paril, Honoré. Orchoval, S.-et-Oise.
Ogier, Pierre. Poldendal, Seine-Infér.
Havan, Jean. Gaboston, Pas-de-Calais.
Euchet, Pierre. Avise, Marne.
Steching, Albert. Hengelo, Hollande.
Jacques, Pierre. Gar., Charente.
May, Jean. Saint-Julien, Calvados.
Calbry, Pierre-Jean. Lisieux, Calvad.
Martin, Isidor. Magrisadam, Somme.
Levert, Henri. Compiegne, Oise.
Hauteville, Jacques. Chapelle-Saint-Pierre, Oise.
André, Michel. Loudrac, Côtes-du-Nord.
Leterse, Jean. Nantes, Loire-Infér.
Adriansen, Josse. Heust., Escaut.
Masza, Cassel. Parme, Taro.
Morin, Jean-Bapt. Abbeville.
Simon, Pierre. Mans, Sarthe.
Chapelle, Simon. Montpellier, Hér.
Careme, Jean-Bapt. Neuvage, France.
Borne, Auguste. Sens, Bourgogne.
Schrývers, Jean. Schaft, B.-du-Rhin.
Gaido, Jean. Sanest-Villa, Pô.
Lestil, François. Ganac, Arriége.
Spys, Emmanuel. Neapol.
Gratis, Ferdinand. Sina-Longo, Ombre
Arbe, Joseph. Tais, Léman.
Pagnard, Claude. Furti, Côte-d'Or.
Longlaid, August. Lille, Nord.
Ghysons, Alexandre. Boerdeghem, Escaut.

Dabry, Auton. Ferrano, Bas-Pô.
Penschi, Jean. Saint-Igny, Rhône.
Hensing, Auton. Verdun.
Chevans, Etienne. Overol. Lyon.
Fougère, Pierre. Angoulême, Charente.
Montier, Pierre-Jean. Corbio, Neapal.
Witt, Cornelis. Seide-Wind, Zuyderzée.
Caretta, Jean. Castelnovo, Taro.
Allingue, Jean. Saint-Germain, Sésia.
Breda, Louis. Saint-Amand, Nord.
Bercher, Guiseppe. Govisa, Dalmatie.
Gailiazo, Louis. Castel, Montenotte.
Levecque, Gilbert. Molissoa, Dordogne.
Lexis, Jean - Baptiste. Middelburg, Bouches-de-l'Escaut.
Letbe, Jean. Frevant, France.
Cantin, Jean-Jacques. Calers, Haut-Rhin.
Busch, François. Melser, Escaut.
Nane, Jean-Baptiste. Caizane, Montenotte.
Choli, Philippe. Ache, Hérault.
Devau, Charles. Tournay, Jemmappe.
Trevy, Jean. Saint-Pierre, France.
Mousset, Louis. Tournay, Nord.
Thiedrai, August. Lille, Nord.
Schenal, François. St-Pierre, Léman.
Poitze, Martin. Bramaire, Gard.
Gouward, Jean. Dropkerchem, Fr.
Kavasini, Louis. Baschet, Taro.
Brias, Jean-Claude. Pornai, Loire.
Matrain, Jérôme. Massangy, Léman.
Marie, Victor. Nantes, Loire-Infér.
Verdot, Léonard. Darthes, Dordogne.
Poiret, Antoine. Marie, Somme.
Pointes, Jean. Carbo, Gironde.
Magnes, Jean. St-Civrai, Dordogne.
Wege, Pierre. Sievelen, Hollande.
Guille, Joseph. Mebnaleka, Marengo.
Dathias, Jean. Bordeaux, Gironde.
Bandelier Fried. A. Luxembourg, Forêts.
Chery, François. Metz, Moselle.
Landry, Joseph. Cromière, Sarthe.
Pocouy, Jean. Rhodez, Dordogne.
Failly, Pierre. Vasel, France.
Gerlach, Gatified. Pinzen.
Genke, Jean. Neinson, France.
Gaillard, Louis. Paris.
Mouchelet, Gabriel. Temering.
Gillgonelle, Louis. Ameine.
Groule, François. Caudet.

Deletter, Jacques. Neukirchen, Flandern.
Degand, Valentin. Samatine, Arno.
Grandille, Jean. St-George, France.
Gagne, Jean. Anglure, Flanqueu.
Gille, Pierre. Dildo, France.
Grambet, Jean-Henri. Montmeure, France.
Grace, Innus. Lezoux, France.
Guedont, François. Fourgeron, Fr.
Gibet, Louis. Chaux, France.
Girard, François-Aug. Alençon, Fr.
Arzen, Anton. Wesel, Anvers.
Lest, François. Hechene.
Gotfried, Jean-César. Aile, France.
Gerhard, Louis, Paris, France.
Guerman, Heves. Jurewero, France.
Gridade, Jean.
Grange, Jean-Baptiste. Géras, France.
Girard, Jacques. France.
Warner, Carl. Amersfort, Hollande.
Geniste, Pierre. Villandre, France.
Flameau, Jean. Boulogne.
Frikaut, Marel. Montseau, France.
Defroid, N. Angerville, France.
Bertoil, Florentin. Bergue, France.
Farieux, Franç. Neuville, France.
Brussel, Casimir. Sedelheim, Dyle.
Faissette, Jean-Antoine-Cohord. Paris, France.
Frian, Pierre. Lange, France.
Fauchet, Pierre. Vai, France.
Fuhr, Georges. Darmstad, Allemagne.
Frédéric, Christophe. Agnitte. Fr.
Gans, Jean. Kaltenem.
Grosset, Jean. Lyon.
Peters, Peter. Ruremonde, Maestrich, Meuse-Inférieure.
Gervais, Etienne. Saint-Hève.
Grenco, Joseph. Valence.
Gotman, Michel. Strasbourg, France.
Grochet, Antoine. Naugen, France.
Grobert, François.
Grach, Jean-Michel.
Gironne, Jean. Masserolle.
Hellman, Frédéric. Bribino.
Haase, Guillaume. Emmeringen.
Hammer, Georg. Lausingen.
Heisler, Anton Wangen.
Willemse, Isak. Middelburg, Holl.
Congean, Georg. Laricet, Corrèze.
Punze, Nicolas. Burcambres, Ain.
Castre, Jean-Louis. Calais, France.
Toqui, Louis. Lille, Nord.
Pinot, Jean. Orne.
Hubrechts, Henri. Eau, Hollande.

Dupitrai, Jean-Baptiste. Notarien, Limoge.
Parcellon, Pierre. Periademer, Aude.
Jaquenot, Ami. Genève, Léman.
Ewain, Jacques. Plemoir, Côte-d'Or.
Deschain, François. Andre, Luse.
Puscou, Larica. Marseille, Bouches-du-Rhône.
Janneret, Honoré. Iramble, Seine-et-Oise.
Petit, Nicolas. Silla, Seine.
Kornbaur, Jacques. Bambery, Pays-Bas.
Fournier, Dominique. Boulogne, Pas-de-Calais.
Peschu, Pierrre. St-Nord, Escaut.
Dimique, Joseph, Koerly, Pô.
Vincent, Pierre-Antoine. Rouen, Seine-Inférieure.
Lesser, Antoine. Paris Seine.
Brige, François. Perscheron. Dorme.
Kornbaur, Jacques. Bamberg, Pays-Bas.
Dessaint, Jean-Baptiste. Auchi, Noire.
Valau. Joseph. Savens, Somme.
Fariotti, Antoine. Latinare, Seize.
Peschamerle, Louis, Amiens, Somme.
Polt, (de la) Pierre. Hautoppar, Seine-Inférieure.
Claveau, Étienne. Riencourt, Saint.
Pou, (de) Joseph. Merxin-Levin, Pas-de-Calais.
Louis, Jean. Noire, Auncour.
Chappelle, Simon. Montpellier, Hérault.
Brise, Auguste. Werven, Aine.
Duvall, Léonard. Tinon, Dyle.
Grenadier, Nicolas. Nancy, Meurthe.
Peven, Georges. Devau, France.
Rumo, Bertrand. Butas, Paris.
Caterger, Jacques. Seine-et-Marne.
Service, Amon. Dissan, Montpellier.
Arnoul, Pierre, France.
Tremlete, Joseph. Sédau, France.
Niemand, Andras. Haye, Hollande.
Perseau, Olivier. Kerlikol, près Paular.
Ruel, Jean Franç. St-Schero, France.
Lanneau, Maurice. Carteau, France.
Verhaagen, Pierre. Stryp, Hollande.
Thomas, Michel, Landero, France.
Pavero. Bolar, Italie.
Navals, Joseph. Lenon, France.
Julié, Joseph. Kasterau, France.
Batar, François. Nantes, France.
Niel, Jacques. Delfl, Hollande.

Sengeon, Blaise. Lyon, France.
Claude, Jacques. Hadeau, France.
Gangeau, Dukau, Dubour, France.
Kousseau, Jean. Angoulème , France.
Vallet, Louis. Saumur, France.
Glisier, Joseph-Marie. Villain, France.
Guillot, Jean-Baptiste. Dijon, France.
Fraignan, Jean-Baptiste. Boucheque. France.
Donkerslot, Jean. Ulgisblat ,Rotterdam.
L'Ami, François. Vertella, France.
Besier, Petit-Toul. Montargis, i.
Martin, François. Boulogne, id.
Latange, Auguste. Martain id.
Schlangel, Dorus. Mastricht, Meuse-Inférieure.
Fervier, André , St-Aubie, France.
Gout, Jean-Louis. Misere, Besançon.
Haudier , Pierre, Gaugel , près Brau-Mont.
Regamet, Philippe. Lille, Nord.
Sawaier, François. Wonn, Lorent.
Grivi, Philippe. Delusne , Côte-d'Or.
Cajer, Pierre. Choanni, Haute-Marne.
Rose, Henri. Bar, Haut-Rhin.
Schmid, Andras. Helde, Pays-Bas.
Schmid, Baltasar. Cramstel.
Bartholomey, Mart. Sawer, Ardèche.
Hosen, Nicolas. Saint-Lo, Manche.
Legro, Franç. Saint-Promane, Hotelles..
Mori , Franç. Goarlisky , Finistère.
Blisero, constance. Miano, Pô.
Jouan, Baptiste. Burden, Lenevrier.
François, Michel. Lille Nord.
Tiesse, François. Chaillac, Indre.
Sander, Renan. Buroco, Hollande.
Vales , Jean.. Bourgogne , Saône-et-Loire.
Piolly, Jordan. Grenoble, Isère.
Michel, Jean. Romane, Monte-Ban.
Turne, Dierium. Couru, Tarn.
Weber, Caspar. Ilzog , Haut-Rhin.
Vierkrank, Kovi. Dolmet, Rhône.
Billini , Jacques. Legurda , Lot-et-Garonue.
Stéphan, Dominique. Cauwe, deRoma.
Casterien , Baptiste. Saules , Nord.
Strefkerk. Diatilad, Hollande.
Cambon, Charge. Auverigni. Cantal.
Civedan, N. Fiako, Tarn.
Bennet, Étienne. Fraid, Cantarre.
Ferrero, Michel. Petzezo, Pô.
Auguste, Jean. Reprole, Seine.
Piet, Pierre, Illerville, Seine.

Erdemeq, Alexandre. Strasbourg. Bas-Rhin.
Piron, André. Quimperlé, Finistère.
Massa, Dominique. Fronde, Pô.
Horchen, Gotfried. Koela, Roer.
Pirone, Jacques. Colaco, Lisine.
Ronge, Jean. Rollard , Cantarre.
Deluwet, César. Rewid, Somme.
Lonten, François. Rolan, Ourthe.
Koe, Jacques. Pescheron, Orme.
Ziwi, Alexandre. Roma, Italie.
Meyer, Guil. Utrecht, Hollande.
Warra, Martin. Neferrière , Lereau.
Loevil. Abbeville, Somme.
Kummel, Jacques. Tarsonnière, Pô.
Ratumur , Pierre. Crispari, Lot-et-Garonne.
Grandjean , Jean. Hane , Marseilles.
Fovel , Gabriel-Guillaume. Rouen , Seine-Inférieure.
Perdu, Jean-Baptiste. Voiven, Calais.
Boise, Auguste. Vervins, Aisne.
Dinson, Pierre. Angoulême, France.
Louis, Jacques. Vusael, Caute.
Huien, Paul. Doué, France.
Lion, Joseph. Chenois, près Langon.
Durand, Pierre. Derke, Calvados.
Degler, Auguste. Duchsmund, Flandres
Hauser, Pierre. Apré.
Postal, Jean. Paris, Seine.
Russon, Pierre. La Cure.
Robin, Bertr. Montgrand, près Bière.
Valentin, Michel. Inamlau, Italie.
Camene. Paris, Seine.
Mazonne, François. Saulegone, France.
Beuvant, Pierre. Depreuille, France.
Fasf, Mathias. Trier, Moselle.
Siblichaud, Jacques. St-Denis, Loir-et-Cher.
Bande, Félix. Vunc, près-Avignon.
Cordier, Ignace. Rome, Italie.
François, Martin. Delaveine, France.
Foureli, Sion. Satile, France.
Franc, Jean. Agnore, France.
Lesvir, Jean. Gotto, France.
Pusan, Jean. Caplace, près Catalogne.
Seideman, Pierre. Hollande.
Lenon, François. St-Quentin, France.
Grande, Louis. Bon, France.
Olivier, Vudien. Friguier, France.
Cathanna, Pierre. Rome, France.
Foissen, Martin. Hollande.
Quenon, Alexis. Drossin, France.
Mosson, Mathure. Lugat, France.
Kroneberg, Jean. Neustad, Bavière.
Reuillac, Dominique. Launre, France.

Sebo, Joseph. Dedeschen, France.
Anvure, Étienne. Couru, près Dreval.
Cavran, Gilb. Lendo-la-Roch France.
Deborsa, Lorvain. Voulrue, France.
Teresson, Jean Pierre. Vonsen, France.
Kervel, Auguste. Glorvirer, France.
Trabo, Pierre. Ersantin, France.
Berger, Jean. Hollande.
Chetan, Jean. Vivrol, France.
Arbe, Pierre. Dekrut, France.
Pichonie, Chasnic. Vernie, France.
Wart, Jean. Delavi, France.
Berge, Jean. Deluze, France.
Cessé, Jean François. Paris, France.
Morai, Gowisi. Romer, France.
Jansen, Guillaume. Braband.
Chéri, Gusto. Dewalter, Italie.
Calve, Jean André. Baurchertande,
    France.
Later, David. Lausanne, Suisse.
Franie, François. Miausau, France.
Dobudner, Ferdinand. Sanse, Italie.
Ballesten, Jean-Bapt. Lechen, France.
Chin, Bendel. Rhin, France.
Chebert, Jean. Montitoi, France.
Daduran, Jean-Bapt. Delip. France.
Sohns, Pierre. Brabant.
Heindrich, Mathias. Hollande.
Degrisi, Carl. Staren, près Épier.
Marchun, Hornof. Arlou, près Duèz.
Sack, Dominique. Wervon, France.
Angelo, Jean Pierre. Ewilettry, France.
Missana, Jean. Sargeant, Italie.
Batur, Joseph. Peusen, France.
Dubal, Hendri. Geanville, France.
Vabel, Pelle. Chinolag, France.
Huche, Fraswa. Dijon, France.
Martinus, Joseph. Turin, France.
Minigni, Joseph. Rome, Italie.
Chapellan, Joseph. Doréne, France.
Sabelle, Pierre. Delawalle, France.
Bechebon, François. Lubalnir, France.
Willems, Elias. Hollande.
Fraba, Pierre. Ersantin, France.
Manue, Antoine. Tolicass, France.
Blanc, François. Clairimont, France.
Verve, Antoine. Ortes, France·
Feche, Jean. Denois, France.
Gano, Nicolas. Putokor, France.
Morens, Jean. Hollande.
Culmo, Carl. Wildenmor, France.
Woufre, Santwan. Ledli, France.
Fabrini, Jean-Baptiste. Labadi, France
Dessie, J.-Bapt. Wierbussane, France
Scheller, Loth. Bstrai, France.

Jenne, Louis. Esar, Var.
Chlo, Antoine. Chlinard, près Paris.
Lancel, Eruot. Code, France.
Fournier, Benjamin. Sansoir, France.
Atild, Pierre. Ville-Chatillon, France.
Gousse, Jean François. Oise, France.
Duran, J.-Bapt. Dulsafwesu, France.
Lucot, Pierre. Caen, France.
Frineken, Heindrich. Hollande.
Pitzigerenz, Bernardi. Bate-Fueme,
    Italie.
Wendesan, Jacques. Lawille, France.
Laport, Louis. Mullin, France.
Benard, Gabriel. Anfibou, France.
Lorau, Mathias. Dollion, France.
Jochman, J.-G. Ruppers, France.
Jacquelin, Jean. Coulon, France.
Dubois, Georges. Dorna, France.
Bertolo, Jean. Carlon, France.
Musson, Dominique. Monkul, France.
Pinnot, Jean. Lorm, France.
Van Ahls, Walters. Hollande.
Huet, Gilbert. Laerier, France.
Norman, Joseph. Duro, France.
Morini, Jean-Pierre. Lango, Garonne.
Dursiliende, Domini. Maretin, France.
Louis, François. Gees, France.
Louis, François-Jean. Rouen, Seine-
    Inférieure.
Millon, François. Lunéville, Loire.
Godefroi, François. Caen, Drôme.
Carpotier, Jacques. Paris.
Schneider, Henri. Collin, Roer.
Staff, Pierre. Brabant.
Siliverwy Glodde. Liége, Onrthe.
Collignon, Jean. Odislar, France.
Lafoi, Jean. Albary, France.
Huit, Ive. Billientoi, France.
Corbesse, Jean. Target, Allier.
Poupon, Pierre. Codinor, France.
Pasqua, Joseph. Rouen.
Bruling, Conrad. Sluenhof, Bavière.
Dominique, Jean-Julien. Wadiad,
    Neapel.
Kutzen, Jacques. Hollande.
Double, Eustache. Mussejan, France.
Granich. Dettau, France.
Depas, Henri. Hollande.
Bonard, Léopold. Grenoble, Isère. ·
Dupont, Pierre. Ferté-Macé, Orne.
Deiss. Ballik, France.
Denarier, Claude Bern. Genève, Lé-
    man.
Gautier, Jean-Baptiste. Monceny,
    Saone-et-Loire.
Doyer, Joseph. Villedan, Normandie.

Jensck, Samuel. Schivitz, Rhin.
Leblond, N. Manche.
Adjeron, Paul. Briol, France.
Astier, Jean-François. France.
Mathan, Jean-Jos. Paris, Seine.
Wills, Morand, Hollande.
Thouvenin , Nicolas. Dieu-Louard , Meurthe.
Fondi, Anton. Saint-Aubin, Eure.
Chery, Lambert. Duemar, France.
Serpenti, Antoine. Peruza, Trasimène.
Lecollier, Jean. Scielain, France.
Broquet, Alias. Quintin, Aisne.
Momardy, Joseph. Montenotte, Fr.
Nicolas, Jansen. Hollande.
Advienon, Joseph. Hambout, Meurthe
Meunier , Jean. Versailles, S.-et-Oise.
Bigot, François-Guillaume. Nouvion, Aisne.
Kinkhoven, Herman. Amsterdam.
Robert, Dominique. Saint - Martin , Haute-Garonne.
Charlot, François. Saint-Calais, Charente.
Garec, Jean. Kervignac, Morbihan.
Guyure, Ives. Gachenno, Morbihan.
Bride, Jean. Letrecour, Meurthe.
Boyer, Etienne. Heraugies , Bouches-du Rhône.
Adam, Nicolas. Grange, Marne.
Poulet, Aimé. Troyes, Aube.
Manceaux , Jean-Nicolas. Diziligeron, Aisne.
Holzam, Henri. Rotterdam, Hollande.
Mesnage, Jean-Franç. Orval, Manche.
Lesolle, Louis. Bussy, Marne.
Vilmet, Dominique. Rosez, Oise.
Michel, Emmanuel. Brême-le-Camp, Jemmappes.
Mothes, Guillaume. Macaire, Gironde.
Cornelis, Jacques. Limbeck, Dyle.
Cassini, François. Saint-Marcie-à-Linich, Arno.
Hulsberg, Jean-J. Haltern, Ysel.
Moser, Joseph. Dirrebach, Bas-Rhin.
Beld, André. Versailles, Seine-et-Oise.
Elar, François. Oser, France.
Chardonnet. Tormontreuilie, Marne.
Renauf, Modeste. Saint-Pierre-Eglise, Manche.
Desmeth, Guillaume. France.
Spauze, Henri. Duysburg, Dyle.
Verinot, Antoine. Saint-Rouen, Hte-Vienne.
Laribe. Channay, Nièvre.
Transcorff, Ives. Loemalo, Morbihan.

Chosse, N. France.
Radine, Nicolas. Berasheim, Forêt.
Bordeaux, Etienne. Rinant, Arriége.
Cadet, Jean. Brumpt, Bas-Rhin.
Donath, W. France.
Olvert, François. Lys.
Grop, Charles. Limmerheim, Roër.
Legrau, Albert. Choully, Marne.
Schwennedam, N. Suisse.
Liégeois, François. Harnit, Ardennes.
Laurent, Claude. Marin, Meuse.
Corneille , Valentin. Bonn , Rhin-et-Moselle.
Grenadier, Carl. Suisse.
Renoult, Joseph. Château-du-Loir, Sarthe.
Leraun , Bernard. Strasbourg , Bas-Rhin.
Mollet, Antoine. St.-Miel, Meurthe.
Lanterman, Constant. Salue, Sture.
Renault, Etienne. Saint-Georges, Calvados.
Rynders. Pierre. Mudum, Hollande.
Manquer, Alexis. Binèze, Gard.
Suzon, Lambert. Havaine, Nord.
Pipet, Pierre. Romane, Drôme.
Friederich, Jean. Amsterdam, Holl.
Calipot, Antoine. Hamby, Manche.
Mettelin, Jean-Baptiste. Nancy, Meurthe.
Cavalier, Antoine. Lalande, Lot.
Prignier, Joseph. Vèse. Drôme.
Bresset, N. Suisse.
Porta , Guillaume. Lopeshausen, Moselle.
Barazer, Louis. Landenau, Finistère.
Santos, Antoine. Asturies, Espagne.
Heuleux. France.
Verley, Michel. La Haye, Hollande.
Sallier, Nicolas. Paris, Seine.
Troost, Jean. Meppett, Hollande.
Lamotte, Jacques. Viroine, Somme.
Comtinovich, Gepto. Illirien, Italie.
Bonhomme, François. Biche, Moselle.
Vinard , François. Boireaux , Somme.
Burky, N. Suisse.
Decaut, François. Paris. Seine.
Fontaine , Jean-Joseph. Veson , Jemmappes.
Battier, Louis. Mopar, Côte-d'Or.
Regal, Joseph. Lunéville, France.
Couen, Jos.-Noël. Esnem, Ourthe.
Larget, Nicolas. Autry, Ardennes.
Viac, N. France.
Cromback, Pierre. Stedum, Ems.
Tebau, André. Lovie, Charente-Inf.

Gesnouin , Louis-Jean. Viroy, Manche.
Dornau, N. France.
Forkem, Jean. Alkemade, Meuse.
Dacostes,Félix. Marchelle, Jemmappes.
Debonnay, C. Champagni, Orne.
Appel, Dietrich. France.
Broussard , Franz - Lambert. Lisch , Ourthe.
Moralis, Antoine. Palma del Rio , Espagne.
Aymes, Jean-Pierre. Metz, Hérault.
Renier, Georges. Gevelisse , Meurthe.
Chassingon, Anton. France.
Baudiment , Antoine. Thièvres, Puy-de-Dôme.
Charpentier , Mathieu. Thevreville , Oise.
Wagener, Jos.-François. Kappel , St-Galle.
Borel, Jean-André. France.
Joyeux, Silvain· Suon, Vienne.
Duchennes , Nicolas. Neufmaison , Jemmappes.
Girard, Etienne. Uxloings, Nièvre.
Charette, Claude. France.
Burny, Jacq.-Jos. Namur, Forêts.
Debrunet, Louis. Moulies, Gironde.
Chaintrier, Jean. Alenesel, Gironde.
Robertier, Joseph. France.
Maillot, Mathieu. Colmer, Nièvre.
Jacquier, Victorien. Sivry, Jemm.
Wilma, Frédéric. Bayeux, Calvados.
Simon, François. Montmoressi, Fr.
Boudrai, Louis. Liége, Ourthe.
Ferrant, Jean. Clamart, Seine.
Pinet, Michel. Oui, Ourthe.
Denis. Jean. France.
Rejoli, François. Lamotte, Isère.
Clément, François. Vilaine, Sarthe.
Hauvard, Jean-Pierre. Liége, Ourthe.
Nicolas , Jean - Baptiste. Esklangon , Basses-Alpes.
Gonnot, Thomas. Girry, Nièvre.
Fabest, Adam, Arlache, Forêts.
Mosea, Ignac. Palass, Doire.
Ohland, François. Raden, Ems.
Bacque, Claude. Barbain, Garonne.
Rommelaire, Jean - François. Ledezech, Nord.
Villeneuve, François. Monlieu , Charente-Inférieure.
Allegro, Michel. Italie.
Hogarde, Herman. Saint-Michel, Bas-Rhin.
Drolet, Claude. Agy, Somme.

Ahless , Pierre - Henri. Verachlen , Meuse.
Ernaga, Martin. Aludes , Basses-Pyr.
Olivier, Jean. Condenord, Hune.
Bres, Jos.-André. Meyronne , Basses-Alpes.
Delor, Jean. Toulouse, Haute-Gar.
Roux, Anton. Grenoble, Isère.
Hortillon, Jean-Bapt. Paris, Seine.
Legendre, Charles. Rennes, Ile-et-Vilaine.
Bois, Antoine. Versoix, Ain.
Pedrot, Jean-François. Bretagne.
Bilbert, Gilbert. Amersfort, Hollande.
Delnatte, Saint-Hubert.. Mougueron , Lys.
Dubreuille, Stanislas. Lenanter, Oise.
Martinet, Blasi. Haute-Garonne.
Martin , François. Aurton, Pas-de-Calais.
Lesen, Jean-Denis. Hermale , Ourthe.
Rombeau, Antoine. Rivié, Jemm.
Pirion, Pierre. Bretagne.
Telles, Jean. Louvain, Dyle.
Vidal , Antoine. Dieu-Pontal, Lot-et-Garonne.
Dorchies, Jean-Baptiste. Artoel, Nord.
Lecouturier, Léonard. Aulais, Dyle.
Bolander , Jean-Jacques. Horiniges , Mont-Tonnerre.
Benoît, Joseph. Lorraine.
Leclerc , Jean - Baptiste. Ire-le-Sec , Meuse.
Van-Schuren, Jean-B. Saint-Nicolas , Jemmappes.
Hertel, J.-Bapt. Bruxelles, Dyle.
Buziat, Joachim. Valenciennes, Fr.
Veilbrief , Nicolas. Permend , Zuyderzée.
Leclerc, Florentin. Perrier, Somme.
Godart, Alexis. Couffée, Loire.
Sellier, Jean. St.-Georges, France.
Tummes , Jean. Mastrich, Meuse-Inrieure.
Leermans , Pierre. Hachelle , Deux-Nèthes.
Turcumider , Pierre. Huy, Hautes-Pyrénées.
Cavaille, Jean-Pierre. France.
Harms, Herman. Harlem, Hollande.
Joly, François. Condé, Somme.
Deman, Jean. Markols, Seine.
Lehaube, François. Ile-de-Ré, France.
Faquot , Jean - Baptiste. Niqueville , Somme.
Kesseler, Jean. Bruggen, Meuse.

Bingas, Jean. France.
Cognax, Jean-N. Thisne, Ourthe.
Blanc, Pierre. Laselle, Haute-Loire.
Domervel, Jean. Vignosoux, Saône.
Walter, Jean. Witem, Meuse-Inf.
Louveil, Charles.
Meuleman, M. Louvain, Dyle.
Aubert, Pierre. Urtho, Seine-Infér.
Girard, Jean-Louis. Labout, Rhône.
Boutard, Nicolas. Vilnocourt, Saône.
Roussel. Jean. Choppy, Saône.
Stevens, Pierre. Galoppe, Meuse-Inf.
Binois, Jean. Saint-Hilaire, Eure-et-
   Loire.
Flam, Guillaume. Luck, Meuse.
Rouchon, Claude. Ampillas, Haute-
   Loire.
Falfer, Jos. Eivaré, Nord.
Uring, Joseph. Jungenheim.
Pié, Jean-Baptiste. Haugone, Saône.
Barbase, Jean-François. Gives, Sam-
   bre-et-Meuse.
Trimborin, Jean-Pierre. Blaz, Roer.
Lever, Pierre-Franç. Boncel, Somme.
Tachet, Jean. Canluer, Mer du Nord.
Schomery, Jean. Hilderkt, Pays-Bas.
Ducroquet,Nicolas. Faucourt,Somme
Châtelain, N. France.
Conte, Antoine. Greeze, Hte-Loire.
Pister, Georg. Montzelar, Mont-Ton-
   nerre.
Obron, Louis. Morsin, Nord.
Chalme, Germain. Ruchory, Haut-
   Rhin.
Capron, Louis. Granville, Seine-Inf.
Elazar, Jacob. Fourdrinoux, Somme.
Mondino, Joseph. Zubron, Italie.
Debrue, Franz. Sazel, Brabant.
Bouquillon, August. Valdemaison,
   Somme.
Tusco, Joseph. Turin, Pô.
Plaquart, Honoré. Estampie, Jem-
   mappes.
Code, Pierre-Joseph. Cambry, Nord.
Cristopho, Pierre.
Huts, Jean. Entingen, Pays-Bas.
Delnoe, Antoine. Meutret, Arriége.
Ludwig, Briot. Rigni, Sever.
Carlier, François. Peronnes, Jemm.
Pleche, François. Neuverches, Sarthe.
Huricaux, Théophil. Teniero, Nord.
Geoffroy, Pierre. Rouen, Seine-Inf.
Boutard, Pierre. Vinacourt, Somme.
Troussellier,Michel. Saint-Hippolyte,
   Gard.
Yhlen, Jean. Maestrict.

Pradul, Mathieu. Margerit. Gard,
Massier, Louis. Targon, Gironde.
Loco, Thibou. Begni, Loire.
Loison. Wingeles, Pas-de-Calais.
Leuglet, Joseph. Merveaux, Somme.
Berguen, J.-B. Louvain, Dyle.
Scussy, Martin. Yolac, Gironde.
Das, Andreas. Hest., Brabant.
Vidove, Pierre. Baillers, Nord.
Pascal, Paul. Meaille, Basses-Alpes.
Thomas,Jean-Baptiste. Ramonchamp,
   Vogeser.
Pascal, Jean-Baptiste. Saint-Privat,
   Haute-Loire.
Leusen, Jean-Pierre. Zélande,Meuse-
   Inférieure.
François, François. Bouillen, Somme.
Westing, Fried. Harzfeld, Ems.
Dumien, August. Rocourt, Somme.
Ledoux, Jean-Baptiste. Frasnes, Jem-
   mappes.
Planeque, Pierre. Exreuille, Nord.
Leroy, Pierre. Subligny, Manche.
Montagne, Jean-Baptiste. Orsignas,
   Haute-Loire.
Stillebout, Jean-Baptiste. Neuve-l'E-
   glise, Lys.
Bignon, Louis. Beaumont, Seine-et-
   Oise.
Gastoux, Joseph. Dorvet. Arringi.
De Kog, Guillaume. Zernak, Holl.
Bruhl, Gérard. Worms, Mont-Ton-
   nerre.
Miacci, Salvator. Saint-Jean, Orno.
Fleuve, Georg. Guevrard, Oise.
Verron, Marie - Toussaint. Lailes,
   Côte-d'Or.
Jouanoulou, Louis. Campau, Pyré-
   nées.
Gorde, Michel. Gaubert, B.-Alpes.
Suter, Jean. Suisse, canton d'Argau.
Goldstein, Jean, Wurth, Brabant.
Degerd. Jean. Wetre, Escaut.
Dumas, Anton. Colognac, Gard.
Boisel, Antoine. Saint-Onin, Somme.
Lammer, Arend. Wester, Ems-Sup.
Laressy, Jean - Baptiste. Bolinaval,
   Alpes mar.
Mouillier, Pierre. Montlever, Loire-
   Inférieure.
Vidalet, Etienne· Beaudeaus, Hautes-
   Pyrénées.
D'Honds, Dominicus. Seveningen,
   Pays-Bas.
Marek, Pierre. Aveighem, Lys.
Signoret, Barnabé. Antrevenes, B.-Al

3

Macel, Joseph. Guadeloupe, Indes du Sud.

Heiudrich, Arnold. Estern, Hollande.

Livet, Jean-Louis. Saint-Augustin, Marne.

Woyau, Gottfried. Domertin, Hte-Marne·

Argonse, Jean-Paul. Chauriace, Aude.

Fabre, Louis. Seunegot, Tara.

Henri, Jean. Lyon, Rhône.

Bons, Bartholomey. Colombe, Aude.

Lefèvre, Honoré. Peers, Nord.

Bouriaud, Jacques. Millac, Vienne.

Gereau, François. Hiese, Charente-Inférieure.

Morosier, Antoine. Fauquerolle, Jura.

Jourdain, René. Biese, France.

Koster, Herman. Oudjest, Hollande.

Couterel, Antoine. Visel, Cantal.

Loubat, Jean-Baptiste. St.-Polari, Pô.

Barde, Pierre. Bonneville, Dordogne.

Lambert, Jean-Baptiste. Meriarice, France.

Van-Till, Cornelis. Olschisbal, France.

Borgetto, Dominique. Dangla, Gexes.

Basin, Léonard, Soni, Hte-Vienne.

Milgry, Silvestre. Rochefort, France.

Niebeleich, Martin. Klinkenwagen, Hollande.

Renaud, Jean. Samercole, Vienne.

Billoux, Lambert. Toissat, Aisne.

Lefèvre, Martin. Blois, Loir-et-Cher.

Herby, Joseph. Bourlin, France.

Snock, François. Bain, Jemmappes.

Lambert, Louis. Guarre, Yonne.

Lose, Jean. Foix, Arriége.

Biasch, Jean. France.

Sevenhausen, Cornelis. Deventer, Hollande.

Baudot, Nazarin. Briou, Saône-et-Loire.

Dobarrè, Carl. Argenteau, France.

Guichaud, François. Versenie, Haute-Vienne.

Jannet, Claude. Chaudeloi, Jura.

Remitibeau, Carl. Rochefort, France.

Retourné, Jean-Charles. Lertré, Somme.

Masset, Gilbert. Vandencourt, Seine-et-Oise.

Prevost, Joseph. Paris, Seine.

Drelon, Etienne-Charles. Billy, Pas-de-Calais.

Matheysen, Adrien. Loenheret, Deux-Nèthes.

Nadaut, François. Brillac, Charente.

Ziegener, Friederic. Attendorff, Holl.

Pagez, Louis. Caillaud, Aude.

Torau, Jean-Jacques. Fromentirer, Mayenne.

Robert, Pierre. Vocq, Loire.

Ket, Gérard. Gouda, Meuse.

Maréchal, Gorges-Victor. Demrie, Fr.

Dubouchage, Pierre. Saulge, Vienne.

Longeron, Benoît. Charentoy, Rhône.

Leber, Jean. Oberwyer, Bas-Rhin.

Mallon, Léonard. Teriholen, Escaut.

Maschek, François. Pologne.

Agralfei, Léger. Percerelle, France.

Moutard, François. Pacq-Saint-Gilnier, Puy-de-Dôme.

Fristin, Thomas. Julker, Roer.

Etienne, August. Guillaud, Aude.

Cot, Bertrand. Villeneuve, Obériège.

Van-Geelin, Jean. Olst, Bouche de l'Yssel.

Watier, Joachim. Blangies, Jemm.

Liese, Fréd.-Julien. Einbek, Aisne.

Gautier, Jean-Louis. Laloppie, Fr.

Haming, Andreas. Groningen, Holl.

Couret, Bernard. Bout, Haute.-Gar.

Moret, Guillaume. Wageningen, Yssel supérieur.

Dornau, Emilaud. Blanchi, Lyon.

Press, Anton-Pierre. Riné-Sanou, Fr.

Mau, Antoine. Breda, Deux-Nèthes.

Lutard, Jean. St.-Martin, Charente.

Richard, Michel. Rotter, Rhin-et-Moselle.

Kley, Martin. Amsterdam, Zuyder-sée.

Eymard, Jean-Jos. Meerfert, Somme.

Prillois, Pierre. Malatre, France.

Folland, Henri. Flever, Brabant.

Hermans, Pierre-Jos. Mons, Jemm.

Minard, Claude. Samissier, Loire.

Roque, Simon. Perine, France.

Getsch, Théodore. Gluer, Hollande.

Prevost, Pierre. St.-Maurice, Vienne.

Colas, Manuel. Lebormong, France.

Rosdam, Pierre. Dord., B. de la Meuse.

Guilleminot, François. Pied-de-Suer, France.

Hensel, Daniel. Zwees, Flandern.

Pages, Paul. Labata, Hautes-Pyrénées.

Boufier, Guillaume. Neman, France.

Osmail, Barth. Tilamen, Hollande.

Listae, Jean-Pierre. Scotal, Hautes-Pyrénées.

Gallo, Antoine. Bosquet, Stura.

Jacquet, Claude-Maurice. Beaupont, Ain.

Roucher, Joseph. Cirvarre, France.
Gerrits, Germain. Wyle, B. de la Meuse.
Bousque, Jacques. Lasage, Aude.
Duplessi, Louis - Antoine. Paris, Seine.
Crampon, Casimir. Ottencourt, Roer.
Flé, Nicolas. Saint-Case, France.
Siebrand, Nicolas. Rauvent, Fries.
Van-Dyk, Jean. Zwoll, B. d'Ysel.
Mauchelet, Leinzi. Hautbrat, France.
Veen-Herman. Amsterdam, Hollande.
Fourmel, Jean. Laprierrie, Haute-Loire.
Longo, Jean. Commadorne, Sesia.
Recamé, Andreas. St.-Etienne-Joulé, France.
Van-Loenen. Louvain, Brabant.
Begne. Tajau, Pyrénées.
Lacroix, Hubert. Vieville, Ourthe.
Abels, Henri. Utrecht, Zuydersée.
Cassier, Joseph. Jemmappes, France.
Buhr, Henri. Baar, France.
Proust, François. Pardoux, Deux-Sèvres.
Visser, Albert. Nieukerk, Zuyderzée.
Robert, Jean. Ragnore, Vienne.
Jacougnon, Pierre. France.
Bardoux, Jean. Celliet, Arriége.
Chavel, Antoine. St.-Etienne, Rhône.
Lien, Antoine. Mutzig, Bas-Rhin.
Louis, Simon. Darlean, France.
Muller, Jean. France.
Friese, François. Brenken, Zuyderzée.
Pusos, Antoine. Aubieres, Haute-Garonne.
Letan, Abaraham. La Haye, Hollande.
Barserre, Jean. Drevic, France.
Bourbier, Jean. Leu, Somme.
L'Ain, Jean. Carlange, Nord.
Duprey, Jean. Solet, France.
Ebosch, Jean. Hollande.
Jarlier, Antoine. Lamotte, Haute-Loire.
Sauzy, Baptiste. Debos, Aveyron.
Veyre, Jean. Loyonille, Dordogne.
Ruscu, Pierre. Resse, France.
Kock, Cristian. Hollande.
Floucad, Louis. Montignard, Haute-Garonne.
Labret, Antoine. St.-Cyr, Lot-et-Garonne.
Laurent, Pierre. Rebutire, Gironde.
Martin, Joseph. Saint-Eudur, France.
Maubert, Pierre. Neukirchen, Flandan.

Begs, Gerhard. Groninges, Hollande.
Deparde, Louis. Modeville, Seine.
Lavareille, Jean. Coujent, Dordogne.
Charmoi, Jean-Louis. Ponvoi, Fr.
Groen, Jacques. Alphen, Meuse.
Herms, Henri. Dulphen, Ysel.
Been, Henri. Almelo, B. de la Meuse.
Borignon, Have. Claise, France.
Rosenthal, Dietrich. Friestand.
Badol, Jean. Chaudon, Loire.
Nivard, Martin. Peraque, Vienne.
Dellalle, Baptiste. Heer, Nord.
Basselet, Joseph. Cambrai, Nord.
Claudun, Caverier. Rabbeur, France.
Reuter, Jean. Saint-Fans, Brabant.
Fremout, Pierre. Belesme, Orne.
Baubet, Réné. Couty, Mayenne.
Basquet, Jean-Baptiste. Bar-sur-Ornain, Meuse.
Lafond, Bertrand. St-Dizier, Arriége.
Fabrier, Joseph. Morignat, France.
Freyer, Wyn. Gend, Flandern.
Niot, Ange. Caseneuve, Vaucluse.
Boter en Brod. Campen, Ysel-Sup.
Piosch, Louis. Saint-Jean, Gard.
Cortain, Ives. Menac, France.
Philippe, Guillaume. Wilmsberg, Brabant.
Berange, Louis. Dulsot, Deux-Sèvres.
Harsman, Harme. Edam, Zuyderzée.
Lafferer, Jean. Orizite, Landes.
Vehel, Ancholl. Viscagne, France.
Taur, Jean. Enghien, Brabant.
Vischer. Barendrecht, Hollande.
Poustine, Félix. Piscayo, Arno.
Lacreuse, Jean. Casle-Geroux, Haute-Garonne.
De Camps, Auguste. Campsey, Fr.
Gaudrieux, Bernard. Bastede, Gironde.
Catal. Chy, Yonne.
Van-Luyman, Jean. Utrecht, Zuyderzée.
Tremblay, Pierre. Chapelle, Yonne.
Matrand, André. Quitiver, France.
Alberts, Jacob. Nimegen, Hollande.
Cona, Jean. Gumper, Finistère.
Noiret, Buttin. Lese, Meurthe.
Band, Girard. Amsterdam, Hollande.
Homaillier, Jean-Baptiste. Malarcé, Ardèche.
Lechevalier, Pierre. Caen, Calvados.
Girardin, Louis. Bar-sur-Ornain, Fr.
Dupré, Mathieu. Londe, Allier.
Dupuy, Joseph. Gabrielle, Vaucluse.
Lecocque, Jean. Corbreuse, Oise.
Couespel, Franç. Condasserrier, Fr.

Vries, (de) Jean. Leuwarden, Holl.

Chevalier, Pierre-Jacques. Larouthais, Manche.

Briet, Pierre. Dauen-Menil, Pas-de-Calais.

Evrard, Jean-Baptiste. Authenel, Fr.

Villaume, Georg. Granges, Vosges.

Schmitz, Raphael. Ottrol, Bas-Rhin.

Carrad, Jean. Polier, canton de Vaud.

Troche, Pierre. Coutelet, France.

Farron, Claude. Loire-et-Cher.

Bollinger, Jean. Reringen, Schafausen.

Mahrer, Bourgard. Moehle, Suisse.

Rolain, Ambroisi. Quiller, France.

Laavran, Henri. Amsterdam, Holland.

Roquebert, Jos.-Pierre. Dax, Landes.

Bolboni, Anton. Avaleour, France.

Giérin, Georg. Hanover, Allemagne.

Rigaud, Jean. Morneaux, Charente.

Rigottini, Nicolas. Saint-Jean, Tibre.

Zehnder, Jean-Baptiste. Klanicon, Suisse.

Rommelen, Antoine. Loutervaude, Hollande.

Binet, Jean-Baptiste. Saint-Denis, Marne.

Lamanche, Guillaume. Dupatiers, Fr.

Jantzen, Jean. Maestrict, Meuse-Inf.

Pizzoli, Cressense. Saint-Philippe, Tibre.

Debacker, Pierre-Jos. Merchten, Dyle.

Vanner, Charles. Miers, Jemmappes.

Réné, Caron. Lamon, France.

Abswoude, Thiery. Wassenemer, Meuse.

Guérin, Joseph. Masey, Maine-et-Loire.

Vignoler, Ferdinand. Parme, Tarno.

Augeron, Carl. Duprez, France.

Boller, Henri. Egy, Suisse.

Sondervan, Jean. Amsterdam, Zuyderzée.

Demange, Nicolas. Mecleuve, Moselle.

De Bei, Jacques. Grandsaudet, Deux-Nèthes.

Bourgiere, Jean. Roussi, Creuse.

August, Jean. Montauban, France.

Debrieu, Schiedam. Hollande.

Soulivant, Jean. Tocquemont, Lot-et-Garonne.

Lambert, Nicolas. Dame-Liviere, Meurthe.

Arbulina, Joseph. Girevacy, Glicen.

Gugonnet, Louis. Mouthamisel, Vienne

Bruns, Jean-Conrad. Hegersdoff, Alier.

Robolu, Joseph. Italie.

Demester, Philippe. Brigge, Flandan.

Zeggas, Jean-Bernard. Borgen, Ems.

Morin, Aug.-Victor. Tours, Calvados.

Papy, Jos.-Gaspard. Redjelo, Arno.

Gathon, Pierre. Sambri, Meuse.

Auriat, Antoine. Ville-Pinte, Aude.

Kehle, Jacques. Saint-Martin, Mont-Tonnerre.

Haellen, Jean. Bottingen, canton de Berne.

Fel, Jean. Saint-Constant, Cantal.

Dorenbusch, Jean. Hollande.

Chainhaut, Louis. Marsangel, Yonne.

Bauman, Jean-Henri. Raeter, Roer.

Anselm, Charles. Tavascon, Bouches-du-Rhône.

Goetz, Georges-Joseph. Strasbourg, Bas-Rhin.

Olislager, Charles. Bokum, Roer.

Forrestier, J.-Bapt. Preville, Oise.

Van-Trost, Pierre. Ærsule, Lys.

Audigier, Joseph. Rhône.

Crobillon, Louis. Blaise, Marne.

Mangoni, Pascal. Bagno, Arno.

Rynders, Frédéric. Deutekem, B. de l'Ysel.

Dussausai, Jean. Orbek, Calvados.

Lebœuf, Jean-Louis. Basoche, Seine-et-Marne.

Frontesard, Charles. Ville-Rileulle, Ardennes.

Monceau, Louis-Noel. Ruau, Loiret.

Mayners, Jean-Baptiste. Zandier, Dyle.

Bruetz, François. Teuchere, Haute-Saône.

Monier, Joseph. Pleleau, Ile-et-Vilaine.

Horde, Benoît-Julie. Fouillier, Somme.

Pironsu, Pierre. Boulquer, Pyrénées-Orientales.

Vackens, Erneste. France.

Theunissen, Jean-Godefroid. Maestrict, Meuse-Inférieure.

Vince, Joachim. St.-Joachim, Loire.

Averdung, Christ. Lahré, Ems-Supér.

Roch, François. Sariac, Hautes-Pyrénées.

Talères, Pierre. Ourthe.

Hans, François. Sabresse, Meurthe.

Liegeron, André. Chessy, Aunay.

Moude, Jean. Essauranten, Basses-Pyrénées.

Maas, Domin. Anvers, Deux-Nèthes.

Bonne, Pierre. Loignie, Mayenue.
Humbert, Nicolas. Trajan, Mense.
Beckhout, Laurent. Rotterdam.
Wetten, Mathieu. Hogerivald, Holl.
Clay, Dominique. Altbrouk, Nord.
Jacob, Michel. Sauxillange, Puy-de-Dôme.
Alexandre, François. Rouen, Seine-Inférieure.
Dandin, Pierre. Cruzan, Dordogne.
Aubry, Jacob. Gateville, Manche.
Cléments, Chrétien. Mahlen, Oker.
Trenillas, Jean-Louis. Souillac, Ardèche.
Gayart, Jean-Baptiste. Savogeny, Haute-Saône.
Gautier, Anton. St.-Aubin, Calvados.
Robert, Pierre. Findelen.
Rimbert, Nicolas. Fert, Loiret.
Puechgurbal, Jean-Louis. Quézack, Cantal.
Mouthe, Pierre. Lescar, Basses-Pyrénées.
Belice, Pierre. France.
Lemaire, Louis. Châlons, Marne.
Macini, Louis. Repoli, Arno.
Ducoud, Pierre. Jensac, Gironde.
Marquan, Jean-Pierre. Bouchet, Hte-Loire.
Keller, Jean-Henri. Lensberg, Arau.
De Tournai, Cristoph. Baltencourt, Calais.
Caron, Dominique. Gremonville, Seine-Inférieure.
Briand, Victor. Finquet, Mans.
Truffaut, Joseph. Gounville, Seine-et-Oise.
Houcke, Pierre-Jean. Dramoutre, Lys.
Anger, Louis. Cumbrenier, Manche.
Viethaus, Henri. Doutmund, Roer.
Perch Huysen, Antoine. Lucère, Seine-et-Marne.
Heyer, Mathieu. Lump, Roer.
Mathe, Abraham. Valorb, Suisse.
Stuven, Henri. Grosendor, E. de l'Elbe.
Begond, Laurent. Aubois, Gard.
Lucassen, Jean-Théodore. Marcenbohn, Roer.
Palmesino, N. Higuln, Marengo.
Block, Auguste. Wurth, Hollande.
Piron, Vincent. Quacfontar, Morbihan.
Rouail, Pierre. Rogny, Nièvre.
By, Antoine. Dole, Jura.
Canon, Dominique. Cleville, Calvados.

Nomes, Mathieu. Kromany, Zuydersée.
Dacosta, Jean. Merlola, Portugal.
Kuyker, Anton. Amersfort, Zuydersée.
Monthion, François. Paris, Seine.
Petel, Aiexis-Florentin. Vetz, Crepy.
Signac, Jean. Monteran, Garonne.
Minrielly, Pierre. Malausen, Basses-Pyrénées.
Besson, Michel. Courtois, Allier.
Rams, Adr. Dussen, bouches du Rhin.
Bitterlem, Abraham. Amsterdam, Hollande.
Droine, Pierre. Villecque, Ile-et-Vilaine.
Madelin, Jean. Oteille, Calvados.
Arbacht, Pierre. Schrudel, Elp.
Saluzzy, Laurentini. Latrini, Arno.
Maviel, Jean. Monseux, Landes.
Censier, Jean-Charles. Luvoy, Oise.
Gas, Philippe. Luneau, Allier.
Bruns, Jean. Rauten, Roer.
Winzen, Severin. Gasdorff, Roer.
Servols, Jean. Combrud, Puy-de-Dôme.
Chaubert, Samuel. Corsier, Suisse.
Dougeix, Jean. Tours, Puy-de-Dôme.
Cassier, Jean. Fontaine, Yonne.
Melyn Engelbrecht. Nieder-Onker, Dyle.
Depiot, Pierre. Lauvier, Gironde.
Benoît, Clément. Coulgent, Charente.
Deotte, François. Lignière, Aube.
Larguier, François. Flora, Lozère.
Thibaudot, Jacques. Olm, Vendée.
Bodson, Jean-Pierre. Spa, Ourthe.
Moine, Pierre. Morrest, Isère.
Faidi, Jean. Durfort, Tarn-et-Gar.
Walter, Henri. Rorcy, Suisse.
Graffé, Michel. Duppenheim, Bas-Rhin.
Armand, Charles. Dié, Drôme.
Merlot, Norbert. Mouvier, Bas-Calais.
Baudot, August. Sens, France.
Becker, Mathieu. Orrechon, Roer.
Van-Raffen, Corneille. Vlardingen, Escaut.
Fricot, Denis. Georey, Côte-d'Or.
Forst, Pierre. Ems, Hollande.
Caillot, Jean-Baptiste. Onjon, Aube.
Dujard Dirk. Aspern, Meuse.
Rudoff, Friedéric. Linzbourg, Arau.
Courtois, Antoine. Laon, Aisne.
Marchal, Jean. Villience, Sambre.
Braens, Pierre. Clèves, Westphalie.

Dresen, Jean-Georg. Freibach, Mont-Tonnerre.

Goerts, Corneil. Anedel, Bouches du Rhin.

Diker, Samuel. Dalheim, Berne.

Duteil, Louis. Henjon, Orne.

Ohm, Nicolas. Eschendorf, Zuydersée.

Weibel, Jean-Georges. Rosfeld, Bas-Rhin.

Lafouillet, Jern-Pierre. Loubien, Basses-Pyrénées.

Chemeline, Henri. Slemen, Ysel.

Ledroit, Étienne. St.-Amand, Nièvre.

Morin, Laurent. Aubègne, Bouches-du Rhône.

Sauge, Charles. Mogèle, Oise.

Lamoine, François. Course, Manche.

Knecht Caspard. Deuxter, Zurich.

Dorell, Nicolas. Valencienne, Nord.

Eudin, Michel. Baren, Calvados.

Chigot, Pierre. Nayoxe, Yonne.

Nenich, Jean-Frédéric. Serlingen, Bas-Rhin.

Ferdit, François. Sainte-Anne, Loire.

Marchal, Jean. Castel, Levaude.

Johan, Gans. Kaltenau, Allemagne.

Michel, Gotman. Strasbourg.

François Grobert.

Antou, Grochet. Naugen.

Friedrich Helman, Bribino.

Wilhelm, Haase. Emmerdingen, Bade.

Georges Hammer. Lausingen.

Anton Heisler. Wangen.

Cristophe, Héinze. Lurch, Wurtemberg.

Michel Helfinger. Kaflingen, Bavière.

Adam Heidelman. Etelhausen, Wurzbourg.

Carl Herman. Sohneburg, Saxe.

Herman Hubert. Schonau, Bade.

Peter Hay. Eleuenstein, Saxe.

Carl Hapke. Saxe.

Auguste Hubner. Bauzen, Saxe.

Andreas Herrenknecht. Golnou.

Vander Heyden. Freyberg, Suisse.

Johan Hat. Hambourg, Allemagne.

Andreas Hahn. Sarelbe.

Jacob Hammer. Leineshand.

Franz Hammeischmid. Ludwigstad.

Conrad, Heinz. Matterstad.

Joseph Haumer. Walsachsen, Bavière.

Johan Huts. Ertingen.

Lorenz Hasscler. Steinbrun, Allemag.

Johan Hanassar. Darmstad.

Anton Heitz. Weiblengen.

Stephan Hammon. Mogendorff.

Jacob Hoek. Tiertenheim.

Elias Haller. Hausen.

Johan Held. Munchen, Bavière.

Godfried Hobel. Dirgheim.

Peter Herbes. Pier, Allemagne.

Johan Hofman. Schwabach, Allemag.

Johan, Bernard. Dollendorff, Bavière.

Joseph Hofman. Sussenbrun, Bavière.

Johan Godfried. Herfurth-Reibersdorff, Saxe.

J. G. Saxe.

Carl Hase. Osterstein, Saxe.

Johan Herbich. Groskasch, Saxe.

Friedrich Hermes. Wurzburg, Saxe.

Gotlieb Hartlaub. Niederberg, Frankfurth.

Ernst Horn. Wernigrod.

Heindrich Hedrich. Hakerstad, Allemagne.

Michel Hally. Hessen, Darmstad, All.

Cristoph Hasfeld. Auderbek, Saxe.

René, Guilleminc. Claudriciaix, Sarthe.

Voudermeid, Jean. Craningen, Meuse.

Kenzing, Joseph. Florent, Hollande.

Leveeque, Louis. Guingand, Côte-du-Nord.

Godriel, Jean. Crono, Saône-et-Loire.

Mathieu, Jean-Bern. Ville-sur-Lès, Sambre-et-Meuse.

Dorian, Jean. Vell, Aisne.

Pelligot, Jean. Colombe, Charente.

Nocelly, Mathieu. Floreurs, Arno.

Quiste, Joseph. Monlpeliano, Ombrone.

Peinte Van, Philippe. Beaumont, Pas-Calais.

Viellimini, J.-B. Grancot, Jura.

Darmet, Gabriel. Saint-Sir, Loir.

Dyon, Pierre. Lerdassen, Hollande.

Gorot, François. Saint-Philippe, Bourg.

Marcy, Jean. Dours, Jemmappes.

Siebenbokes, Fruichon. Schnik, Zuyderzée.

Dumoutier, Alex. Paris, Seine.

Villeman, J. Paris, Seine.

Haye, Jacques. Aspre, Orne.

Floeque, Jean. Crapilly, Orne.

Plexerman. Paris, Seine.

A.

Antoine, Louis.
Adam, Nicolas.
Ampemma, Jean.
Aymes, Jean-Pierre.
Ahlesse, Pierre-Henri.
Aubert, Pierre.
Argonse, Jean-Paul.
Allaire, Joseph.
Agraffet, Joseph.
Abels, Henri.
Abswoude, Thiery.
Arbulina, Joseph.
Auriat, Antoine.
Anselme, Charles.
Averdung, Crist.
Alexander, François.
Aubry, Jacques.
Anger, Louis.
Arbocht, Pierre.
Armand, Charles.
Arquengogon, Jean.
Ambroisie, André.
Allier, Jean.
André, Mathieu.
Arvievio, Joseph.
Armant, Jean.
Arionet, Jean.
Arvouy, Isidor.
Auret, François.
Anne, Pierre-François.
Allard, Réné.
Alexander, Louis.
Arnau, Louis.
Ayot, Jean.
Amelain, Pierre.
Ammant, Mathieu.
Auger, François.
Albrecq, Nicolas.
Aulignou, Claude.
Alix, Jean.
Augier, Joseph.
Appel Diedrich.
Allegro, Michel.
Abbelley, Jean.
Adon, Castel.
Adrien, Léonard.
Ainé, Joseph.
Aimont, Michel.
Albert, Jacques.
Albert, Nicolas.
Albie, Carl.
Alerie, Ash.
Alexander, Jacques.
Alexander, Jean.
Alland, Nicolas.

Allard, Jean-Baptiste.
Alleman, Godfried.
Alleman, Pierre.
Alexis, B.
Allerie, Louis.
Aley, Joseph.
Allman, Carl.
Aman, O.
Aman, Guillaume.
Amarie, Hubert.
Ambrée, M.
Amerheim, Jean.
Amiet, André.
Amon Baris.
Andeau, Jean.
André, Joseph.
Andreas, Jean.
Andreas, Michel.
Anfeld, Friederic.
Angello, R.
Ansel, Jean-Michel.
Antoine, M.
Antoine, Charles.
Antoine, Joseph.
Appel, Bernhard.
Arends, Andreas.
Arineth, Louis.
Ardeanne.
Arles, B.-F.
Arnold, M.
Arnold, Louis.
Arnold, Joseph.
Arnold, Mathias.
Arnold, Martin.
Arnold, Pierre.
Arnold, François.
Arnold, André.
Arnot, J.
Aroul, François.
Arrest, Guillaume.
Arth, Henri.
Arthe, Jacques.
Arvalin, Dominé.
Aubert, François.
Aubert, Antoine.
Aubert, Charles.
Aubert Mathurin.
Aubert, Jean-Baptiste.
Aubert, Jacques.
Audosch, Charles.
Audom, Pierre.
Audosch, Charles.
Auclaer, Antoine.
Augel, Simon.
Ange, Hippolyte.
Augras, Pierre.

August, Cristian.
August, Louis.
August, Joseph.
August, Alexis.
Aulde, J.
August, J.
August, Julie.
Augustin, Cristian.
Auman, Gotfried.
Autin, J.-B.
Azdam, Louis.
Auves, Antoine.
Adam, W.
Adrian, Josse.
Ahls, Walters.
Aker van, J.
Alphen van, Antoine.
Alberts, Jacques.
Alerts, Herold.
Antonsen, Jean.
Arzen, Antoine.
Apon, Ari.
Aubin, Elie.
Aubert, Jean-Pierre.
Aman Priaut, J.-B.
Allier, Louis.
Allier, Jacques.
Augivier, Jean.
Auvaint, Vincent.
Armoset, François.
Ange, Georg.
Amoureux, Mathieu.
Aubri, Ambrosi.
Arcevoir, Georg.
Amanaci, Étienne.

B.

Bonhome, François.
Battier, Louis.
Baudiment, Antoine.
Bruns, Jean-Conrad.
Bauman, Jean-Henri.
Bruez, François.
Bonne, Pierre.
Begond, Laurent.
By, Antoine.
Besson, Michel.
Bruns, Jean.
Benoît, Clément.
Bodson, Jean-Pierre.
Beker, Mathieu.
Ballacco, Corneille.
Beck, Jacques.
Bentenunco, Vincent.
Barasse, Daras.
Beyer, Marcus.
Barbier, Jean.

Blanchard, Marx.
Bischof, Jean-François.
Brechout, Beivet.
Beck, Charles.
Bertier, Jean.
Bavotte, Nicolas.
Berth, Antoine.
Beels, Charles.
Boyer, Pierre.
Bidaut, Laurent.
Busch, Philippe.
Bercular, Jean.
Bajusta, Marx.
Balier, Jean.
Baker, Réné.
Barbier, Jacques.
Bertry, Pierre.
Bevin, Jean.
Bayonet, Pierre.
Bos., Jean.
Bouché, Pierre.
Beaubelle, Sébastien.
Bidondo, André.
Boutelon, Jean.
Besson, Jean.
Brunet, Guillaume.
Basseau, Jean.
Bourgignot, Gabriel.
Boulanger, Jean.
Briand, Louis.
Boucher, Nicolas.
Berquet, Nicolas.
Benoît, Pierre.
Bayly, Jean.
Bufard, Jean.
Benetau, Mathurin.
Bisson, Louis.
Bonna, Pierre.
Bernegau, Gilbert.
Brunel, Jean.
Blin, Nicolas.
Boen, Jean.
Berton, Jean-Louis.
Brun, Jean-Pierre.
Borlet, Benoît.
Blaise, Henri.
Belot, Jean.
Berthe, Jean.
Becke, Pierre.
Bounesto, Jean.
Breton, Jean.
Braun, Pierre.
Binau, Georges.
Bertin, Comar.
Benoît, François.
Boussiot, Jean.

Brunet, André.
Beau, Joseph.
Betlas, Jean.
Bobolu, Joseph.
Belie, Pierre.
Briand, Victor.
Bittertem, Abraham.
Baudot, Auguste.
Brams, Pierre.
Bigot, François.
Bried, Jean.
Bresset, N.
Burky.
Borel, Jean-André.
Buziot, Joachim.
Bingas, Jean.
Briot, Louis.
Barnabe, Louis.
Baro, G.-L.
Baron, Auguste.
Baron, Jean.
Barre, Antoine.
Barré, Pierre.
Barrepet, Louis.
Barrery, J.
Barth, Frédéric.
Barth, Jean.
Barth, Paul.
Bartholomie, Carl.
Barthélemy, Auguste.
Barthélemi, Vincent.
Bastal, Joseph.
Bastard, Jean.
Basterd, François.
Bassot, François.
Basta, Louis.
Basteur, J.-B.
Batist, C.
Batscheu, Pierre.
Baubien.
Baumor, Chrétien.
Baubien.
Baudiet, F.
Baudin.
Baudur, J.-H.
Bauer, Antoine.
Bauer, Friederic.
Baum, Friederic.
Baum, Henri-Jacques.
Bender, Pierre.
Benert, Michel.
Benema, M.
Benno, Michel.
Bencone, Léonard.
Benoist, Jean-Pierre.
Benoît, Jean.

Beranger, Mathias.
Bertands, Charles.
Beringer, Jean.
Berg, Cristian.
Berger, Godfried.
Berger, Nicolas.
Berger, Jean.
Berger, Jacques.
Berger, Benoît.
Berger, Thomas.
Bergman, F.
Berling, Jean.
Berhard, Jean.
Berk, Jean.
Bermond, M.
Bernard, Wiet.
Bernard, Jacques.
Bernard, J.-B.
Bernard, Pierre.
Bernard, Georges.
Bernard, Jean.
Bernard, Guillaume.
Berren, Jean.
Berth, Antoine.
Berth, Jean.
Besse, François.
Best, Jean.
Besser, François.
Bété, Jean-Henri.
Betscher, Jean.
Bertrand, Pierre.
Bertram, François.
Bertrand, Antoine.
Bertolon, Jacques.
Berto, Jacques.
Berthon, Jean.
Bertho, Yves.
Bertram, Jean.
Betigne, Nicolas.
Bertrand, Joseph.
Bertrand, Guillaume.
Beural, Antoine.
Bevier, Nicolas.
Beyter, Gerhard.
Bibeaux, Guillaume.
Binursch, Louis.
Biget, Pierre.
Bignon, Math.
Bigot, M.
Bilame, Michel.
Billeret, Augustin.
Billom, Jean.
Billen, Jean.
Binge, Pierre.
Bertotta, François.
Bitola, Louis.

Bitto, Louis.
Blaisan.
Blanke, André.
Blanchard, Antoine.
Blangon, Louis.
Blanchard, Silvain.
Bleus, Joseph.
Bleu, Pierre.
Blondem, Jean.
Bloem, François.
Blondel, Charles.
Blot, Jean.
Bloser, Henri.
Blum, Carl.
Blume, Conrad.
Bochard, Bernard.
Bochme Gotlieb.
Bocher, Pierre.
Boenne, Bernard.
Boester Gotlieb.
Boileve, Jean.
Bolbaut, François.
Blombe, Guillaume.
Bomme, Georges.
Berthelot, Etienne.
Berthe, Martin.
Brissot, Claude-Marie.
Bocque, François.
Bains, Auguste.
Brunet, Jean.
Beraud, Louis.
Bicht, Laurent.
Bon-Mari-Pierre.
Bayen, Julien-Remi.
Bourgeois, Michel.
Boudin, Jean.
Bacquet, Léonard.
Bosquet, Jean-Mathieu.
Baudry, Jean.
Borel, Rémond.
Brigand, François.
Briord, Jean-François.
Bourbier, Pierre.
Bouvet, Julien.
Bongeux, Jean.
Bere, Jean-Pierre.
Berthé, Jean.
Blané, Jean.
Bicot, Benjamin.
Barbier, Louis.
Brukens.
Biere (la) Gegas.
Baudeville, Désiré.
Branle, Louis.
Beause, Simon.
Bellier, André.

Brot, Antoine.
Beckard, Pierre.
Blod, Michel.
Bretin, Charles.
Brenille, François.
Benert, Marin.
Bouard, Bernard.
Baura (la), Pierre.
Bertholet, Etienne.
Bassen, Galle.
Boilleux (le),Jean-Bapt.
Bandisson, Jacques.
Baudelet, Jean.
Bon-Arme-Louis.
Bredehorn Jeerd.
Benoer, François.
Bansin, Pierre.
Benoît, Louis.
Boin, Jean.
Badois, Joseph.
Bauderon, Jacques.
Bernard, Joseph.
Bulo, Jacques.
Bouchan, Pierre.
Bley, Martin.
Bruno, Charles.
Baldon, Julien.
Blais, Martin.
Brauert, Hubert.
Brosse, Etienne.
Bortholon, André.
Bussy, Anselm.
Bollon, Théodore.
Barois, Jacques.
Bizelrouw , François.
Bernard , Ambrosi.
Beckman, Henri.
Boin, Etienne.
Bomm, Jean.
Bomy, Charles.
Bonbon, Louis.
Bouard, Jean.
Boniare, Pierre.
Bonifacius, G.
Bonnin, Friederick.
Bonnet, François.
Boquet, François.
Borde, Jacques.
Borderie.
Bordion, Jean.
Bordar, André.
Bornaand, André.
Borreau, Benoît.
Borgers, Guillaume.
Bossier, Henri.
Bossier, Henri.

Bosman, François.
Bos, Jacques.
Bosey Vand.,Guillaume.
Bottam, François.
Bott, Jean.
Bouc, François.
Boult, Jean.
Boumord, Louis.
Boulanger, Jean.
Boulanger, François.
Bourchard, Pierre.
Bournerong, J.-B.
Bourbon, Louis.
Bourgeois, Adrien.
Bourq. V. D., Jean.
Boutel, Carl.
Bouvet, Bastien.
Boran, Louis-Antoine.
Box, Louis.
Boyer, Pierre.
Brahl, Cristian.
Brodhne, Henri.
Bracé, Pierre.
Brand, Jean.
Bronu, Nicolas.
Braut, Joseph.
Brecier, Carl.
Breck, Philibert.
Bremand, Pierre.
Brenaud, Claude.
Breno, J. V.
Brent, Robert.
Bressein, Louis.
Bressy, Valentin.
Breit, Jean.
Bretong, Jean.
Breton, Louis.
Breton, Jacques.
Breton, Pierre.
Bré, Guillaume.
Brice, Evrey.
Brice, Olivier.
Brill, Charles.
Brosse, Jean.
Bruin, Jean.
Bruin, Nicolas.
Bruin, Antoine.
Brun, Charles.
Bruhl, Gérhard.
Bruhn, Guillaume.
Bruchard, Jacques.
Buck, Henri.
Budin, J.-B.
Bude, Nicolas.
Buger, Louis.
Buisink, Arnoud.

4

Bure, Pierre.
Burette.
Buhr, Jean.
Burckard, Michel.
Burchard, Michel.
Bustra, Arnoud.
Bus, Pierre.
Buy, Jean.
Buvard, Jean.
Bwiet Louis.
Brouk-Van, J.
Blanc, Pierre.
Boutard, Nicolas.
Berets, Jean-Joseph.
Bougillon, Auguste.
Boutard, Pierre.
Berguen, J.-B.
Bignon, Louis.
Bruhl, Gerhard.
Boitel, Antoine.
Bouriaud, Jacques.
Barde, Pierre.
Budot, Nazarin.
Busque, Jacques.
Begne.
Bardoux, Jean.
Been, Henri.
Badol, Jean.
Basselet, Joseph.
Baubet, Réné.
Basquet, Jean-Joseph.
Boter, en Brod.
Beranger, Louis.
Bant, Gérard.
Bollinger, Jean.
Binet, Jean-Joseph.
Boller, Henri.
Bei (de), Jacques.
Bourgier, Jean.
Barbose, Jean-François.
Berets, Jean-Joseph.
Bouquillon, Auguste.
Basin, Léonard.
Borgella, Dominique.
Billoux, Lambert.
Bourbier, Jean.
Briet, Pierre.
Berkhout, Laurent.
Beck, Jacques.
Braun, Pierre.
Bauregard, Antoine.
Brivado, Jean.
Boluo, Antoine.
Bouvier, Jean-Etienne.
Brisseaux, Michel-Franç.
Boyer, Etienne.

Beld, André.
Bordeaux, Etienne.
Britsch, Ferdinand.
Barazar, Louis.
Bacque, Claude.
Bernard, Laurent.
Bress., Joseph-André.
Bois, Antoine.
Bolander, Jean-Jacques.
Baas, Henri.
Babet, Reidier.
Bachet, Jean.
Badet, Jean.
Baillot, François.
Bailly, Nicolas.
Baille, Jean.
Bailly, Antoine.
Bathman, Jean.
Bahr, Georges.
Balem, Jean-Baptiste.
Ballet, Pierre.
Balimont, Etienne.
Banelly, Jean.
Barends, Gaspard.
Barboul, François.
Barbier, Claude.
Barbier, Joseph.
Bark, Jean.
Bardel, Jean.
Bartoot, Jean.
Baré, Michel.
Baré, Gilbert.
Barrage, Jacques.
Bara Van, Doch.
Barbarus, J.
Barbarus, Jean.
Bart, Jean.
Baré, Jean.
Baré, Pierre.
Boison, Etienne.
Brassard, Jean.
Brouwer, Jean.
Boningen, Albert.
Bruin, Louis.
Bruns, Jean-Jacques.
Blanck, Pierre.
Bouriaud, Jacques.
Barde, Pierre.
Bonespérance, Toussaint.
Bahn, Jacques.
Bandelier, Frédéric.
Bailland, Thomas.
Barbis, Adam.
Basch, Pierre.
Barfeld, Jean.
Bathom, Jean.

Banier, Jacques.
Bausch, Albert.
Bains, Auguste.
Baurice.
Begs, Gérard.
Benoît, Pierre.
Beker, Domini.
Bellet, Corneil.
Bergen V: D: Jean.
Bek V: D: Jean.
Bekels, Jacques.
Bekers, Adrien.
Beck V: Henri.
Berbarin, Lambert.
Berg, Nicolas.
Bethelem, Guillaume.
Bernard.
Beckman, Henri.
Bilbert, Gilbert.
Blok, Auguste.
Blesmes, Marin.
Blinko, Michel.
Bosch, Jean.
Borreman, Borex.
Boudai, Louis.
Bollig, Auguste.
Bosman, Gerhard.
Boks Dirk.
Bosman Dirk.
Broussard, F.-L.
Brand, Cornelis.
Brussel, Casimir.
Brunkens, Jean.
Bremer, Adam.
Brugen V: D: Salo.
Briord, François.
Brakmakers.
Broker, Jacques.
Buhr, Henri.
Buruy, Jacques.
Busch Frer: V: François.
Buchler J. V: D:
Bukkens, J.-B.
Beer, Samuel.
Benk, Michel.
Bell, Romain.
Bernard, Victor.
Beyer, Jacques.
Beymans, Jean.
Bleuron, Désiré.
Bosquet, François.
C.
Castel, Jean.
Cauche, Hiller.
Caston, Jean.
Cligert, François.

Clibou, Joseph.
Coune, Joseph.
Cognac, J.-N.
Coet, Jean.
Crombak, Pierre.
Cristianus, Corneil.
Crouin, Louis.
Crouf, Antoine.
Caro, Cristian.
Castiliger, Pierre.
Charne, Louis.
Clerq, Arnaud.
Couvreur, Benoît.
Consoles, François.
Cordonier, F.
Cock, Jean-Baptiste.
Caspary, Georges.
Cay, Jean.
Cayette, Pierre.
Caissan, Jean.
Calais, Chemin.
Calenger, Henri.
Calegno, Jacques.
Caloni, Jean.
Calot, Jean.
Calson, François.
Calves, Jacques.
Camer, J.-J.
Campagny, Pierre.
Campanio, C.
Camard, François.
Campodamur, Antoine.
Capelle, Pierre.
Carabo, François.
Caplane, Jean.
Carrière, Pierre.
Carnel, François.
Caron, J.-P.
Caron, François.
Caron, Bernard.
Cardot, Jacques.
Carpetière, Pierre.
Carbos, Pierre.
Colin, François.
Cropart, Louis.
Callais, Charles.
Carnel, Denis.
Chauniot, Claude.
Caradant, César.
Cornélis, Jacques.
Chardonnet.
Cartally, Pierre.
Constant, Louis.
Cropière, Pierre.
Champel, Jean-Baptiste.
Chabrol, Jacques.

Chaupen, Jacques.
Claude, Louis-François.
Chalumeau, Marin.
Clément, Pierre.
Clément, François.
Clément, Delie.
Cleviny, H.
Cloesier, Louis.
Clot, Jean.
Claude, Antoine.
Cocher, Louis.
Cloinor, François.
Callar, Pierre.
Colla, Henri.
Colui, Charles.
Combat, Antoine.
Cordes, Jean.
Cote, Michel.
Caulon, François.
Couillard, Antoine.
Colardon, Simon.
Colm, Sewis.
Collin, François.
Collin, Martin.
Colla, Henri.
Colard, Claude.
Commases, Martin.
Comeraux, Pierre.
Conanie, Antoine.
Cony, Jean.
Cannaux, Antoine.
Contronie, Antoine.
Contatoure, Pierre.
Contant, Albert.
Coport, Charles.
Coponal, Pierre.
Cormène, Jean.
Cornier, Louis.
Cornelisene, Jacques.
Cornelieur, Jean.
Corin, Gouvor.
Cornet, J.-B.
Corsolon, Jean.
Coste, Pierre.
Cotterie, David.
Couchel, Ferdinand.
Cousel, Marie.
Courtilon, Léonard.
Couvreur, P.
Core, Paul.
Girand, Antoine.
Crepel, Constant.
Crepin, Jean.
Cretien, Pierre.
Crepot, Antoine.
Crosette, Herman.

Cruesen, Pierre.
Curton, Joseph.
Curatell, François.
Curatelle, Frédéric.
Czesère, Nicolas.
Carder, Auguste.
Carl, Michel.
Carrière, Pierre.
Caron, A.-J.
Carpentier, M.
Carrier, François.
Carré, F.
Char, Jean.
Caascal, Jean.
Cartel, Michel.
Casse, Jean.
Cassin, François.
Castel, E.
Castel, Jean.
Castel, François.
Casto, Louis.
Cauvin, J.-A.
Chaby, Jean.
Chabte, Jean.
Chabrillot, Antoine.
Chaceure, Jean.
Challon, J.-J.
Chameaux, Pierre.
Chambet, Joseph.
Champe (de), Pierre.
Champion, F.
Chantong, J.
Chante, L.
Chambine.
Chapet, Calain.
Chaalo, Joseph.
Charles, Claude.
Charpiot, Jacques.
Chasie, Jean.
Chadin, Gérard.
Chaa, François.
Chartur, Louis.
Chapostu, Simony.
Chastung, Louis.
Chatille, J.
Chauvet, Michel.
Chaudinet, Damien.
Claus, Jean.
Chée, Jean.
Chelma, François.
Cheldre, Joseph.
Chenrin, Louis.
Chemin, Jean.
Chenzéville, Denis.
Cherg, Frédéric.
Cheteso, Pierre.

Chevillier, Louis.
Cheanne, Louis.
Chibaul, Antoine.
Chivulo, Chambier,
Choiseul, Louis.
Choloy, François.
Chome, Fieret.
Chomal, J.
Chocquet, François.
Crisostomo, Pierre .
Clander, Charles.
Claude, Pierre.
Cleiche, C.-H.
Cadet, Jean.
Corneille, Valentin.
Calipot, Antoine.
Cavalier, Antoine.
Chaintrier, Jean.
Clément, François.
Conte, Antoine.
Code, Pierre-Joseph.
Carlier, François.
Couterel, Antoine.
Cot, Bertrand.
Couret, Bernard.
Crampon, Casimir.
Chavel, Antoine.
Catal.
Cona, Jean.
Chevalier, Pierre-Jacq.
Carrard, Jean.
Chainhaut, Louis.
Clémens, Chrétien.
Caron, Dominique.
Canon, Dominique.
Censier, Jean-Charles.
Cassier, Jean.
Caillot, Jean-Joseph.
Courtois, Antoine.
Chigot, Pierre.
Courenou, Marcus.
Chiron, Pierre.
Charpio, Jean.
Charpin, Nicolas.
Cochetty, Joseph.
Cara, Antoine.
Chony, Jean-Joseph.
Cronier, Pierre.
Caron, Louis-François.
Coulognon, Jean.
Chagneux, Benoît.
Courtier, Antoine.
Catte, Jean.
Cranz, Dominique.
Castano, Antoine.
Carron, Pierre.

Carrin, Jacques.
Chasseur, Jean.
Clert, Pierre.
Cozi, Antoine.
Chavorat, Jean-Jacq.
Cornier, Jacques.
Cattina, Jean.
Chauvry, Etienne.
Caxtix ou Cati, Jean.
Chatel, François.
Chebance, Jean.
Cartier, François.
Candeau, Jacques.
Couturier, Charles.
Calsaguo, François.
Contant, Pierre.
Claus, Pierre.
Couroux, Guillaume.
Claude, Antoine.
Coudere, François.
Chaupenois, Charles.
Crohel, François.
Courtemans, Jean-Bap-
     tiste.
Caumette, Jacques.
Caré, Eloi.
Cartayrade, François.
Coqueret, Nicolas.
Charris, Carl.
Charlou, Antoine.
Chaplat, Alexandre.
Courtolan, Hugues.
Crobillon, Louis.
Clay, Dominique.
Chaubert, Samuel.
Charlot, François.
Cassini, François.
Chosse, N.
Chassingeon, Antoine.
Carret, Claude.
Cavaille, Jean-Pierre.
Chatelain.
Cristophe, Pierre.
Clemot, Jean.
Charpentier, Henri.
Cornier, Etienne.
Chamerois, Georges.
Charpentier, Jean.
Courtier, Batholomai
Cardod, Forst.
Cliquert, François.
Clamne, Gilles.
Collard, Réné.
Cuignan, Julien.
Cosson, François.
Choinçaut.

Conard.
Coet, François.
Chauvet, Jean.
Cosse, André.
Croix (de la), Jean-Bap-
     tiste.
Chatre (de), Joseph.
Corgnies, Jean.
Cornot, Jean-Baptiste.
Crange, Réné.
Cara, du Béchat.
Cotte, Louis.
Clibou, Joseph.
Cotier , Pierre-Etienne.
Cremer, Joseph.
Creni, François.
Chanfort, Jean.
Carrier, Antoine.
Cogni, Pierre.
Cœur (le), Pierre.
Chainouat, Mathurin.
Coste, Jean.
Cézar, Joseph.
Comte (le),
Crouef, Antoine.
          D.
Dalens, Pierre.
Das, André.
Dacquemino, Calix.
Decaniam, Henri.
Dek Van, Henri.
Detra, Jean.
Denis, André.
Dechamp, Mathias.
Delay, Jean-Baptiste.
Derona, Mathias.
Dechiant, J.-B.
Delfaut, Albert.
Demnik, Pierre.
Debrieu.
Demestrier, Phillis.
Debrue, François.
Denuelle, Pierre.
Debock, Pierre.
Devaux, Charles.
Deletter, Jacques.
Depot, Henri.
Delbrok, Jean.
Degler, Auguste.
Devos, Jean.
Delbrock, Jean.
Devys, Jean.
Delacourt.
Dillig, André.
Dirk.
Diedrich, Henri.

Dornbusch, Elb.
Dorchat V: J.-B.
Doedes, Wynand.
Donisson, André.
Duvivier, J.-B.
Dubak, François.
Ducard, Bernard.
Duflot, Henri.
Duval, Léonard.
Dijon, Pierre.
Das, Isac.
Daar, Pierre.
Daudemont, Pierre.
Dam Van, Pierre.
Dac, Van.
Decavelle, J. Guillaume.
Dixtra, Pierre.
Devis, Jean.
Debe, Mathias.
Debé, Christian.
Decok, Pierre.
Demister, Léonard.
Deneufcourt, Etienne.
Depope, Jean-Jacques.
Deprez, Louis-Léonard.
Debouche, Michel.
Divestre, Louis.
Diksma, Daniel.
Derik, Jean.
Diager, François.
Donar, Pierre.
Doedes, Jean-Frédéric.
Druard, Nicolas.
Dubois, François.
Durak, Bernard.
Dunive, Jean.
Dacarouge.
Dacquet, Jean.
Dahle, Frédéric.
Dahlen, J.-G.
Dalongerlie, Pierre.
Damand, Louis.
Dardin, Guillaume.
Dufour, Jean.
Diedier, Nicolas.
Danoel, Louis.
Durand, Philippe.
Declere, Flament.
Decamp, Jean.
Darboix, François.
Dewolff, Guillaume.
Devarenne, Joseph.
Delalande, Pierre.
Donte, Dominique.
Dewispeler, Jacques.

Durufaux, Alexandre.
Derome, Mathieu.
Didier, Dominique.
Daniel, Pierre.
Devocque, Slidord.
Dorchat, J.-B.
Dutant, Jacques.
Drut, Jean.
Dechiant, Jean-Baptiste.
Demonge, Gabriel.
Diocol, Jacques.
Dumond, Gérard.
Denille, Louis.
Decan, Louis.
Duc (le), C.-F.
Duren V: Auguste.
Drome Van, Pierre.
Dardot, Gasen.
Doringe, Jean-Baptiste.
Delette, Antoine.
Diquere (la), Jean.
Don Carlo, Antoine.
Durlet, Pierre.
Devot, J.
Dewilde, J.-F.
Dibertuam, J.-B.
Dides, Antoine.
Didon, Nicolas.
Didon, Auguste.
Diebeau, Jacques.
Diegot, François.
Dier, Jean.
Diebold, Henri.
Dieterich, Henri.
Dio, Charles.
Dipe, Jacques.
Dirong, François.
Disak, François.
Diterteur, François.
Divre, Claire.
Doche, Louis.
Dodard, Jean.
Doin, David.
Dollile.
Dominique, Bernhard.
Domin, Joseph.
Domusna, Michel.
Donato, Olivier.
Doncy, Pierre.
Dominique, Mary.
Doring, Christian.
Douro, Pierre.
Dovial, François.
Dos, Jean.
Dreher, Jacques.
Dreck, Jean.

Drost, Michel.
Drois, Jean-Pierre.
Duban, François.
Dubois, Nicolas.
Dubruge, Claus.
Dubureau, Dominique.
Duchard, Pierre.
Duchen, Joseph.
Duclair, J.-M.
Duclos, Jean.
Dufroux, Louis.
Dugeva, Louis.
Dug, Messidor.
Dulin, Dominique.
Dulot, François.
Dulpot, Jean.
Duplane, Louis.
Dupra, Antoine.
Duran, Simon.
Durant, Pierre.
Durant, Nicolas.
Durie, Nicolas.
Durogon, Michel.
Durot, Jean.
Duchesne, Noël.
Dusfax, Pierre.
Dutemps, Henri.
Duval, Claude.
Duval, Pierre.
Damerie, Gabriel.
Damine, Pierre.
Dampiere, Robert.
Dame, François.
Dandé, Jean.
Danig, Jean.
Darde, Pierre.
Daran, J.
Dastan, Pierre.
Daulerche, Pierre.
Dattich, J.-B.
Daux, Antoine.
David, Voix.
David, Jean-Michel.
David, Joseph.
David, A.
David, Pierre.
Deard, Antoine.
Debar, Philippe.
Debat, Pierre.
Debietto, Pierre.
Decrot, Nicolas.
Decken.
Dedert, Jean.
Deferd, J.-F.
Degand, P.
Delauny, Isidor.

Delbe, Jean.
Delblonde, Hippolyte.
Deleb, Baptiste.
Dello, Serle.
Dellmotte, Jean.
Delne, Auguste.
Delobarie, K.
Dello, Sest.
Delautre, Valentin.
Delpart, Louis.
Delveux, J.
Demange, Jean.
Demoy, Jean.
Demouso, Joseph.
Denamour, Joseph.
Denis, Jean.
Deneker, P.
Denis, Pierre.
Denis, Louis.
Deope, Jean.
Depierre, Auguste.
Deppe, Gaspard.
Deppe, Henri.
Dercum, Henri.
Dereux, Jean.
Deré, Francois.
Desencart, Louis.
Deshalay, Louis.
Devingle, Charles.
Devilde, J.-B.
Devries, J.
Devries, M.
Devin, François.
David, Jacques.
Daude, Jean-Baptiste.
Dandin, Pierre.
Ducoud, Pierre.
Droine, Pierre.
Dougeix, Jean.
Depiot, Pierre.
Deot, François.
Dujard, Pierre.
Dresen, Jean-Georges.
Duteil, Louis.
Delafoss, Charles.
Destefani, Joseph.
Dariga, Jean.
Dams, Aubert.
Digne, Jean.
Deik Van, Nanus.
Domrino, Antoine.
Derly, Pierre-Joseph.
Delne, Pierre.
Derath, Pierre.
Dinot, Joseph.
Dorian, Jean.
Darmet, Gabriel.

Dumoutier, Alex.
Dubo, Jean.
Decamp, Jean.
Dauver, Louis.
Demangellier, Pierre.
Dehert, François.
Duchêne, St.-Germain.
Descheiber, François.
Danqueque, François.
Dejonckheere, Clément.
Dourlan, Charles.
Davinaud, Eustache.
Delitte, Louis.
Duneques, Pierre.
Daler, Jean.
Dodeau, Pierre.
Denausse, Pierre.
Decarsin, Louis-Joseph.
Dariveau, Bernard.
Daza, Jean.
Delfaut, François.
Dumass, Louis.
Dumass, André.
Demedo, Joseph.
Delalai, Jean.
Dorrenbusch, Jean.
Dussausai, Jean.
Dacosta, Jean.
Dieker, Samuël.
Dornel, Nicolas.
Desmet, Guillaume.
Denis, Jean.
Dumas, Antoine.
Dhond, Dominique.
Deniol, Jean.
Dessougeret, Jean-E.
Dolioti, Pierre.
Decaut, François.
Dacostes, Félix.
Debonnai, Carabinier.
Duchennes, Charles.
Debrunet, Louis.
Drolet, Claude.
Delor, Jean.
Delnatte, Saint-Hubert.
Dubreuille, Stanislas.
Dorchies, Jean-Baptiste.
Deman, Jean.
Domervel, Jean.
Dorst, Gerhard.
Ducroquet, Nicolas.
Delnoe, Antoine.
Dumien, Augustin.
Degard, Jean.
Drelon, Etienne.
Dubouchage, Pierre.

Dornau, Emilau.
Delblanker, Guillaume.
Dutrique, Jean-Fréd.
Duplessi, Louis-Antoine.
Dyk Van, Jean.
Deparde, Louis.
Delalé, Baptiste.
Dupré, Mathieu.
Dupuy, Joseph.
Debacker, Pierre-Jos.
Demange, Nicolas.
Dassout, Maurice.
Duche, Benoît.
Dorien, Pierre.
Drapie.
Doesnille, Guillaume.
Domas, Herman.
Dievendelar, Laurent.
Dessaut, Jean.
Doesing, Pierre.
Dykstra, Joseph.

E.

Eadme, Antoine.
Eeber, Jean.
Eberts, Frédéric.
Eck, Valentin.
Edel, Jean.
Edmund, W.
Edonard, D.
Egeling, Georges.
Eignot.
Eldert, Jean.
Emmanuel, François.
Engelhard, Henri.
Engelhard, Cristian.
Engelman, Henri.
Enbes, Henri.
Esdellion, Charles.
Evien, Jean.
Evret, Louis.
Eisenblatter, Cristian.
Eisehen, Nicolas.
Eis Van, Jean.
Elias, Carl.
Engel, Frédéric.
Esling, Mathias.
Es V: Nicolas.
Eslach, Martin.
Erdemeg, Alexandre.
Erberger, Pierre.
Exact ou Eact, Jacques.
Eichen, Nicolas.
Erberger, Pierre.
Ellers, Jacques.
Eyliseaux, Hilaire.
Echhard, Georges.

Ebeling, Cristophe.
Elazar, Jacob.
Etienne, Auguste.
Eymard, Jean-Baptiste.
Eyerman, Joseph.
Eudin, Michel.
Estin, Jean-Baptiste.
Eudes, Louis.
Endris, François.
Enseante, Hippolyte.
Evrard, Philippe.
Euelin, Jean-Baptiste.
Egnaudy, Godefroid.
Elar, François.
Ernaga, Martin.
Echard, Georges.
F.
Fontain, Jean-Joseph.
Ferrant, Jean.
Fabest, Adam.
Fontaine, Joseph-Alexis.
Fagat, Jean-Baptiste.
Flam, Guillaume.
François, François.
Fleuve, Georges.
Fabre, Louis.
Frieten, Thomas.
Fourmel, Jean.
Friese (de), François.
Floucad, Louis.
Fremont, Pierre.
Faron, Claude.
Fel, Jean.
Forestier, Jean-Baptiste.
Frotesard, Charles.
Faidi, Jean.
Fricod, Louis.
Forge, Joseph.
Flocque, Jean.
Feuillier, Jean.
Fontaine, Pierre.
Fontaine, Silvain.
Février, Pierre.
Frobese, Frédéric.
Fonteville, Claude.
Ferret, Claude.
Fougeri, Jean.
Frik, Adam.
Frohn, Jean.
François, Jean.
Forret, François.
Fromager, Guillaume.
Fusman, Diedrich.
François, Henri.
Ferrato, Dominique.
Falleres, Pierre.

Forst, Pierre.
Ferdil, François.
Frédéric, Jean.
Faber, Joseph.
François, Guillaume.
François, Daniel.
Fames, Amiral.
Feldbruk, Lipinus.
Felden, Jean.
Feldenberg, André.
Fischer.
Frémont, Henri.
Flemming, Pierre.
Folland, Henri.
Forken, Jean.
Follemond, Jacques.
Fohr, Conrad.
Freyer, Win.
François, Guillaume.
François, Daniel.
Frenks, Henri.
Frès, Nicolas.
Franeard, François.
Faysant, J.-B.
Félix, Zacharias.
Felosbruk, Jacques.
Ferret, Jean.
Fieg, Joseph.
Floreil, Gérard.
Fontaine, Cornélis.
Fougaville, Cherot.
Fillet, Guillaume.
Fischer, Ari.
Frisiot, Silv.
Funge, Pierre.
Fromentin, Victor.
Fabre, Jean-Baptiste.
Fouraier, Antoine.
Faget, Alexandre.
Forsot, Henri.
Forg, Jean-Baptiste.
Feve, François.
Fouquet, Alex.
Félibet, René.
Faut, Jacques.
Faller, Joseph.
Fandersale, Pierre.
Faber, Jean.
Félix, Jean.
Fillo, Joseph.
Felde, Martin.
Fenely, Joseph.
Fenig, M.
Férand, J.-B.
Ferdinand, J.
Ferino, Joseph.

Fetto, Jean.
Feorier, Nicolas.
Fico, B.
Fidar, François.
Fidel, C.
Fieb, Jean.
Flam, Crétien.
Fleury, Jacques.
Flichen, Charles.
Flor, Joseph.
Floh, Louis.
Florary.
Foilloi, F.
Folie, Jean.
Fointanie, Jean.
Fontenurey, Antoine.
Foret, Louis.
Forget, Michel.
Forestier, J.-B.
Fostraler, N.
Fouquet, Adrien.
Fourchain, F.
Fournier, Dominique.
Fourrier, Antoine.
Fourne, Jean.
Franck, Martin.
Froementin, Math.
François, Jacques.
Fruchtlas, Gabriel.
Fomery, Martial.
Fond, (la) Pierre.
Foan, André.
Franchie, Pierre.
Fournier, Etienne.
Ferdinand, Théné.
Fiore, Benoît.
Faye, (de) Julien.
Fleuse, Gérard.
Favre, Pavello.
François, Martin.
Franke, Simon.
François, Charles.
François, Louis.
François, Conrad.
Fresignité, Louis.
Fretey, Louis.
Frey, Jean.
Frike, Frédéric.
Fulak, Jean.
G.
Gans, Jean.
Ganz, Antoine.
Getseh, Théodor.
Georg, Pierre.
Geinier, Gaspard.
Gernaud, Bernard.

Glave, V. Bernard.
Gaspard, Henri
Gelstein, Jean.
Gouvard, Jean.
Goemer, Louis.
Gereve, Jean.
Guatala, Jean.
Gielet, Philippe.
Guisagnet, Raymond.
Garrat, Jean.
Garçon, Nicolas.
Germain, Jacques.
Girardel, Claude.
Galabert, François.
Gondelier, Jean.
Gassien, Pierre.
Grégoire, Louis.
Grosse, Nicolas.
Guillaume, Jean.
Gouas, Martin.
Guieppe, Joseph.
Guedon, André.
Graverolle, Michel.
Guitard, Jean.
Guillens, Pierre.
Gabillon, Auguste.
Glorier, Jean.
Greling, Erhard.
Griot, Mathurin.
Gieling, Gerhard.
Glemot, Louis.
Gravendyk, Henri.
Guelton, François.
Grenier, François.
Geroard, Jacques.
Guiglard, Joseph.
Gathon, Pierre.
Gautier, Antoine.
Gas, Philippe.
Geoffroi, Pierre.
Gastoux, Joseph.
Goetz, Georg.
Girard, Louis-Jean.
Gilo, François.
Giovo, Jacques.
Gio, P.
Giot, Louis.
Girard, François.
Gisart, François.
Gise, Gotlieb.
Godna, Victor.
Gogard S.
Golard, Louis.
Goliva, Julien.
Golleny, André.
Gollard, Louis.

Gonyfang, François.
Gonne, Lambert.
Goret, S.
Gontier, Joseph.
Gassane, P.
Gotefroid, J.
Golier, François.
Gotellie, P.
Gotter, Joseph.
Gotli, Pierre.
Gottie, Mathias.
Glot, Pierre.
Globart, J.
Glott, Henri.
Glorisana, Jean.
Goubert, Lonis.
Gonlard, M.
Goupil, Jean.
Goussou, Pierre.
Grand, J. M.
Gras, Jean.
Grand, Jean.
Grange, Hubert.
Grand, François.
Grair, François.
Grebe, Jean.
Gresse, Laurent.
Griers, Jean.
Griemond, S.
Grogard, Jean.
Grosser, M.
Grossendorff, Albert.
Grosman, François.
Grosse, Conrad.
Grott, Pierre.
Gubert, Joseph.
Gugot.
Gugnart, F.
Guillard, L.
Guillord, Joseph.
Guillot, A,
Guilbmond, André.
Guillaume, L.
Guilhmin, Martin.
Guillame, P.
Guillo, Jean.
Guillaume, Jacque.
Guinede, S.
Guinier, Joseph.
Guntier, Antoine.
Gunter, Gotfried.
Gunderman, Jeen.
Guntzel, Carles.
Gutfeld, Carles
Gyong, A.
Guerike, Cretien.

Guilleton, Joseph.
Garec, Jean.
Guyère, Ives.
Grop, Charles,
Gesnouin, Louis-Jean.
Girard, Etienne.
Gogniet, Jean-Baptiste.
Gonot, Thomas.
Geier, Georg.
Godard, Alexis.
Gorde, Michel.
Gereau, François.
Gueraud, François.
Greve, Henri.
Guichaud, François.
Geelen, Van Jean.
Gallo, Antoine.
Gerrits, Germain.
Groen, (De) Jacques.
Gaudrieu, Bernard.
Godezin, Jean.
Gieren, George.
Guerin, Joseph.
Gugonnet, Louis.
Goyart, Jean-Baptiste.
Grunloh, Jeau-Henri.
Graffé, Michel.
Goerts, Corneille.
Greau, Pierre.
Grenier, Gilbert.
Godriel, Jean.
Guiste, Joseph.
Gorot, François.
Gagne. Jean.
Grobot, Philippe.
Grégoire. Antoine.
Guillotin, Michel.
Grunewald, Pierre.
Grievenay, Heves.
Groen, Doct.
Groen, G.
Gremont, Jacques.
Grot, Henri.
Gratius, Guillaume.
Ghysens, Al.
Gattelberg, Pierre.
Gay, Louis.
Gavier, Constant.
Gend, Ari.
Gerhard, Adrien.
Gieve, Constant.
Glems, Ferdinand.
Gobert, François.
Goti, Auguste.
Godard, J. B.
Girbal.

Grotival, Angelino.
Gust, Delbot.
Geiler, Jean.
Gerbeau, Jean.
Gatlieb, Jean.
Gauthier, François.
Garand, Bernard.
Garrai, Jean.
Gacques, Antoine.
Gaude, François.
Gendre, Simon.
Gabert, Claude.
Godefroid, Clément.
Godefroid, Charles.
Geelen, Laurent.
Gevois, Ivo.
Gernaud, Bernard.
Gy, Doodensott.
Giraux, Leblanc.
Groot, Henri.
Guiot, J.
Grande Mougin.
Garet, Jean Baptiste.
Gneny, Denis Isidor.
Gace, (La) Louis.
Gallon, Joseph.
Gaudinier, Réné.
Guinon, Pierre.
Gibiet, François.
Guerin, Jean.
Gobit, Jean.
Guillot, Etienne.
Garnier, (Le) Jean.
Gouvet, Denis.
Gichard, François.
Genot, Jean.
Gomet, Nicolas.
Georg, François.
Garnier, Gabriel.
Geenier, Gaspard.
Grieren, Jacques.
Gammer, Jean.
Guilliant, Paul.
Guai, (La) Jean-François.
Ganet, (La) Nicolas.
Geraux, François.
Girard, Jean.
Gothier, Charles.
Genet, François.
Gilbert, Nicolas.
Grenier, Jean.
Goemar, Louis.
Gabelard, Pierre.
Gabriel, David.
Gallé, Soé.
Galinot, François.

Ganier, Benoît.
Gannil, Antoine.
Gardehe, Jean.
Gardel, François.
Garde, Jean.
Gardner, G.
Garen, Jean.
Garige, Jean.
Garnil, Louis.
Garen, Pierre.
Garon, Joseph.
Gary, Pierre.
Ganard, Louis.
Gaude, Jean.
Gaudico, Nicolas.
Gaufel, George.
Gauthier, Pierre.
Gebhard, Frougatt.
Gelay, Jean.
Gelay, Antoine.
Geilas, S. M.
Genar, Louis.
Gens, Ferdinand.
Genjon, François.
Georg, Joseph.
Gerhard, Henri.
Gerich, Carl.
Geraudien, Philippe.
Gerald, Pierre.
Gernotte, Pierre.
Gertrude, Gomier.
Gerber, Jean.
Gerron, J. Nicolas.
Getrid, Pierre-Jean.
Gieurorup, Claude.
Gilbert, Louis.
Gilbert, M.
Gillon, Pierre,
Gilot, Jean.

H.

Hausen, Jatro.
Hera, François.
Henneman, Frédéric.
Harmes, Guillaume,
Hamacher, Laurent.
Hortillon, Jean-Joseph.
Hatel, Jean-Baptiste.
Hassem, Thomas.
Habitg, Henri.
Harmans, Pierre-Joseph.
Hoens, Jean.
Herms, Henri.
Harmsan, Harmé.
Homaillier, Jean.
Haellen, Jean.
Horde, Benoît-J.-C.

Houl, Carl.
Hans, Henri.
Humbert, Nicolas.
Helmcke, Jean.
Houcke, Pierre-Jean.
Heyer, Mathieu.
Holybuseh, Herman.
Halleun, Nicolas.
Herman, Gerrit.
Hosum, Van Jean.
Haye, Jacques.
Hubert, André.
Hode, Isac.
Heu, Lebastean.
Hamard, Henry.
Heu, Jean-Pierre.
Hubert, Daniel,
Hacks, Guillaume.
Hardy, Joseph.
Hogeland, Jean.
Henecucille, Joseph.
Horeau, François.
Hedding, Jean.
Heuleux.
Henri, Jean.
Hassfeld, Jean.
Hamers, Léonard.
Hacken, Gerhard.
Hartkol, David.
Henistal, Conrad.
Henry, Guillaume.
Hesse.
Henri, Pierre.
Hechberg, Jean-Jurgen.
Holst, Frédéric,
Hocle.
Hud Claus,
Hery, Julien.
Hay, Michel.
Hock, Van Conrad.
Hanau, Guillaume.
Hachard, Hyacinthe.
Hamitte, Lapierre.
Hemery, Etienne.
Hogenberg, Cornelis.
Hapt, Damen.
Herman, André.
Haude, Joseph.
Heymery, Réné.
Haricourt, Dominique.
Hombourg, Jean-Bap.
Hullier, Pierre.
Herve, Jean-François.
Hallet, Claude.
Héron, Christophe.

5

Hubert, Louis.
Herret, Louis.
Hardy, Jean.
Hemd, Van Berend.
Hoeven, Adrien.
Hadrino, L.
Hallard, Louis.
Haard, Pierre.
Harl, Chrétien.
Hebert, Louis.
Heet, J. F.
Henry, Nicolas.
Herbert, Gotlieb.
Heyer, Cristian.
Hubert, Cristian.
Hillaire, Joseph.
Hude, Jean.
Hummie, Godfried.
Hunges, Pierre.
Hadivet Corneil.
Hamnig, André.
Hauward, J. Pierre.
Harms, Herman.
Haan, (de) Thomas.
Hansen, Glas.
Hannemans, Pierre.
Haere, Van.
Hartoy, Jean.
Hanzelmery, Jean.
Hechman, Jean.
Henry.
Hense, Daniel.
Hendrichs, Arnold.
Heindrichs, André.
Helmand, Jean-Jos.
Heindrichs, Mathias.
Heringer, Louis.
Hemd, Barend Van.
Hocks, Arnold.
Holzman, André.
Hogard, Herman.
Holm.
Horst, Van Pierre.
Holla, Jean.
Hock, Corneil.
Hogenburg, Cornelis.
Hoven, V. Adrien.
Hulsberg, Jean.
Huts, Jean.
Huberts, Henri.
I—J.
Jacob, Philippe.
Jansen, Jean.
Jansen, André.
Jansen, Mathias.
Jansen, Guillaume.

Justre, François.
Jacquet, Jean.
Jospard, Henri.
Jordan, Antoine.
Jungerer, Gebhard.
Johad, Michel.
Jvo, Gevois.
Jaspard, Henri.
Jansen, Frédéric.
Jansen, Everts.
Jansen, Jean Harms.
Joseph, Pierre.
Josen, Cornelis.
Jarro, Gaspard.
Jallier, Jean Prudent.
Jeotto, Nicolas.
Jubay, Louis.
Issen, Van Pierre.
John, Edouard-Henri.
Jacquement, Jean-P.
Julien, Antoine.
Joseph, Noël.
Jolic, Pierre.
Jeanke, Julieu.
Jaberiga, Jean.
Jacquet, Jean.
Joannet, François.
Jouffane, François.
Jaffen, Antoine.
Joanne, Michel.
Indier, Jean.
Julien, Joseph.
Isson, Pierre.
Jagd, Van.
Jacques, Antoine.
Jacobi, Louis.
Jaconet.
Jacget, Guillaume.
Jalmy, François.
Jamard, Pierre.
Jandong, Louis.
Jannot, Louis.
Janser, Paul.
Jacquin, Paul.
Jardena, Jandin.
Jasque, Auguste.
Julie, Jean.
Jauente, Joseph.
Jasque, auguste.
Jatie, Jean.
Javio, Louis.
Javre, Louis.
Jean, Baptiste.
Jebat, Antoine.
Jemy, Nicolas.
Jenster, Henri.

Jeriak, Jean.
Ideler, Carl.
Ignaty, H.
Ilme, Joseph.
Imat, Nicolas.
Imorlge, B.
Inac, Hanue.
Juterman, M.
Jolivet, P.
Jochin, Pierre.
Jolet, Nicolas.
Jone, Jean.
Jordan, Simon.
Jordan, Samuel.
Josset, Pierre.
Jos, J. B.
Journe, Pierre.
Jourlain, Claude.
Jouro, Pierre.
Journeage, Pierre.
Jour, Jean.
Jousset, Jean.
Ireno, Jean-Louis.
Irdireur, J. B.
Isabel, Jean.
Juan, Ferdinand.
Juan, Jean.
Jugnan, A.
Julie, P.
Jullon, P.
Jumburg, Frédéric.
Jureau, Jean.
Juslo, G.
Just, George.
Jutte, Adam.
Ivanon.
Iverall, Jacques.
Jony, Guillaume.
Jeosse, Pierre.
Joyeux, Silvain.
Jacquier, Victorien.
Jouanlon, Louis.
Jannet, Claude.
Jacquet, Claude-Marie.
Jarlier, Antoine.
Jaspard, François.
Jacob, Michel.
Janet, Pierre.
Jullien, Pierre.
Josar, Jean.
Jacques, Joseph.
Ignino, George.
Illinger, Valentin.
Jacob, François.
Jacquet, Jean-Baptiste.
Jongen, Jean.

K.

Kaunemberg, Cornelis.
Kaip, Jacques.
Kensing, Joseph.
Kempnaer, François.
Kesselaer, J. B.
Kinkhoven, Herman.
Kirings, Jean-Herman.
Kylsburg, François.
Kniver, Dirk.
Knigers, Jean.
Koster, Herman.
Kock, Christian.
Kog, (de), Guillaume.
Kornbauer, Jacques.
Koop, Ferdinand.
Kommer, Pierre.
Kratzen, Guillaume.
Kock, Jean.
Koks, Lambert.
Koop, Pierre.
Kuyker, Antoine.
Kutzen, Jacques.
Kuttenberger, Jacques.
Kuty, Cornelis.
Karret, Pierre-Joseph.
Kerver, Krem.
Kesemaker, Jean.
Kolling, Jean.
Kolla, Jean.
Koester, Herman.
Koops, Gilles.
Kuhn, Léonard.
Kesseler, Jean.
Kaisends, Joseph.
Ket, Gérard.
Kley, Martin.
Kop, Jean-Jacques.
Keller, Jean-Fleury.
Knecht, Gaspard.
Klein, Cristian.
Kaiser, Gerril.
Kup, Jean-Gilles.
Kobing, Henry.
Kohl, Jean.
Kitzen, Bigau.
Kappenot, Antonie.
Kerko, Markus.
Klein, Jacques.
Krebellier. . . . . . .
Kops, Gilles.
Kavenbeener, Joseph.
Kilsbourg François.
Keller, Pierre.
Knadeler, David.
Kramer, Joseph.

Kocks, Lambert.
Kempenaer, François.
Kock, Jean.
Krafl, Pierre.
Krekel, Vander.
Knigens, Jean.
Kesseler, Jean-Baptiste.
Kallier, Pierre.
Karo, Nicolas.
Kawalie, Jacques.

L.

Lange, Jean.
Langedek, Simon.
Laar, Henri.
Lauritson, André.
Lang, Jean.
Landhut, Vincent.
Lexis ou Leis, J.-B.
Linkerbeck, Henri.
Linden, Pierre-Van.
Lindeman, Gerhard.
Loenen, Van.
Larau, Michel.
Laurman, Pierre.
Labouer, François.
Legord, Joseph.
Léonard, Nicolas.
Loison, Arnin.
Louvens, Michel.
Lafanestre, Jean.
Lasalle, Jean-Baptiste.
Lévecque, Théodor.
Lefèvre, Joseph.
Lavatier, Pierre.
Leverge, Jean-Baptiste.
Listella, Bernard.
Lefran, Jacques.
Lubrenet, François.
Lanier, Antoine.
Lhomme, Jean.
Lecoli, Antoine.
Levise, Jean-Jacques.
Letourne, Louis.
Leroy, Pierre.
Lanier, Jean.
Lecomte, Jean.
Legot, Auguste.
Louchard, René.
Lamotte, Alexis.
Lequai, Philippe.
Lafouillet, Jean-Pierre.
Lehaube, François.
Louveille, Charles.
Leroy, Pierre.
Laresi, Jean-Baptiste.
Ladur, François.

Lindeman, Gérard.
Lays, Pierre-Auguste.
Loquers, Jean.
Lanau, Louis.
Louvrier, François.
Leymaker, Jean.
Lorno, Charles.
Luleman, Christophe.
Luche, François.
Louis, Nicolas.
Landeis, Pierre.
Laniès Jean.
Louvel, Pierre.
Lambert, Pierre.
Leigonie, Bernard.
Lesprit, J. B.
Lavatage, Louis.
Layon, Jean.
Linstral.
Lefèvre, Jean.
Legard, Joseph.
Levet, Claus.
Levigny, Paul.
Lewey, Louis.
Lexier ou Leier, Jean.
Lezaly, Pierre.
Libert, Jean.
Libarth, Thomas.
Liéser, Guillaume.
Lièbe, Christophe.
Lière, M.
Limané, L.
Lacon, Charles.
Logier, Ferdinand.
Lois, Jean.
Lombard, François.
Lonne, Jean.
Louvan, Charles.
Loose, M.
Lot, Bonde.
Louis François.
Louyer François.
Louvan, Joseph.
Lucar, Jean.
Luprony, aimé.
Lushae, Charles.
Lenglet, Joseph.
Lensen, Jean-Pierre.
Ledou, Jean-Bapt.
Lammer, Arend.
Livet, Jean-Louis.
Lefèvre, Honoré.
Loubat, Jean-Baptiste.
Lefèvre, Martin.
Lambert, Louis.
Lose, Jean.

Longeron, Benoît.
Leber, Jean.
Lièse, Fréd.-Julien.
Lutard, Jean.
Listac, Jean-Pierre.
Longo, Jean.
Lacroix Hubert.
Lien, Antoine.
Letan, Abraham.
Lain, Jean.
Labret, Antoine.
Lavareille, Jean.
Lafond, Bertrand.
Lafférer, Jean.
Lacreux, Jean.
Luyman. Jean Van.
Lechevalier, Pierre.
Lecocque, Jean-Louis.
Lebœuf, Jean-Louis.
Liégeron, André.
Lemaire, Louis.
Lucassen, Jean-Théod.
Largier, François.
Luersen, François.
Ledroit, Edme.
Lamoine, François.
Lejeune, Jacques.
Lacavalle, J. B.
Lapetit, André.
Lévecque, Louis.
Lœillet, Jean.
Laumonier Antoine.
Lenfant, Jean-Louis.
Laurent, Philippe.
Laborie, Jean.
Lousty, Corneil.
Leroy, François.
Laporte, André-Jean.
Lemathe, Louis.
Lagraulet, Jean.
Legai, René.
Le Chartier Julien.
Lejeune, Alexandre.
Lecomte, Jean.
Lesolle, Louis.
Larible. . . . .
Legrau, Albert.
Liégois, François.
Laurent, Claude.
Leraun, Bernard.
Lanterman, Constant.
Lamotte, Jacques.
Larget, Nicolas.
Legendre, Charles.
Lesen, Jean-Denis.
Lecontourier, Léonard.

Leclerc, Florentin.
Leermans, Pierre.
Lever, Pierre-François.
Loco, Thiébou.
Loison, Jean-Baptiste.
Labatig, Jean.
Labinal, Jean.
Lacaloy, Jean.
Lache, Pierre.
Lacour François.
Lacour Jean-Pierre.
Lacroix, Jean-Baptiste.
Lachapelle, Frédéric.
Laferon, Charles.
Lafronque, Jacques.
Lagoule, Alexandre.
Laquer, Stanlas.
Laquerre, François.
Laigle François.
Laine, Pierre.
Lajuge, Gamil.
Lalande, François.
Lallemande, Nicolas.
Lallemande, P. A.
Lalonde, Pierre.
Lamarine, Pierre.
Lambert, B.
Lambert, M.
Lamenont.
Lamico, Jean-Baptiste.
Lamotte, U.
Lampe, Michel.
Lampe, Jacques.
Landre, Jean.
Langluir, François.
Lange, Jean.
Langue, Vincent.
Lanton, Jean.
Laraine, Jean.
Lariviore, Philippe.
Larnonda, François.
Lassenue, Charles.
Lassane, Antoine.
Lasset, Guillaume.
Latua, Jean.
Latour, Jean-François.
Laufer, Charles.
Louf, Jean-D.
Laurent, M.
Laurent, C.
Lavingene Jacques.
Lavingene Jacques.
Lavat, K.
Laversin, Julien,
Leblank, Paul.
Leblank, Jacques.

Leclam, Félix.
Lecompte, Seret.
Lecor, Michel.
Lecros, Pierre.
Levarey. Pierre.
Lefaut, Carl.
Lefèvre, Casimir.
Legouly, Jean.
Legeo, Clous.
Legong, Pierre.
Legonde, Pierre.
Legrix.
Lejeux, Claus.
Leiser, Jean.
Lejourne.
Lejeune, J.
Lemaire, François.
Lemaste, Louis.
Lemarchand, J.
Lemaire, Louis.
Lemet, J.-J.
Lemeurs, Pierre.
Lemoe, Jacques.
Lemmerdorff, Jean.
Lenard, A.
Lenevie, Michel.
Len, Nicolas.
Lenitz, François.
Lenoir, Antoine.
Leno, M.
Lepage, Pierre.
Lepare Philippe.
Lepaillier, Jean.
Lepinard.
Lepe, Jean.
Leroy, Louis.
Leroy, François.
Lerve, Constance.
Lernam, Nicolas.
Leshorn, Jean.
Lesser, Georg.
Lestore, Jean.
Levecque, Jean.
Levorsin, Jean.
M.
Manoule, Louis.
Maes, Pierre Vander.
Maes, François.
May, Antoine.
May, V. D. Thomas.
Mau, Antoine
Maubert, Pierre.
May, Martin.
Mascal, Jean.
Madel, Jean.
Mollet, Joseph.

Mathieu, Gabriel.	Martin, François.	Mochy, Baptiste.
Mouret, Jean.	Martin, Jean-God.	Moret, J.
Marmaux, François.	Martin, Charles.	Mohlich, Jean.
Menuet, Jean.	Marton, Pierre.	Molla, Pierre.
Moitrelle, Charles.	Marchan, Nicolas.	Moley, Salomon.
Maleford, Joseph.	Maujus, Jean.	Moly, Antoine.
Massa, François.	Mauch, Jacques.	Moliel, Nicolas.
Mekes, Jean.	May, Jean.	Moncient, Ambrosi.
Massalin, François.	May, Joseph.	Moncey, Jean.
Marellane, François.	Meyer, Charles.	Monfredini, N.
Meyer Vander, Thomas.	Méé, Jean.	Mongie, Ferdinand.
Martin, Pierre.	Meffon, Jacques.	Monma, J.
Mathurin, Lambert.	Mené, B.	Montrove, Pierre.
Monnier.	Mehnert, Jean.	Montlameid, Anton.
Massé.	Meck, Guillaume.	Montford, J. F.
Maes.	Melac, Charles.	Moorat, Nicolas.
Mathurin, Guillaume.	Mellon, Jean.	Morard, Zillers.
Malicort.	Melle, J.	Morell, Auguste.
Melin, L.	Mema, R.	Moreene, Remis.
Mussini, Antoine.	Memé, Louis.	Morcon, Jean.
Martain, Jacques.	Memor, Jean.	Morin, Pierre.
Mase Vander, J.	Menage, Jean.	Moridales, Antoine.
Mendes, Henri.	Menteo, Nicolas.	Morin, J. F.
Meuleman, Martin.	Mentor, Engelbert.	Morel, Claude.
Mey, Andréas.	Menembourg, Gerh.	Morel, Daniel.
Meyer, Guillaume.	Meorel, Alexander.	Morino, Jean.
Meyer, Kimister.	Merbin.	Morite, Pierre.
Meester, Pierre.	Mereyer, J.	Morloke, Antoine.
Mekes, Jean.	Meridier, C.	Moreau, Vincent.
Metz, (de) Angelar.	Merie, François.	Moser, Chrétien.
Milo, Jean.	Meritier, W.	Motte, Andreas.
Moser, Georg.	Merio, Pierre.	Monay, Jean.
Mouset, Louis.	Mertens, Gotlieb.	Mouler, Charles.
Morlf, Jacques.	Mermis, François.	Mouster, Pierre.
Moirkerk, Antoin.	Messoni, François.	Mouseau, J.
Morens, Jean.	Mesal, J.-M.	Mouviel, André.
Mohl, Germ.	Mesleu, François.	Mouchard, Abzahœs.
Mohainand, J.-B.	Mesnil, J.	Mullot, A.-A.
Mostrey, Pierre.	Metuis, Pierre.	Munter, Cristian.
Muller, Jean.	Meton, Nicolas.	Murgie, Jean.
Muller, Jean.	Metter, J.	Marsier, Charles.
Muller, Jean.	Metzler, Jacques.	Malahotte, Louis.
Muller, Carl.	Meth, Théodore.	Maignatz, François.
Muschbek, François.	Meuner, L.-P.	Munier, Vincent.
Masen Van, Jean.	Meurige, A.	Mongalon, Etienne.
Marinus, Marc.	Michel, Olivier.	Magnier, Jean-Baptiste.
Manuel, Carl.	Micaro, B.	Mais, Jean-François.
Mussain, Jean-Louis.	Michel, Charles.	Mouseni, François.
Marks, Jean.	Michel, François.	Maurot, Hubert.
Martin, Guillaume.	Midi, Jean.	Moing, Mathurin.
Massard, Jean-Jos.	Mignal, Etienne.	Montmarche.
Melchior, Libotte.	Michud, Jean.	Montsalont, Pierre.
Meyer, Jean.	Milhemt, François.	Monny, Jean.
Messian, Antoine.	Minosot, M. P.	Massuco, Jean.
Malange, Joseph.	Minoir, Paul.	Mettre, Marin.
Mange, François.	Moani, Jean.	Macquart, Jean-Bapt.

Mostrey, Pierre.
Mouliw, Pierre.
Marque, Pierre.
Michiot, Jean.
Meritier, Jean.
Molet, Jean.
Maas Vander.
Marcheou, Antoine.
Mouru, Etienne.
Michel, Antoine.
Marquet, Etienne.
Medart, Ambrosie.
Mathieu, François.
Millot, Jacques.
Meester (de), Pierre.
Maissier, Jean.
Moulibot, Jean.
Mission, Henri-Jos.
Michel, François.
Mosqua, André.
Michel, Georg.
Manoury, Michel.
Marlinge, Pierre.
Manacour, Adam.
Martin, Jean.
Mercier, Hubert.
Michel, Pierre.
Moulard, Pierre.
Moddenburg, Jean.
Mengatio, Ange.
Mayonar, Pierre.
Murat, Jean.
Maison, Jean.
Milliot, Fiacre.
Marie, Jean-Gabriel.
Muhlvarde, Martill.
Meine, Jean.
Macoin, Joseph.
Montagne, Jean.
Mayners, Baptiste.
Maas, Dominique.
Marquan, Jern-Pierre.
Mathe ou Malhe, Abrah.
Melyn, Engelbrecht.
Morin, Laurent.
Manceau, Jean-Nicolas.
Martinet, Blasius.
Mondino, Joseph.
Massier, Louis.
Miacci, Salvator.
Macel, Joseph.
Michel, Emmanuel.
Massignat, Antoine.
Muller, Joseph.
Morlhiaux, Antoine-Joseph.

Mesnage, Jean-Franç.
Meunier, Jean.
Mesnage, Jean-Franç.
Michel, Emmanuel.
Mothes, Guillaume.
Moser, Joseph.
Mollet, Antoine.
Manguer, Alexis.
Mettelin, Jean-Baptiste.
Meyer, Henri-Jean.
Moralès, Antoine.
Maillot, Mathieu.
Mellon, Ferdinand.
Mosea, Ignace.
Martin, François.
Mordan, Antoine.
Mirus, André.
Mausman, Henri.
Montagne, Jean-Bapt.
Mouillier, Pierre.
Mark, Pierre-Joseph.
Merosier, Antoine.
Masset, Gilbert.
Matheysen, Adrien.
Mallon, Léonard.
Moutard, François.
Moret, Guillaume.
Minard, Claude.
Mahrer, Bourgard.
Morin, Aug.-Victor.
Mongoni, Pascal.
Monceau, Louis-Noël.
Monier, Joseph.
Moude, Jean.
Mouthe, Pierre.
Macini, Louis.
Monthion, François.
Minrielle, Pierre.
Mandelin, Jean.
Maviel, Jean.
Moine, Pierre.
Merlot, Norbert.
Maréchal, Jean.
Muller, Pierre.
Marquison, Nicolas.
Mathieu, Jean-Bern.
Mary, Jean.
Mack, Guillaume.
Masson, Jean-Baptiste.
Masch, Pierre.
Michel, Claude.
Mendelo, Jacques.
Marquis, Jean.
Maselly, Louis.
Minot, Jean.

Musche, Jean-François.
Martin, Louis.
Moreau, Jean.
Montbailly.
Mallard, François.

N.

Noel, François.
Noe, Isac.
Niove, Nicolas.
Noiret, Butten.
Nomes, Mathieu.
Nenich, Jean-Frédéric.
Noël, Baptiste.
Nicolas, Emanuel.
Nocelly, Mathieu.
Ninoneitte, Jean-pierre.
Noël, Claude.
Nordman.
Nicolas, Jean-Baptiste.
Nicolas, Paul.
Noé, Pierre.
Neef.
Noël, J-Jacques.
Nerrier, Jean.
Nadeluis, Louis.
Nahé, Pierre.
Nantes, A. J.
Negane.
Negore, François.
Negour, J.
Nessy, Seraphine.
Nessé, E.
Nicolas, Pierre.
Nicolas, J.
Nicolai, Guillaume.
Noël, B.
Noll, Simon.
Nonie, Charles.
Notman, Jean.
Nortie, Louis.
Notel, François.
Navell, Casimir.
Nubel, J.
Nuding, Jean.
Nulambert.
Nahuat, Corneil.
Neuman, Nicolai.
Niebeleich., Martin.
Niel, Jacques.
Nievenburg, Corneil.
Nuskens, Guillaume.
Naré, Rouel.
Neuhorst, Rouel.
Neul, Celestin.
Niemand, Pierre.

Nienhuys, Pierre.
Nuvant, Casimir.

O.

Olvert, François.
Orlet, Jean.
Ohland, François.
Olivier, Jean.
Obron, Louis.
Olislager, Charles-V.
Ohm., Nicolas.
Osterhaff, Bernard.
Oneda, Jean-Baptiste.
Oberte, G.
Oberg, Michel.
Oburg, Lambert.
Olivier, Michel.
Ooster, Jacques.
Ortel, Paul.
Ossen, Lerer.
Ossain, Gemere.
Osse, George.
Otto, Cristian.
Otto, Conrad.
Otto, Frédéric.
Otto, Guillaume.
Oberasch, Jean.
Ohns, Jean.
Olifan, Frédéric.
Osmail, Bath.
Ousterman, Simon.
Ostschak, Guillaume.
Osche, Van Théodore.
Ozanau, Henri.

P.

Pierre, Jean.
Paupe, Louis.
Paul, Guillaume.
Pett, Jacques.
Peter, André.
Peter, Peters.
Petrus, Caspard.
Pirault, Joseph.
Piron, Vincent.
Pfandeis, Jean.
Post, Jean.
Poll, Charles.
Prost, Adrien.
Preker, Jacques.
Poll, Charles.
Paulus, André.
Parent, Guillaume.
Pascal, Carlier.
Partolis, Guillaume.
Pellerin, Mathias.
Poison, Étienne.
Pont, d'Autre.

Papon, Jean.
Paden, Pierre.
Pieron, Martin.
Plat, Pierre.
Pelissier, Arnaud.
Patia, François.
Parao, François.
Papin, Pierre.
Perrod, François.
Pinier, François.
Pillard, Nicolas.
Pellerin, Jacques.
Pipeau, Bonaventure.
Ploujac, Jean.
Palmessino, N. N.
Pedrot, François-Jean.
Pirrion, Pierre.
Piau, François.
Poleon, Jacques.
Poulet, Aime.
Pipet, Pierre.
Paur, Pierre.
Prignier, Joseph.
Porta, Guillaume.
Pinet, Michel.
Pié, Jean-Baptiste.
Pister, George.
Plagaret, Honoré.
Pleche, François.
Pecher, Arnaud.
Pradul, Mathieu.
Pascal, Paul.
Pascal, Jean-Baptiste.
Planeque, Pierre.
Pons, Batholemy.
Prevost, Joseph.
Pagez, Louis.
Prevost, Pierre.
Pages, Paul.
Proust, François.
Pasos, Antoine.
Piosch, Louis.
Poustine, Félix.
Pitzoiy, Cresenye.
Papy, Jos, Gaspard.
Pieronson, Pierre.
Puech Gurbal, Jean-L.
Perch Huisen, Antoine.
Petel, Alexis-Florentin.
Poullain, Charles.
Pau Joseph.
Prevost, Nicolas.
Pachot, François.
Peterelly, Antoine.
Pelletan, Alexandre.
Pelligot, Jean.

Peinte, V. Philippe.
Pleerman.
Pervin. Hyacinthe.
Plinke, Henri.
Potnio, Pascal.
Plate, Henri
Padberg, Henri.
Pelzer, Louis.
Preaubert, Philippe.
Perouchon, Jacques.
Papcau, Charles.
Paponet, Jacques.
Peliot, Jean.
Phillip, Antoine.
Parnot, Jean-Gabriel.
Pigac, François.
Pagot, Julien.
Pouclais, Pierre.
Poitier, Michel.
Payen, Jean-Philippe.
Pallu, Charles.
Perret, Jean-Baptiste.
Pagnot, Joseph.
Picello, Camille.
Pellerin, Mathieu.
Partons, Guillaume.
Pateloup, Jean-Louis.
Prose, Antoine.
Pivet, Gabriel.
Pepin, Mathias.
Prot, Honoré.
Pokler, Cristian.
Pouron, Jean.
Pretesseil, Jean.
Parot, Dominique-L.
Porin. Pierre.
Poison, Charles.
Pacol, Jean.
Pellegrin, Antoine.
Painsou, Jean.
Phillipert, Phillipert.
Plannier, Jean.
Persche (la), Jean.
Paridon, ive.
Pangoly, J.-Marie.
Pertier, Pierre.
Policord, Étienne.
Piboulet, Arment.
Perfia, Jean-Jérôme.
Pillou, Jean-Jérôme.
Prié, François.
Pero, Michel.
Pains, François.
Pages, François.
Pique, Jean.
Precker, Jacques.

Poussin, Michel.
Pascal, Jacques.
Petit, Bertrano.
Pell, Charles.
Pacard, Martin.
Pacod, J.-F.
Pagelle, Théodore.
Pailar, J.
Paneau, G.
Petit, Louis.
Petit, Antoine.
Petit, Gabriel.
Petit, Jean.
Petri, Jacques.
Piacar, Pierre.
Piarson, Nicolas.
Pichula, Charles.
Pichon, Thomas.
Pied, Jean.
Pied, Augustin.
Pièdez, Louis.
Pilot, Charles.
Pierre, Nicolas
Pierrat, Jerom.
Pierat, Jacques.
Pierre, Auguste.
Pierre, Jean.
Phimont, Antoine.
Phillip, Jean.
Piller, Henri.
Pilaet, Louis.
Pillain, Louis.
Pillo, Pierre.
Pivault, Louis.
Piqueret, Peter.
Piron, Jean.
Pervot, François.
Pissig, Louis.
Pissard, J.
Plantevignie, J.
Pliron, Pierre.
Pradl, Bernard V.
Prime, Jean.
Prime, Pierre.
Prias, R.
Primel, Silvain.
Prisan, B.
Privat, J.
Preton, Pierre.
Prolly, Pierre.
Prudenis, Jean.
Pruisiga, Jean.
Pokle, Joseph.
Poinlotte, Antoine.
Poken, H.
Poineu, Martin.

Poissipon, Pierre.
Pomier, Charles.
Pomme, C.
Ponothier, C.
Ponset, Frédéric.
Po, Jean.
Poquerau, Simon.
Porsel, Gio.
Portusot, Nicolas.
Porte, Jean.
Posckal, Michel.
Post, Martin.
Potteher, André.
Pott, Jean.
Potard, Pierre.
Poteyelly, Dominique.
Potiers, Lenion.
Potier, Jean.
Potani, J.
Pot, Pierre.
Pousier, Paul.
. udin, P.

Q.

Quai, Jean (de)
Quontmeyer, François.
Quintin, François.
Quister, G.

R.

Rambaud, Charles.
Réne, Martin.
Richard, Nicolas.
Robert, Dominique.
Renauf, Modeste.
Renould, Joseph.
Renault, Etienne.
Rummy, Henri.
Renier, George.
Rejoly, François.
Rommel, Jean-François.
Rombeau, Antoine.
Reef, Jacques.
Romier, Jeau-Pierre.
Renot, Jean.
Remy, Philippe.
Rochter, Jean.
Randuren, François,
Raglia, François.
Rou, Jacques.
Rivière, Claude.
Rousseau, Jacques.
Rivière, Antoine.
Ragona, Jean-Pierre.
Rival, Jean-Pierre.
Rochet, Jean.
Remussen, Réné.
Roverchon, Jean-Marie.

Roi, Louis.
Rabot, Georges.
Rabens, François.
Radi, R.
Ragenoc, Jean.
Ragat, Charles.
Ram, Guillaume.
Radine, Nlcolas.
Radkens, Lulkens.
Randuren, F.-Martin.
Renter, Jean.
Reiner, Frédérie.
Reicherd, Jean.
Rebert, Lambert.
Reuter, Jean.
Rendoff, Jean.
Robert, Pierre.
Robin, Martin.
Rusl, Silvatius.
Ruger, Jacques.
Rosenthal, Dietrich.
Rapport, Pierre.
Rainan, François.
Reau, Nicolas.
Ree, Louis.
Recou, Pierre.
Ray (Le), François.
Rebouillet, Joseph.
Roche, Jean.
Raynaud, Léonard.
Renet, Gerbelle.
Rose, Joseph.
Roman, Philippe.
Roger, Jacques.
Rou, Benoît.
Rugent, Pierre.
Roman. Susen.
Raymond, François.
Remy, François.
Rabaul, Pierre.
Reffel, Hubert.
Richard, Joseph.
Roy, Benjamin.
Roux (Le), Jean.
Riquet, Antoine.
Riquet, Anton.
Roels, Seraphin.
Roedryky, Jean.
Romain, M.
Roman, H.
Ro, Claude.
Rops, Mathias.
Rose, Charles.
Rosiger, Etienne.
Rose, Auguste.
Rosenburger, J.-M.

Rosenthal, Lesbold.
Rosseau, Frédéric.
Rottorángi, Jean.
Rotin, Jean.
Roubelet, Nicolas.
Roulin, B.
Roussard, Jean.
Roussie, Jacques.
Roussel, Louis.
Routier, Henri.
Rouveur, Agneau.
Rovier, Jean.
Roy, François.
Roy, Pierre.
Ruber, Jean.
Rubin, J. M.
Rudolff, Justaner.
Ruff, Frédéric.
Ruff, Bernard.
Rugaro, Hubert.
Ruyter, A.
Ruiter, H.
Ralach, Jean.
Runck, Rudolff.
Rupert, Charles.
Russelt, Libert.
Ruth, M.
Ram, Jean.
Ranke, Bernhard.
Randerin, Jean.
Rapp, François.
Rau, Jean.
Ravinc, François.
Razak, Carl.
Rayatk J.
Reber, Jean.
Receveur, Nicolas.
Reder, Mathias.
Reig, Pierre.
Rein, Conrad.
Reinberg, Carl.
Reinecke, Jean.
Reinhard, Jean.
Remie, Michael.
Remour Charles.
Remy, Pierre.
Rembert, Jacqnes.
René, Jean.
René, Thomas.
Renders, Benedict.
Renigel, G.
Rennert, Charles.
Reoy, J.
Resoldl. J.
Ressand, François.
Rest, Pierre.

Reuteur. Justaner.
Revort, Louis.
Ribosha, J.
Ribot, Sierre.
Richard, Jean.
Richard, Antoine.
Richter Carl.
Richter, Cristian.
Rien, F.
Rieke, Henri.
Rigilé, Auguste.
Rigé, Antoine.
Rigo, Charles.
Rim, Antoine.
Rin, J.-Ch.
Riotter, Laurent.
River, Nicolas.
Robert, Jean.
Robert, Pierre.
Roberger.
Robert, François.
Robinet, Nicolas.
Robie, Pierre.
Robinet, J.-J.
Roda, Jean.
Rodin, Louis.
Roether, Jean.
Roge, M.
Roge, Jean.
Rohr, André.
Rogo, J.-L.
Roussel, Jean.
Rolenberg, Jean.
Rouchon, Claude.
Renaud, Jean.
Retourne, Jean-Charles.
Robert, Pierre.
Richard, Michel.
Rosdam, Pierre.
Robert, Jean.
Rocquebert, Jos-Pierre.
Richaud, Jean.
Rigattini, Nicolas.
Rommelen, Antoine.
Rynders, Friederic.
Roch, François.
Rimbert, Nicolas.
Rams, Adrien.
Raffen, Corneille.
Rudoff, Pierre.
Rinio, Joseph.
Rode, Barthelemy.
René, Guillemine.
Rouet, Adrien.
Rudnik, Jean.
Raimbeau, René.

Ricatty, François.
Rossignol, Pierre.
Rougeron, Antoine.
Rouault, Antoine.
Reifkogel, Gaspard
Raes, Pierre-Joseph.
Robert, Jean.
Rouland, Pierre.
Raimond, François.
Rançon, Louis Jos.
Robert, Etienne.
Ramella, Laurent.
Roveillie, Jean.
Reintel, Joseph.
Réné, Cristian.
Rofi, Jean.
Rine, Chauvel.
Renken, André.
Rouait, Pierre.
Rynders, Pierre.
Regal, Joseph.
Robertier, Joseph.
Rou, Antoine.
Réne, Pierre.

S.

Sellier, Jean.
Sébastien, Michel.
Suzon, Lambert.
Santos, Antoine.
Salliere, Nicolas.
Schmid, Michel.
Schuren Van, Jean.
Sbille, August.
Stevens, Pierre.
Stillebout, Jean-Bapt.
Signoret, Bernabé.
Snock, François.
Snyder, Jean-Fridric.
Sauzy, Baptiste.
Schmitz, Raphaël.
Sondervan, Henri.
Soulivant, Jean.
Schroeder, Antoine.
Stuven, Henri.
Servals, Jean.
Sauge, Charles.
Sampe, Barthomy.
Satan, Marcus.
Sufré, Antoine.
Stavally, Jean.
Sibenbocks, Truchon.
Sartojean, Jean.
Sochon, Pierre.
Schroder, Henri.
Stahl, Blause.
Schmoders, Jean.

6

Speck, Jean.
Sommenzo, Antoine.
Schœln, André.
Schebance, Jean.
Scheider, Pierre.
Schmid, Jacques.
Souxisco, Charles..
Serve, Jean-Baptiste.
Salter, Jacques.
Sani, Pierre.
Simonin, Antoine.
Saint Lilan, Pierre.
Sauvat, Nicolas.
Satis Antoine.
Schout, Hermann.
Soldenberg, François.
Signac, Jean.
Saluzzy, Laurent
Schwendeman.
Simon, François.
Sellier, Jean.
Secessy, Martin.
Suter, Jean.
Salvagas, Guillaume.
Sander, Renaud.
San, Van-Pierre.
Saine, Fidele.
Schomey, Jean.
Scheler Christian.
Schryvers, Jean.
Schmid, Andréas.
Scharf, Jean.
Schwall, Jean.
Scheinden, Jean.
Schmitz, Jean-François.
Schmitz, Pierre.
Sievenhausen, Corneil.
Seraphin, Roels.
Sutting, Pierre.
Siebrand, Nicolas.
Silvatius, Rust.
Sieger, Jacques.
Siebrand, Jean.
Simmer, Adam.
Simon, Jean-Joseph.
Sluis, Corneil.
Snyder, Jean-Jaeques.
Sohns, Pierre.
Soduine. Antoine.
Spause, Henry.
Stinkes, Joseph.
Sabatier, Joseph.
Sabauret, Antoine.
Safertie, François.
Sagon, Bernard.
Sack, Galle.

Sako, André.
Salabert, Seris.
Salimet, J.
Salomon, N.
Salomon, Michel.
Samble, B.
Sauteor, J.
Sarchand, Pierre.
Sardaigne, Bernard.
Sarde, Pierre.
Sauvage, N.
Savarin, J.
Savain, Paul.
Saveron, Mora.
Stoob, Jacques.
Sieching, Albert.
Staaf, Pierre.
Staaden, J. V.
Stampf, Valentin.
Sterks, Jean-Joseph.
Strappers, Friédaich.
Sternberg, Jean.
Stieb, Henri.
Stutting, Pierre.
Salome, Philippe.
Schont, Allers Henri.
Scheppelt, Aine.
Schatelaer, J.-H.
Scmhid, Pierre.
Schomaker, François.
Schreiner, Jean.
Seriage, Paul.
Sinek, Aarnold,
Sprang, Gibert.
Schmitz, J.-Joseph.
Screiner, Jean.
Schuren, Vander-Charl.
Snyder, Jean-Jacques.
Sabatier, Jean-Baptiste.
Semmer Adam,
Scherkouse,J.-Joseph.
Schwarz Louis.
Simple, Claude.
Schorviot, Guillaume.
Sigeux, Michel.
Sagean, François.
Snatien.
Saine, Joseph,
Schmitz, Pierre.
Saul, Vital.
Siere, François.
Sorrieux, Jean-Alexis.
Sand, Vander, Jean-B.
Senfler, Jean.
Simon, Jean-Joseph.
Sale (La), Jean.

Sterks, Jean-Joseph.
Sarin, Dominique.
Sadre, Mathieu.
Samati, Jacques.
Saine, (Le) Fidelle.
Senetan, André.
Schwindinger, Jean.
Staap, Nicolas.
Sutting, Pierre.
Sabatier, François.
Schanlo, Louis.
Schangie, B.
Schandin, Antoine.
Schartin, Pierre.
Schartorel, Antoine.
Schati, Nicolas.
Schavean, Jean.
Schisna, Sebastien.
Sebatier, J.-Baptiste.
Sebatne, Frédéric.
Sebour, J.
Segation, J.
Segoir, Henri.
Segrand, J.
Segulet, Jacques.
Semets, Pierre.
Semin, Jean.
Sene, Jean.
Sentille, Georg.
Ser, Lion.
Serigeau, V.
Serant, Pierre.
Servain, Pierre.
Sever, Jean-François.
Sidon, Jean.
Silvain, D.
Silve, Martin.
Silvestre, Louis.
Simon, August.
Simon, Jordan.
Simon,Charles.
Sing, Frédéric.
Sittardon, M.
Sivervie, J.
Slawasot.
Sogon, Pierre.
Soron, Thomas.
Souligier, Bernard.
Soulegie, André.
Soulict, Antoine.
Soultis, Jean.
Suisse, Louis.
Sulfort Winart.
Suris, Michel.

T.

Tocquard, (le) Jean-Jos.

Tribut, Antoine.
Tournain, Pierre.
Tirinansie, Jocaquino.
Thibault, René.
Tabouron, Jean.
Tordes, Jacques.
Toutano, Charles.
Thiel, Lannes.
Torrotin, Jacques.
Thiéry, Joseph.
Tourisse, Joseph.
Thiolet, Étienne.
Tulière, (la) Claude.
Thurier, Paul.
Turpin, Pierre.
Thesier, François.
Triboular, François.
Thilloi, Nicolas.
Tressent, Jean-Marie.
Trhochet, Pierre.
Thalem, Nicolas.
Timmerman, J.-Bapt.
Thieri, Charles.
Toen, Gaspard.
Toll, Godefroid.
Tabary, Louis.
Tag, Arnold.
Tage, Pierre.
Tange, Perer.
Tasse, Pierre.
Tasse, J.-B.
Tassard, Louis.
Tasse, Pierre.
Terebon, J.
Tiedeman, Pierre.
Tiot, Pierre.
Thone, Etienne.
Toll, Ferdinand.
Torbé, Albert.
Toast, Joseph.
Tote, Jacques.
Turity, J.
Tuvair, E.
Thiébauld, François.
Tressy, Nicolas.
Troll, Nicolas.
Trull, Michel.
Tengarten, Jacques.
Tauer, Jean.
Tiel, Lannes.
Telles, Jean.
Tiel, Corneil.
Tordes, Jacques.
Toisen, Martin.
Tromp, Marin.
Tiefel, Herman.

Translot, Jos.
Tac, Pierre.
Tesjen, Mathias.
Tillet, Guillaume.
Toulietty, Pierre.
Troost, Jean.
Tebeau, André.
Tourres, Jean.
Tourcoumider, Pierre.
Tassard, Corneil.
Talfer, Jos.-Chasseur.
Trimborin, Jean-Pierre.
Troussellier, Michel.
Torau, Jean-Jacques.
Termoli, Henri.
Tremblay, Pierre.
Troast Van, Pierre.
Teunisson, Jean-Godef.
Trenillas, Jean-Louis.
Tournai, (de) Cristophe.
Truffaut, Joseph.
Trinité, Trochu.
Tisson, Pierre.
Tonnus, Laurent.
Tang, Jean.
Terrenoud, Augustin.
Tranchant, Jean.
Tierret, André.
Tournaire, Pierre.
Thomas, Joseph.
Travailla, Jean.
Tyseghem, Pierre,
Toumain, François.
Trinquac, Louis.
Thiéri, Antoine.
Testaroli, Antoine.
Teurot, Pierre.
Théobald, François.
Tachon, Eugène.
Tribouillard, Jean.
Thibary, Dominique.
Timmerman, Jean.
Triquet, Joseph.
Thibaut, Jacques.
Tusco, Joseph.
Thomas, Jean-Baptiste.

U.
Ulphen, Eybert.
Uthé, François.
Uring, Joseph.
Ulpheim, Gérard.
Urbain, Antoine.
Usmer, Pierre.

V.
Vergeade, Antoine.
Viot, Jean.

Verkutter, Jean.
Vischer.
Vayant, Vincent.
Verling, Antoine.
Vinlioli, François.
Verrie, Jacques.
Varrin, Jean.
Vivier, François.
Vakens, Ernest.
Vilmet, Dominique.
Viac.
Verinot, Antoine.
Verley, Michel.
Vinard, François.
Villeneuve, Michel.
Vidal, Antoine.
Vidove, Pierre.
Verron, Marie-Toussaint
Vidalet, Etienne.
Veslegen, Godefroid.
Veen, Herman.
Visser, Albert.
Villaume, Georg.
Vanner, Charles.
Vignoler, Ferdinand.
Vince, Joachim.
Vincent, Etienne.
Voudermeid. Jean.
Villemini, Jean.
Villemin, J.
Vital, François.
Vatter, Pierre.
Vausier, Antoine.
Vilioti, Joseph.
Verghnes, Antoine.
Vernier, Gérard.
Vincent, Jean-Antoine.
Verrier, Edme.
Vallebet, Jean-Baptiste.
Vivant, Barrot.
Volkes, Jean.
Villeneur, Jean.
Vigne, Joseph.
Varle, Isendor.
Vliet Van, André.
Visière, Pierre.
Verhaag, Martin.
Vincenstra, Jean.
Vormy, Mathieu.
Viole, Hilaire.
Vermat, Adrien.
Veilbrief, Nicolas.
Vett, Jacques.
Verhagen, Pierre.
Vettenberg, André.
Verplanse, Jean.

A.

Allert, François.
Amelin, Louis.
Adenat, Antoine.
Arzen, Antoine.
Abt.
Aulin, Jacques.
Arimond. François.
Arls, Jacques.
Avennes, Jacques.
Allès, Pierre.
Aubert, Georges.
Amiens, Étienne.
Antonie, Pierre.
Allegro, Jean.
Asseni, Baptiste.
Amiens, Jacques.
Andrien, Louis.
Ambroise, André.
Aubertin, Léon.
Alois, Aubert.
Aubertin, Antoine.
Albert, Louis.
Armunier, Louis.
Agie, Louis.
Arimout, Louis.
Altichi, Antoine.
Axler, Antoine.
Ardois, Ferdinand.
Audier, Joseph.
Aragon, Pierre.
Aloin, Jacques.
Antoni de Carly.
Aubray, Basile.
Ancoigno, Auguste.
Amand, Pierre.
Ambroise, Vincent.
Aron, Antoine.
Amanzan, Jean.
Armand, Jacques.
Antonie, Pierre.
Allais, Basile.
Arnauld, Étienne.
Avigon, Jean.
Amard, Didier.
Avé, Jacques.
Aspes, Dominique.
Adam, Henri.
Ansiol, Étienne.
Andnin, Pierre.

Aubry, Auguste.
Amiot, Claude.
Adam.
André, Fort.
Andre, Noël.
Andréas, Antoine.
Arnous, Pierre.
Amiral, James.
Appel, Joseph.
Aubert, Louis-Jacques.
Andrieu, Compienne.
Antoin, Joseph.
Antoine, Carbonier.
Aubchlait, Pierre.
Ambroise, Dupont.
Albert, Jean.
Anglé, Laurent.
Adné, Jean.
Aumurte, Germain.
Avrangé, Jean.
Aubert, Jacques.
Antoine, Sallé.
Ansel, Jean.
Amiens, Étienne.
Anniquet, Louis.
Avilles, Florus.
Adenat.
Abt, Pierre.
Argois, Jean.
Arnende, Pierre.
Adenat, Jean.
Alpin, François.
Amby, Charles.
Absil, Louis.
Ardoies, Désiré.
Anglepot, Nicolas.
Aussein, Louis.
Agtelle, Louis.
Albeicard, Pierre.
André, Pierre.
Altuwald.
Andersen, Frédéric.
Alary, Joseph.
Ami, Jacques.
Arnoul, Pierre.
Auvière, Étienne.
Arbe, Pierre.
Arnous, François.
Angelo, Pierre.

Atild, Pierre.
Arnous, Pierre.
Adjeron, Paul.
Astier, François.
Adnieuon, Joseph.
Arbé, Joseph.
Albingue, Jean.
Arnold, François.
Ami, Jacques.
Augustin, Jean.
Artuis, Pierre.
Armand, Jean.
Amus.
Adrier, Jacques.
Acker, Matthieu.
Anville, Jean.
Ajambe, François.
Antonio, Jean.
Amber, Gaspard.
Audiar, Georges.
Angeli, Jean.
Andrae, Pierre.
Ambrasis, Antoine.
Aubroas, Jean.
Amiens, Pierre.
Andrieux, Jean.
Albaron, Pierre.
Arrelzit, Jean.
Aoherini, François.
Artois, Étienne.
Albano, André.
Aubin, Jean.
Adrien, François.
Altais, Basile.
Arnault, Étienne.
Avijou, Jean.
Amard, Didier.
Aspes, Jean.
Auguil, Jacques.
Auguil, Jacques.
Adam, Henri.
Agenau (d'), André.
Ansiol, Étienne.
Augustin, Pierre.
Arduin, Pierre.
Aubry, Auguste.
Allard, André.
Andrieux, André.
Albaron, Pierre.

7

Amiot, Claude.
Argnetti, Antoine.
Arrau, Joseph.
Arons, Pierre.
Allirot, Jean.
Astain, Antoine.
Antonie, Jacques.
Anglepot, Nicolas.
Ancelet, Pierre.
Aussein, Pierre.
Amand, Jacques.
Aytelle, René.
Arnold, Soldin.
Aubon, Baptiste.
Angelini, Pierre.
Arnold, Baptiste.
Aratmann, Jacob.
Ambrosio, Louis.
Agasse, André.
Arnaille, Pierre.
Anders, David.
Arnold, Pierre.
Alexis, Pierre.
Astier, Antoine.
Autes, Jean.
Allain, Pierre.
Adrien, Antoine.
André, Nicolas.
Aroines (d'), Jean.
Ambernig, Jean.
Andreas, Jean.
Alibair, Antoine.
Albaron, Jean.
Andreux, Pierre.
Antoilles, Pierre.
Allard, Pierre.
Angelo, Pierre.
Aphonas, Antoine.
Arragaire, Jean.
Alphon, Jean.
André, Jacques.
Arend, Pierre-Jean.
Angelo . André.
Alphonso, Pierre.
André, Jacques.
Aunet, Pierre.
Armand, Jean.
Achilles, André.
Ambrosius, André.
Aros, Jacques.
Arnaud, François.
Auzart, François.
Abry (l').
Aubert, Pierre.

Auguste, David.
Angelino, Pierre.
Artois, André.
Amie (l'), Guillaume.
Albert, Paul.
Aubry, Jacob.
Adriaussen, Josse.
Anuapier (l').
Avoni, Jean-Pierre.
Amiat, Jacques.
Altouse, Jacques.
Auvre, Nicolas.
Alexis, Pierre.
Arons, Pierre.
Allet, François.
Anniczy, Piétro.
Ambroissine, Gusta.
Arnoud, Pierre.
Antoine, Martin.
Aubert, Pierre.
Ardois, François.
Alexis, Menier.
Aubert, Sébastien.
Arnold, Augustin.
Altous, Jean.
Arnoldi, Auguste.
Artues, Pierre.
Aragou, François.
Amioust, Antoni.
Ambrosia, Piétro.
Arnous, Louis.
Agié, Baptiste.
Acboir, Pierre.
Armoginot, André.
Andrée, Pierre.
Arnous.
Aris, Philippe.
Angile, Florus.
Arilsch, Vincent.
Andreotti, Joseph.
Argino, Jean.
Aschoff, Bernard.
Ariero, Nicolas.
Arnous, Benjamin.
Arbarck, Elerny.
Arig, Apon.
Adamock, Luc.
Angelo, Sucrre.
Antoni, Seva.
Antoni, Jean.
Auvili, Florus.
Aminier, Pierre.
Allard, Pierre.
Appure, Joseph.

Ardan, Antoine.
Annoullé, Pierre.
Artul, Jean.
Arnaud, Jean.
Aregadet, Louis.
Anyno, Joseph.
Arselons, Pierre,
Anserro, Pierre.
Aubry, Raphaël.
Antoine, Joseph.
Anne, Jean.
Allilere, Pierre.
Aprol, Jean.
Ambroise, Étienne.
Aulin, Hilbert.
Aucoutal, Étienne.
Aussalanlin, Pierre.
Aporier, Philippe.
Arrivieux, Élie.
Antoine, Joseph.
Amerille, Joseph.
Ablère, Antoine.
Arrucassie, François.
Argaut.
Abreniaut, Dominique.
Aron, Georges.
Atravir, Louis.
Acobert, Jean.
Autacario, Aurelle.
Atarpin, Nicolas.
Adarnis, Pierre.
Alibert, Marie.
Aucoila, Paul.
Antoine, Pierre.
Alandy, Pierre.
Arneste, Louis.
Arderas, Baptiste.
Amielo, Joseph.
Allery, Torel.
Amerelle, Louis.
Amand, Jean.
Aromothe, Pierre.
Aulem, Pierre.
Alat, Biquier.
Arnus, Pierre.
Adely, Bichy.
Allizard.
Saint-Amand, Joseph.
Angolo.
Antoni, Dondi.
Aros, Antoine.
Andrea, Job.
Ari, François.
Ari, Nicolas.

Andreas, Jean.
Arnsma, Johann.
Auguste, Baron.
Antoine, Joseph.
Arloin, Christophe.
Ari, Pierre-Joseph.
Aubert, Marie.
Auvernoix, Jean.
Aubcin, Louis.
Arohinard, Jacques.
Automarch, François.
Auriot, Guillaume.
Albert, Jean.
Armand, Pierre.
Ameinet, Jean.
Antoine, Joseph.
Alineio, Joseph.
Allais, Louis.
Abalin, Guillaume.

Antixier, Jean.
Augé, Gilbert.
Aubain, Jean.
Aze, Jean.
Ascher, Louis.
Aumond, Gerond.
Andrieux, Jean.
Amberté, Seraphin.
Anglave, Pierre.
Aigloi, Antoine.
Albert, Jean.
Antoine, Jean.
Aubin, Élie.
Angy, Jobre.
Amas, Joseph.
Alacande, Blondel.
Amazan, Jean.
Aubert, Charles.
André, Martin.

Austella, Joseph.
Andreis, Wilhelm.
Anjour, Jean.
Allemande (L'), Louis.
Avè, Pierre-Jacques.
Allemand (L'), Louis.
Amand, Louis.
Armoginot, Jean.
Arnaud, Jean.
Arnold, David.
Ancours (L'), Pierre.
Ardres, Jean.
Aubin, Jean.
Ahnas, Jean.
Aste, Plaire.
Armand, Jacques.
Alout, Denis.

B.

Barbier, Jean.
Braida.
Bouvet, Régnier.
Brunau, Paul.
Brière, Jacques.
Barbier, Jean.
Bouvet, Régnier.
Brunau, Paul.
Brière, Jacques-François.
Bugatti, Giovanni-Antonio.
Bechaud, Jean.
Brivesu, Jean-Pierre.
Bé, François.
Berte, Léon.
Bailleux, Antoine.
Bray, Charles.
Bayest, Auguste.
Bourdon, Charles.
Bisicau, Baptiste.
Bellet, Baptiste.
Blau, Pierre.
Banedick, Jacques.
Bannet, François.
Bergeron, Claude.
Briant, Julien.
Bedoin, Jean.
Benoist, Charles.
Brochier, Camille.
Blanchard, Simon.
Bonnay, Louis.

Bourland, Jean-Louis.
Bouvet, Remi.
Bourgeois, Pierre.
Braghace, Nicolas.
Bruyant, Jean-Baptiste.
Berg, Louis.
Bertier, Charles.
Biagi, Dominique.
Brièce, Claude.
Bellière, François.
Bonilte, Pierre.
Bouton, Pierre.
Boisante, Pierre.
Baratte, Marie-Pierre.
Bombin, Jean-Louis.
Bellcamie, Guillaume.
Boudet, Antoine.
Bourdon, Pierre.
Barte.
Brunier.
Bastier.
Brutus.
Babin.
Baugie, Gilbert.
Bayet, André.
Bruno, Antoine.
Bretor, Remi.
Bernhard, Gérard.
Barro, Jean.
Barra, Denis.

Bera, Louis.
Bulo, Jean-Louis.
Barbe, Nicolas.
Bagier, Alexandre.
Bouit, Pierre.
Baunier, Nicolas.
Barrot, Jean.
Barbotain, Louis.
Byon, Louis.
Biendiné, Louis.
Bullent, François.
Baguellier, François.
Baisse, Fidèle.
Bary, Jacques.
Bernard, Jacques.
Baete, Vincent.
Boujee, François.
Boudain, Etienne.
Bacchet, Jean.
Brunet, François.
Baptiste, Jean.
Barbier, Jean.
Bauduet, Jean.
Biossé, Ambroise.
Bredons, Martin.
Brulant, Jean.
Baudré, Joseph.
Blauguet, Antoine.
Bouchon, Etienne.
Briehart, Pierre.

Brohard, Martin,
Brayor, Michel.
Bernard, Louis.
Bouron, Jean.
Bazielle, Pierre.
Bitac, Castanie.
Boutelet, Pierre.
Brausel, Noël.
Barochy.
Baugois, François-Joseph.
Brisel, Jean.
Buisil, Aimable.
Baunare, Pierre.
Bourdoisiot, Etienne.
Benissieu, Louis.
Blanduret, Jean.
Breis, Jean.
Bissiol, Pierre.
Brussard, Jean.
Brisse, Languier.
Berthe, Pierre.
Baumann, Maria.
Baugée, Joseph.
Bomessiot, Louis.
Buse, Pierre.
Boness, Louis.
Bonnet, Pierre.
Bousselet, François.
Boussaix, Louis.
Bertère, Joseph.
Barth, Jean.
Bootmann, Daniel.
Bulo, François.
Belot, Casimir.
Belfray, Lambert.
Breton, Léon.
Babin, François.
Baus (De), Pierre.
Berblon.
Bertram, Edward.
Baillis, André.
Bonnefoi, André.
Buy, Antoine.
Bettléhem, Guillaume.
Bigaigon, Louis.
Balle, Mefidas.
Biesson, Charles.
Bonjoine, Barthélemi.
Buheroc, Joseph.
Bertiers, Louis.
Brendeur, Wenscham.
Barlan, Louis.
Batist, Jean.
Bessels, Louis.

Beranger, Pierre.
Boutin, Pierre.
Bressilion, Joseph.
Buvry, Jean.
Blanc.
Bulow, Charles.
Bertholemi.
Bernando, Antoni.
Bonnau.
Bremeritz, Adam,
Baudoin, Pascal.
Brulott, Antoine.
Barthol, Jacques.
Brockland, Johann.
Buvry, Pierre.
Bertin, Antoine.
Babin, Jacques.
Blondelle, Victor.
Broquet, Pierre.
Boutors, Joseph.
Bourbon.
Berepère.
Brunn, Jean.
Beckmann, Christian.
Becker, Henrich.
Bersano, Arlaris.
Berges.
Bouquet, Jean.
Bienfait, Philibert.
Baoume, Jacob.
Bauvey, Joseph.
Ballot, François.
Bossmann, Dereck.
Berenton, Jean.
Bayetto, Philippe.
Beluse, Louis.
Baillardy, Jean.
Benet, Louis.
Bertier, Frédéric.
Berni, François.
Bon, Denis.
Bupetrai, Baptiste.
Barcelon, Pierre.
Bouvry, Louis.
Butar, Francois.
Besier, Petit.
Bauvant, Pierre.
Baude, Félix.
Ballester, Baptiste.
Balur, Joseph.
Bierr, Isabelle.
Bonne, François.
Blanc, François.
Bauduier, Louis.

Bouvrier, Santwa.
Bertolo, Jean.
Bouquet, Jean.
Bouché, Baptiste.
Bruling, Conrad.
Bonard, Léopold.
Barbaro, Claude.
Benarier, Bernard.
Boyer, Joseph.
Blond (Le).
Brofurt, Alexis.
Borne, Augustin.
Breda, Louis.
Briar, Jean.
Bartair, Jean.
Baudelier, Frédéric.
Bortois, Jean.
Benix, Laurent.
Berni, Francois.
Barcellon, Pierre.
Bartelemi, Martin.
Beatis, Jean.
Bertier, Jacques.
Billine, Jacques.
Batardt, Jean.
Bennoit, Etienne.
Boise, Auguste.
Briege, François.
Bounzivis, Jean.
Bathi, Philippe.
Bernardine, Antoine.
Bodelle, Joseph.
Baldarin, Ousay.
Bosquet, Jean.
Benom, Jean.
Brion, Pierre.
Broché, Jacques.
Boudot, Constantin.
Baumann, Daniel.
Bondous, Pierre.
Bertin, Jacques.
Blayetto, Mathieu.
Bonanser, Pierre.
Bries, Pierre.
Barra, Jean.
Bergogne, François.
Basset, Barthélemi.
Bendel, Mathieu.
Bagare, Jean.
Bertun, Louis.
Bair, Jean.
Bellie, Domenica.
Bernard, Abel.
Baunier, François.

Bennioz, François.	Benois, François.	Buisson, Jean.
Brickmann, Christian.	Bertrand, Jean:	Bertier, Charles.
Bachaud, François.	Balif, Jean.	Biagi, Dominique.
Buvry, Jean.	Buzieau, François.	Buchol, Pierre.
Baudat, Nicolas.	Blanchard, André.	Brustel, François.
Bagelli, Bartholomé.	Berte, Léon.	Brissot, François.
Buslao, Firmin.	Belas, Gaëtan.	Boucharez, François.
Balling, Jean.	Bé, François.	Bugues, Antoine.
Bacille, Lauzi.	Bernardin, Jean.	Brice, Claude.
Buschno, Jean.	Balleus, Antoine.	Bogliano, André.
Burnion, François.	Bray, Charles.	Billeré, François.
Bellin, Charles.	Bayest, Auguste.	Bonille, Pierre.
Burgies, Jacques.	Boudoir, Jean.	Bouton, Pierre.
Bonfoney, Pierre.	Bourdon.	Brans, François.
Besserer, André.	Biesiau, Jean.	Busson, Pierre.
Bossier, Antoine.	Bolland, André.	Benschens, Jacques.
Bobilier, Denis.	Bellet, Jean.	Bonot, André.
Blanjar, Julien.	Blau, Pierre.	Balena, François.
Bernard, Picisf.	Bergemann, Daniel.	Baralti, Jean-Pierre.
Bellingar, François.	Brunnel, Pierre.	Bernhard, Franz.
Bessabiglione, Pierre.	Benedick, Jacques.	Bousuna, Pierre.
Boustellin, Pierre.	Bourgetau, André.	Breton, Jean.
Bonnet, François.	Banet, François.	Bombin, Louis.
Baron, Pierre.	Bergenay, Claude.	Balovies, Jean.
Briant, Jean.	Bruant, Julien.	Braening, Jean.
Bourois, Pierre.	Bernocco, Etienne.	Baulai, Pierre.
Blanschet, Jean.	Breton, Pierre.	Bertier, André.
Boniol, Louis.	Binellot, Jean.	Brassi, Jean.
Bossier, Pierre.	Bicat, Pierre.	Brunier, Jean.
Busse, Jean.	Bernardin, Henri.	Bartels, Jean.
Brando, Théodore.	Boujonné, François.	Brard, Pierre.
Bono, François.	Bedoin, Jean.	Brehen, André.
Bonni, François.	Benoist, Charles.	Beugnier, Antoine.
Bogliano, Jean.	Broshier, Camille.	Baudry, Pierre.
Boudimo, James.	Balif, Pierre.	Boutin, Pierre,
Benua, François.	Blanchard, Simon.	Bressilion, Joseph.
Benua, Verdie.	Beringuer, Jean.	Bonnefai, Pierre.
Busche, Pierre.	Bonnert, André.	Boujoule, Louis.
Bulle, Jacques.	Bonnay, Louis.	Beaupère, Pierre.
Bazel, Charles.	Beroidet, Jacques.	Bousseau, André.
Brans, Jean.	Bianco, Pierre.	Blanetatz, Julien.
Belin, Claude.	Besson, François.	Besso, Louis.
Baunier, Jean.	Bourland, Louis.	Boger, Louis.
Bevred, Jean.	Bouvet, Remi.	Bartolli, Pierre.
Buisson, François.	Bourgion, Pierre.	Bertrand, Frédéric.
Borel, Charles.	Braghaie, Nicolas.	Bertollier, Joseph.
Ballestier, Jean.	Bonnes, André.	Blaas, Ferdinand.
Balena, Pierre.	Bianco, François.	Branche, Pierre.
Bonnet, François.	Bruyant, Jean.	Bare, Simon.
Bugatti, Antoine.	Baunier, Pierre.	Bruno, Antoine.
Bechaud, Jean.	Pannert, André.	Boraussoir, Antoine.
Blonriau, Henri.	Brichaux, Pierre.	Burgue, Antoine.
Brivesa, Jean.	Beuvret, André.	Baguin, Pierre.
Bernardie, André.	Bissoir, François.	Bernardes, Antoine.

Bosserelli, Antoine.
Bené, Louis.
Bonnet, Pierre.
Ballief, Jules.
Bartholomei, André.
Beceul, André.
Berna, Droulia.
Bastelle, Jacob.
Bonnan, Jean.
Berteroni, François.
Boury, François.
Bangere, André.
Baliar, Louis.
Butow, Daniel.
Bourg, Jean.
Baptiste, Jean.
Blasick, Menard.
Bertrand, Leel.
Bietow, Antoine.
Bernard, Antoine.
Bastened, Jean.
Boila, François.
Baudigneau, André.
Brocard, François.
Beauvais, Pierre.
Berlais, Jean.
Bernardio, Pierre.
Bordier, François.
Buat, Jean.
Blancheret, Pierre.
Bourdet, Pierre.
Bonnert, Jean.
Besson, André.
Bellin, Baptiste.
Brossal, Antoine.
Biancone, Jean.
Benetau, Jean.
Beignet, Jean.
Bernolly, Jean.
Boglino, Pierre.
Briant, Antoine.
Boratto, François.
Belin, Jean.
Beulire, Etienne.
Busse, Jacques.
Buisson, Pierre.
Bondeau, Jean.
Beulire, André.
Bassin, François.
Buchot, Jean.
Brochart, André.
Bistale, Antoine.
Bousson, André.
Bazet, François.

Bayolle, André.
Bernard, Bouvy.
Bourna, Pierre.
Brissot, Jean.
Bouisson, Antoine.
Ballestier, Jacques.
Bonnot, Jean.
Blonderes, François.
Bauvilles, Pierre.
Bouche, Louis.
Boyet, Pierre.
Bouisson, Jean.
Baugier, François.
Brusset, Jacques.
Buys, Georges.
Burghard, Pierre.
Bander, Jean.
Borez, Pierre.
Bruley, Jacques.
Brunnet, Jean.
Bennoit, François.
Blanchard, Georges.
Bravanx, Louis.
Brochard, André.
Bidau, Pierre.
Billot, Antoine.
Barbaror, Gabriel.
Baron, Pierre.
Brenet, André.
Beillon, François.
Bravaux, Claude.
Bertrand, Louis.
Bidan, André.
Bertier, Pierre.
Benel, Louis.
Breton, Pierre.
Brenet, Antoine.
Begnelet, Antoine.
Beine, Georges.
Bidaus, Louis
Brissard, Pierre.
Bodon, Jean.
Bouder, (Le) Jean.
Bandet, Joseph.
Baunet, Pierre.
Bernard.
Boyée, Louis.
Brougere, Antoine.
Bouschois, Jean.
Batiste, Jean.
Bougué, Jean.
Barette, Louis.
Bonnet, Louis.
Bouché, Antoine.

Bolotte, Etienne.
Ballet, Jean.
Bolotte, Jacques.
Berger, Guillaume.
Barthelemy, Simon.
Brocard, Antoine.
Bottier, André.
Bureau, Antoine.
Bollert, Antoine.
Burgeois, François.
Bayonne, Joseph.
Bras (Le), Pierre.
Barthollome, Simon.
Baptiste, Louis.
Berger, Wilhelm.
Barthollomi, Simon.
Bernard.
Boulogné, André.
Balif, Jean.
Ball, François.
Boulons, André.
Blanchard, Louis.
Beaumont, François.
Bertolly, Louis.
Brunnet, André.
Berricourt, Baptiste.
Bartels, Jean.
Beth, Louis.
Breuer, Pierre.
Bouger, François.
Bainier, Réné.
Blankermann, Philippe.
Bermbach, André.
Bernbach, Antoine.
Boulanger, Xavier.
Bellinghep, Eusides.
Bergamot.
Bernard, Joseph.
Brusian, Albi.
Bertholin, Jean.
Blanchert, André.
Blanchard, Jacques.
Boehler, Henri.
Bourret, André.
Bouché, Petit.
Bonnet, François.
Bouselet, Pierre.
Bexle, Henri.
Baux, Pierre.
Buschć, François.
Bellingratte, Pierre.
Bender, Henri.
Bain, François.
Blanchard, Pierre.

Bertolde, André.
Bertera, Jacques.
Beth, Michel.
Bonnefoi, Georges.
Burel, Philippe.
Bens, Antoine.
Billionet, Jean.
Bergoldie, Jean.
Breton, Louis.
Brunard, Baptiste.
Biesen, Bernard.
Bruning, Alexandre.
Bonnet, Pierre.
Buschmann, Louis.
Bruning, Bernard.
Budenschulde, Arnold.
Breger, Théodore.
Becker, Johann.
Bibione, François.
Bréyer, Hermann.
Batthier, Pierre.
Bobtère, Jean,
Breton, François.
Bracconier, Louis.
Beaudouin, Jean.
Bassin, Jacques.
Brisson, Jean.
Bouché, Pierre.
Brion, Louis.
Blande, Guillaume.
Brockmain, François.
Buvry, Charles.
Boury, Petit.
Bonnet, Pierre.
Berolin, Charles.
Baillif, François.
Bertrand, Louis.
Blanc, Dimi.
Blanchet, Etienne.
Binson, Pierre.
Beauduin, François.
Bordow.
Basar, Louis.
Begouz, François.
Benoit, François.
Bourgois, Gabriel.
Boisson, Baptiste.
Bonnefoi, Jean.
Bouvré, Pierre.
Burguin, François.
Bandini, Pierre.
Broux, Pierre.
Bellis, François.
Bonnet, Lagas.

Beranger, Arnet.
Benesse, Etienne.
Buscher, Johannes.
Broussa, Jacques.
Berreau, Claude.
Brandain, Pierre-Louis.
Barthelloms, François.
Berthole, Gabriel.
Blavé, François.
Bernarde, Gabriel.
Bourvier, Louis.
Bell, Frédéric.
Barthelomie.
Boutosi.
Bourge, Ernest.
Bietto, Joseph.
Brachmann, Guillaume.
Beauvre, Henri.
Brisot, Réné.
Barares, Esprit.
Boillie, Pierre.
Bruni, Michel.
Binson, André.
Blanchard, Pierre.
Brée, Jean.
Bossy, Antoine.
Bardatte, Angelo.
Brissou, Louis.
Bertholdi, Philippe.
Bernodat, Nicolas.
Basio, Joseph.
Bellout, Antoine.
Bouvry, Pierre.
Brunett, André.
Belle, Jean.
Blanchon, Auguste.
Byon, Etienne.
Bennew, François.
Basaretta, Jean.
Besche, Jean.
Barray, Guillaume.
Beauver, Benoît.
Benou, Jean.
Barbier, Pierre.
Bourbon, Pierre.
Bourbe (Le), Pierre.
Benois, Denis.
Bodett, Jacques.
Benois, Pierre.
Bourdennet, Pierre.
Blandini, Piétre.
Biundi, Michel.
Brassoli, Baptiste.
Balte, Dominique.

Brendel, Thomas.
Benoi, Thomas.
Baudain, Alexis.
Bouisan, Sébastien.
Blanc, François.
Berciano, Piétro-Vinzenzo.
Bassin, Pierre.
Boduin, Louis.
Beatusi, Marc.
Bargeant, Charles.
Bertho, Pierre.
Boireau, Sébastien.
Baise, Antoine.
Boisson, Baptiste.
Brissot, Réne.
Brisfot, Réné.
Bertold, André.
Bacousse, Baptiste.
Butor, Baptiste.
Bayer, Claude.
Billeau, Louis.
Benadet.
Bousse.
Bennet, Jacques.
Boupart, Antoine.
Bressert, Daniel.
Bourgeois, Pierre.
Bouletti, Louis.
Brunkens, Guillaume.
Boucarre, Jean.
Bertholin, Jean.
Barreau, Jean.
Bascal, Pierre.
Bouquet, Louis.
Berjoldi, André.
Borigato, Jean.
Broschalt, Charles.
Bavera, Pierre.
Byundi, Michel.
Blanquel, Louis.
Berti, Antoine.
Bernard, Jean.
Bouillie, Joachim.
Barnie, Jean.
Beniot, Jean.
Bouché, Jean.
Bourguet, Baptiste.
Beaupré, Georges.
Boclei, Baptiste.
Boivé, Pierre.
Berthonnier, Claude.
Brussan, Alexandre.
Bauduin, Pierre.
Barnim, Pierre.

Bertien, Antoine.
Balbi, Nunoi.
Baui (Le), Radjevet.
Bougé, Pierre.
Brochard, Pierre.
Bouisson, Jacques.
Bagatine, Fedelis.
Billiet, Pierre.
Benuit, Antoine.
Burami, Jean.
Bremont, Zacharie.
Baux, Louis.
Beslocq, François.
Bianchi, Guillaume.
Brunelle, Antoine.
Benoisse, Fraucois.
Benedito, François.
Belleti, Jacques.
Bubler, Pierre.
Bulo, André.
Borké, Francois.
Blave, Jean.
Brauz, Laurent.
Bouvet, Mathurin.
Bouber, Pierre.
Billon, Jean.
Ballif, Louis.
Bougenot, François.
Barbier, Alexandre.
Bitsch, Sébastien.
Bachelier, Jean.
Bernard, Louis.
Bouvier, Jacques.
Boduen, Louis.
Bonessi, Joseph.
Berendt, Pierre.
Brains (Le).
Balang, Pierre.
Bonnabele, Joseph.
Bonert, Sicielior.
Bascille.
Belle, François.
Boudet, Louis.
Baptiste, Jean.
Botien, Arnold.
Bischer, Mynie.
Bellerie.
Barton, Pierre.
Bunio, Jean.
Bonessi, Joseph.
Blanc (Le), Joseph.
Behrend, Pierre.
Bonnet, Pierre.
Buvry.

Bonetti, Joseph.
Buttberg, Charles.
Bonsara, Théodore.
Beyder, Conrad.
Barcock, Christian.
Bardreau.
Brisse, Maurice.
Blain, Pierre.
Baptiste, Jean.
Baroug, Jean.
Brenon, Francois.
Berdis, Jean.
Birte, Joseph.
Borghard, André.
Banicrie, Jacob.
Bonon, Franz.
Benneur, Edouard.
Bouve, Joseph.
Bigo, Luchre.
Bilos, Chatel.
Bouvry, Jean.
Bierse, Paul.
Becker, Valentin.
Barscheari, Joseph.
Bryron, Jean.
Bannier, Joseph.
Brisson, Jean.
Boas, Georges.
Belioni, Franz.
Bernhard, Jacob.
Bastor, Joseph.
Burguet, François.
Bevast, Angiol.
Blasse, Wassil.
Bragans, Antoine.
Beroxini, Vincenti.
Burren, Jean.
Bude, Jean.
Bafons, Louis.
Bouroueng, Antoine.
Boussillon, Francois.
Bartholomeaus, Sédan.
Behrend, Joseph.
Batist, Jean.
Baron, Pierre.
Boulonge, Jacques.
Bergimasce, Carl.
Busse, François.
Bonnée, Pierre.
Bonnesse, Joseph.
Bedine, Gustine.
Bergerot, François.
Barbier, Francois.
Biendinc, Jean.

Buissen, Jean.
Bary, Louis.
Boeti, Daniel.
Baudat, Jean.
Blavé, Pierre.
Bronner.
Berintier.
Bienvenu.
Batonneur.
Boccaly.
Biernegrange.
Boname.
Boneleu.
Blauer.
Baraguit.
Berdouy, Cereny.
Bouchand, Pierre.
Bridone, Iser.
Bognasai, Louis.
Blanchel, Sébastien.
Berile, Pierre.
Brunet, Pierre.
Bossin, Louis.
Bonne, Pierre.
Berger, Bernardin.
Billon, Pierre.
Bousiron, Louis.
Blainvin, Toussaint.
Bernardi, Louis.
Barsisson, Jean.
Botier, Pierre.
Baquet, Jean.
Borie, Jean.
Baussant, Jean.
Beccon, Pierre.
Bioché, Pierre.
Benoît, Louis.
Bechameu, Fraucois.
Birabette, Laurent.
Benoist, Jean.
Basme, Auguste.
Boirou, Jacques.
Bertrand, Louis.
Bonhomme, Louis.
Boniface, Louis.
Bernard, Charles.
Briez, Pierre.
Bouchau, Paul.
Bicur, Paul.
Bonmartin, Jacques.
Bouvier, Pierre.
Baudoint, Louis.
Borte, Louis.
Bialette, Jean.

Bilo, Jean.
Beaus, Jean.
Blauss, Louis.
Bomasin, François.
Brivert, Jean.
Bernier, Pierre.
Birnelle, Jean.
Bechet, Claude.
Benz.
Bernard, Pierre.
Bastin, Pierre.
Boursat, Jean.
Boxièr, Louis.
Bouquet.
Bouchemann, Etienne.
Bernardin, Jean.
Bodiquelle, Julien.
Botuss, Jacques.
Bruche, Montes.
Bautz, Henri.
Berbe, Antoine.
Baisez, Mathias.
Bardelle, François.
Basset, Jacques.
Benard, Henri.
Bessel, Antoine.
Bevosses, François.
Boissy, Louis.
Baudoui, Joseph.
Barbotin, François.
Beterdes, Pierre.
Basses, Jacques.
Bevestec, Louis.
Boulanger, Bernard.
Bouché, Jean.
Bausseau, François.
Bebe, Pierre.
Boneradt, Pierre.
Billard.
Bernard.
Benoiste, François.
Bernard, Pierre.
Biard, Jusse.
Bellesauce, Raymond.
Blanchart, Louis.
Bartouny, Jean.
Brechert, Pierre.
Borreaux, Charles.
Beaulien, Jean.
Beaus, Pierre.
Banco, Louis.
Branche, Pierre.
Burgois, Pierre.
Biancourt, Louis.

Boury, Philibert.
Boni, Joseph.
Brunet, Pierre.
Breton.
Bertasso, Jean.
Brussron, François.
Belanger, Jean.
Bisson, Pierre.
Balaudra, Pierre.
Balbiche, Joseph.
Beaumais, François.
Béasse, Etienne.
Borne, Henri.
Barjon, Claude.
Baud, Louis.
Boyes, Pascal.
Berges, François.
Beelle, Romain.
Begire, Constant.
Bethmont, Henri,
Brezac, Jacques.
Bertrand, Jean.
Bellonville, Jean.
Boutrain, Jean.
Baguit, Pierre.
Bertina, Pierre.
Bardo, Baptiste.
Bersanne, Pierre.
Bourdan, Etienne.
Brigue, Jean.
Belozenie, Jacques.
Boche, Antoine.
Bourrid, Philippe.
Braut, Pascal.
Boucher, Antoine.
Brune, Pascal.
Bechaut, Bernard.
Berchero, Dominique.
Barot, Dominique.
Barthelmy, François.
Bedau, François.
Bitche, Laurent.
Bourrou, François.
Bertolle, Charles.
Bicucade, Philippe.
Balhec, Thierri.
Borlino, Paul.
Baugi, Jean.
Bois, Jean.
Baussière, Jacques,
Boussenar, Guillaume.
Boucher, Antoine.
Boulan, Pierre.
Bertrand, Jean.

Baute, Claire.
Badeler, Denis.
Boucher Antoine.
Bortier, François.
Banou, Etienne.
Bardart, Jacques.
Boutel, Jacques.
Bardeu, Etienne.
Bradoir, Etienne.
Boiteux, François.
Bunge, Jean.
Boyer, Antoine.
Bourrine, Philippe.
Bois, Jean,
Boutie, Jean.
Baille, Jean.
Baudel, Jacques.
Boute, Paul.
Bruet, François.
Boucher, Pierre.
Belichies, Joseph.
Briclair, Jean.
Baudet, Dominique.
Bazan, Autif.
Brunau, Jean.
Bertrand, Pierre.
Buken, Joseph.
Brideron, Manaville.
Berthe, Matthieu.
Billero, Jean.
Briard, Comerate.
Buffet, Pierre.
Bar, Loro.
Basse, Joseph.
Berthau, Jacques.
Berthau, Jacques.
Baro, François.
Batrilau.
Bare, Depres.
Barer, Bobo.
Bataille, Aron.
Bure, André.
Bion, Jean.
Boble, Thomas.
Brite, Anco.
Blaudin, Jean.
Barailhé, Philippe.
Baleoh, Jean.
Bialé, Eutrope.
Balère, Dominique.
Bodiot, Jean.
Brunelle, Baptiste.
Backom, Grandier.
Behrens, Henri.

8

Bernardo, Fanfau.
Baudin, Anne.
Benner, Jovani.
Bonfisch, Marie.
Blanc, François.
Batista, Jean.
Benedict, Joseph.
Bordi, Adropel.
Balabarba, Joseph.
Burati, Joseppi.
Balla, Sanct.
Blond (Le), Pierre.
Bellene, Pierre.
Bimont, Nicolas.
Brunette, Jean.
Bornon, Claude.
Buccau, Antoine.
Blanc, Louis.
Benoit, Pierre.
Bally, Urbain.
Briesel, Jean.
Brunet, Pierre.
Bradalet, Jean.
Billiard, François.
Baton, Joseph.
Boblin, Jean.
Bourachaux, Amien.
Briejean, Jean.
Briolet, Géoffroi.
Baulin, Antoine.
Bardy, Joseph.
Bernard, Pierre.
Borduen, Germain.
Bouja, Pierre.
Bathe, Louis.
Bockmann, André.
Bodin, Guillaume.
Benet, Jean.
Balau, Etienne.
Bepo, Henri.
Baunesio, Carle.
Bruinet, Pierre.
Bode, Joseph.
Benois, Arnold.
Bairi, Jean.
Besson, Joseph.
Bosken, Jean.
Bardelly, François.
Bolireau, Jean.
Borelli, Blaise.
Bercher, François.
Bodmeyer, François.
Bastiauchy, Joseph.
Barre, Ignace.

Barduraz, André.
Barbier, Jean.
Bollmann, Antoine.
Bennet, Corneille.
Biron, Joachim.
Batils, Juilant.
Berlingere, Antoine.
Barthelemy, Joseph.
Bressanatto.
Bigot, François.
Beurle, Sauveur.
Boye, Jacques.
Boux, Jean.
Bartin, Pierre.
Bovilad, Etienne.
Blaise, Antoine.
Berthel, François.
Billet, François.
Bière, François.
Brossar, François.
Brouillet.
Ballion, Jean.
Burgevin.
Bartholomé.
Brussier, François.
Brulet.
Bartoly.
Breton.
Boujain, Louis.
Bertien, Jean.
Bouave, François.
Bascou, Pierre.
Buvergi, François.
Bodel, Jean.
Bouslin, Pierre.
Bondeau, Jacques.
Bourdallet, Louis.
Bouger, André.
Bach, Pierre.
Berdun, Jean.
Bocks, Dirk.
Brankous, Hans.
Baarfeld, Jean.
Bachetienne, Etienne.
Blochet, André.
Baillen, Dominique.
Beauvel, Joseph.
Brilland, Louis.
Bertrand, Joseph.
Bion, Louis.
Boutroux, Jean.
Bechmann, Albert.
Bronsard, François.
Burny, Joseph.

Betz, Georges.
Belbert, Gilbert.
Bedouillat, Michel.
Bazille, Charles.
Baptiste, Pierre.
Bottier, Gilbert.
Bremont, Simon.
Balaire, Jean.
Bazoe, François.
Busca, Auguste.
Bouvier, Louis.
Biard, Benoit.
Bourdon, Auguste.
Boutine, François.
Betfor, Pierre.
Byron, Vincent.
Berny, Pierre.
Boydanovick, Lafe.
Barone, François.
Berte, Joseph.
Bouet, Pierre.
Bernhard, Pierre.
Bryan, Claude.
Billione, Antoine.
Brosser, Denis.
Brato, Pascal.
Barbaro, Angelo.
Bertum, Paul.
Beret, Guillaume.
Blanc, André.
Bournas, Jean.
Bordier, Thomas.
Blanc, François.
Bakes, Peter.
Bouter, Alexandre.
Bardol, Jean.
Bourdon, Jean.
Bache, Dominique.
Bribon, Charles.
Braucolary, Jacob.
Bonnard, Etienne.
Bach, Peter.
Benard, Victor.
Bonel, Jean.
Bon, Jean.
Burret, François.
Bassave, Jean.
Beumgre, Dude.
Belas, Gaëtan.
Bernardin, Henri.
Broning, Albrecht.
Baudat, Pierre.
Ber, Samuel.
Bolle.

Boure, François.
Boisante, Pierre.
Bodkam, Guillaume.
Blanchite, Jean.
Ball, François.

Bourdons, Jean.
Behn, Peter.
Bouttien, Baptiste.
Beaumier, Jean.
Benard, Baptiste.

Bemontois, Pierre.
Both, Jean.
Biscot, Jacques.

C.

Gocio, Tite.
Chevot, François-Cyprien.
Cochet.
Chaulès, Jean-Baptiste.
Cochet.
Caillard, Baptiste.
Colombe, Jean.
Catalini, Antoine.
Couttin, Jean.
Cronat, Auguste.
Coureau, Jacques.
Caro, Jean.
Carpentier, François.
Cocq, Jean.
Caron, François.
Charpentier, Pierre.
Challe, Alexandre.
Cada, Barthelemy.
Chiquerin, Jean.
Constantin, Joseph.
Cretienot, Pierre-Henri.
Clerin, Jean-Baptiste.
Cosson, Jean-Louis.
Charpantier, Philippe.
Canivet, Pierre.
Chandu, Joseph.
Champion, Louis.
Coulon, Jean.
Cuisin, Thomas.
Classe, Guillaume.
Chageaut, Louis.
Cinquillième, Jean.
Choisseul, Léonard.
Contin.
Cordonnier, Jean.
Chemine, Jean.
Chisa, Philippe.
Combien, Pierre.
Charles, Antoine.
Cure, Jean.
Clemens, Adam.
Cote, François.
Cordier, Louis-François.

Castanel, Bertrand.
Claude, Benoît.
Crimont, Pierre.
Carraum, Victor.
Chiorau, Hauegen.
Charpentier, Guillaume.
Caperau, Pierre.
Carrom, Jacques-Louis.
Clemens, Pierre.
Canagne, Salomon.
Carron, Villolent.
Cutturier, Pierre.
Christophe, Renard.
Coutt (Le), Pierre.
Chamoe, Jean-Louis.
Coulon, Louis.
Collos, Baptiste.
Chaumé, Aimé.
Cajau, Benoît.
Cuelle.
Cochais, François.
Claude, Jean.
Cadion, Jean.
Couchaut, Nicolas.
Cheval, Jean.
Clause, Frédéric.
Cintième, Pierre.
Chabal, Louis.
Curien, Joseph.
Coudidit, Pierre.
Chylon, Louis.
Come Dupuis, Louis.
Casiloa, Joseph.
Coellet, François.
Clemont, Henri.
Clemens, Jean.
Chavanne.
Cotell, Claude.
Ceusel, Pierre.
Cretien, François.
Collard, Étienne.
Chapelle (de la), Jean.
Caldirola, Didier.

Cravotti, Jean.
Custod, Joseph.
Chappou, Charles.
Cassieu, Étienne.
Couroul, Daniel.
Chamarie, Pierre.
Calon, François.
Cloas, Jean.
Croutière, Sire.
Cheren, Nicolas.
Chappon, Louis.
Coural, François.
Canonica, Sala.
Chaillier, André.
Calus, Pierre François.
Cortgée, Pierre.
Carniel, François.
Colignon, François.
Clève (van), Joseph.
Coni, Antoine.
Cherott, Jean.
Courtelle, Colombat.
Collin, Joseph.
Certon, Frédéric.
Collon, Pierre.
Claude, Michard.
Couterrier (Le).
Colan.
Collangot, Pierre.
Chickart.
Clott, Jean.
Charemat, Antoine.
Carrié, Jean.
Chaudron, Louis.
Corts, Joseph.
Chavignot.
Coste, Charles.
Claveau, Jean.
Coquin, Jean.
Cabot, Jacques.
Cron, Joseph.
Caron, Jean.
Castrer, Jean.

Clause, Marie.
Caterger, Jacques.
Caude, Jacques.
Cusseau, Jean.
Cuin, Jacques.
Camène.
Cordier, Ignace.
Coullon, Jean.
Catharina, Pierre.
Cavrau, Pierre.
Chetan, Jean.
Chasnier, Pierre.
Cesse, François.
Cheri, Gustave.
Calvée, André.
Chien, Bedell.
Chebert, Jean.
Capellan, Joseph.
Chokor, Cowo.
Culmo, Charles.
Carpotier, Jacques.
Collegnon, Jean.
Corbesse, Jean.
Caronne, Baptiste.
Chevannere, Étienne.
Canten, Jacques.
Chery, François.
Couterries, Jean.
Coullon.
Claude, André.
Conjean, Georges.
Castre, Jean.
Cajer, Pierre.
Constans, Blisero.
Casteren, Baptiste.
Cambons, Louis.
Crivedan.
Casenawe, Etienne.
Claveau, Étienne.
Chapel, Simon.
Curennes, Gabriel.
Cottel, Jean.
Cheneval, Henri.
Cambier, Baptiste.
Cabanio, Pierre.
Coulon, Jean.
Charlasne, Blaise.
Cousin, François.
Comeury, Roullet.
Cohen, Pierre.
Chap, François.
Chiva, Milo.
Cabelli, François.
Cacheri, François.

Chossuet, Jacques.
Corantaine, Coeni.
Cracaied, Ernie.
Carraum, Joseph.
Candio, Dominique.
Calcio, André.
Carnick, Joseph.
Corbus, Jean.
Cloas, Jean.
Capelli, Stephano.
Cafferai, François.
Claude, François.
Casimir, Petit.
Capot, Pierre.
Coltel, Michel.
Cornet, Jean.
Coumus, Joseph.
Charon, Pierre.
Combier, Jean.
Cafferi, Louis.
Chartin, Carle.
Cosche, Antoine.
Clément, Baptiste.
Combruse, Bernard.
Chartie, Jean.
Carnal, André.
Clabel, Jean.
Chebron, Jean.
Cicero, Claude.
Croye, Charles.
Courtainse, Antoine.
Coutaret, Jean.
Cadet, Jean.
Cocognier, Denis.
Caischo.
Cassini, Michel.
Colombe, André.
Calvalles, Jean.
Colombe, Jean.
Colonne, Jean.
Cheré, Jean.
Corbin, Pierre.
Catalini, Antoine.
Copella, François.
Cusepachon.
Crouin, Pierre.
Courtin, Jean.
Cronietz, Auguste.
Courcau, Jacques.
Cuvry, Pierre.
Caro, Jean.
Courteis, Pierre.
Cadin, André.
Carpentier, François.

Chestier, François.
Cocq, Jean.
Caron, François.
Clenne, Gaspard.
Carrieux, Jean.
Challier, André.
Challe, Alex.
Cottigon, Jean.
Chiguerin, Jean.
Constantin, Joseph.
Chabrol, François.
Comeig, Pierre.
Casal, Jean.
Connes, André.
Coumus, Pierre.
Corde, Jean.
Cobonier, André.
Clérin, Jean.
Cretienot, Pierre.
Coullon, Pierre.
Claison, André.
Cosson, Louis.
Charpentier, Philippe.
Clerrecci, Jean.
Chatin, André.
Canivet, Pierre.
Calballes, Louis.
Colombe, André.
Chanclu, Joseph.
Cornat, François.
Champion, Louis.
Craye, Louis.
Caron, Pierre.
Cadet, François.
Caischo, Jean.
Coulon, Jean.
Cazot, Pierre.
Cerolle, Pierre.
Classe, Guillaume.
Cassino, Jean,
Coulon, André.
Cordonnier, Jean.
Carini, Viconzy.
Couronx, Jean.
Campers, Jacques.
Callot, Jean.
Calliot, Pierre.
Carlier, Jean.
Carmoi, Ives.
Capo, François.
Courtelle, Colomba.
Chevalier.
Collin, Joseph.
Certou, Frédéric.

Cassinga, Antoine.
Cohonne.
Cestelin, Emmanuel.
Cregle, Gaspard.
Casserit, Joseph.
Czergoeze, Jean.
Cœnin, François.
Corcell, Pierre.
Castelli, Théodore.
Cheffre, Joseph.
Chimpe, Gottlieb.
Chevalier, Denis.
Chatenier, Martin.
Charbouris, François.
Cocault, Paul.
Cornau, Antoine.
Carne, Henri.
Corentoine, Philippe.
Champion, André.
Cubler, Jean.
Cosse, Daniel.
Cottel, François.
Categnier, Mathurin.
Coissy, Smith.
Carteto, Etienne.
Colombier, André.
Cornet, Louis.
Connian, Pierre.
Couran, Baptiste.
Cheys, Antoine.
Claude, Nicolas.
Carrière, Antoine.
Chauvets, Pierre.
Coumus, François.
Corneig, Julien.
Camin, Jean.
Champy, Pierre.
Canova, André.
Chiotte, Louis.
Cocognier, Jacques.
Cornat, André.
Crosasse, Jean.
Cima, Jean.
Combes, Jean.
Constant, Pierre.
Chenoix, Jacques.
Conte, Jean.
Chartier, Antoine.
Chever, François.
Colombe, André.
Calballes, Pierre.
Catin, François.
Cerrecci, Jacques.
Capitaine, Antoine.

Coutarel, Antoine.
Cadet, Pierre.
Coulon, François.
Chaumont, Jean.
Cornatt, André.
Couflou, Antoine.
Caische, François.
Carpi, Pierre.
Clément, François.
Claude, Guillaume.
Charrot, Henri.
Cloe, Louis.
Charenton, Antoine.
Charmoix, Jacques.
Collin, Louis.
Caron, François.
Colin, Louis.
Chateaux (Le), Antoine.
Chavaune, Antoine.
Collot, François.
Comte (Le), Pierre.
Carré (Le), François.
Colos, Syphorien.
Canard, Pascal.
Clairet, Jules.
Coudais, Pierre.
Choinne (de), Guillaume.
Charbourg, François.
Cristiensen, Pierre.
Coq (Le), Antoine.
Collis, André.
Catel, Jean.
Champion, Marie.
Claude, Etienne.
Cirkel, Théophile.
Carboin, Antoine.
Coudret, Pierre.
Collin, Louis.
Chevalier, Nicolas.
Clein, Louis.
Cabatre, Pierre.
Compagnol, Louis.
Coudret, Pierre.
Chevalier, Nicolas.
Cabanis, Louis.
Couallier, Jean.
Champagne, Jean.
Cabeure, François.
Choinet, Gervais.
Camu, Antoine.
Creyon, Etienne.
Claude, Jacques.
Coudret, Jacques.
Colombe, Jean.

Camus, Louis.
Chauelle, Antoine.
Cœrber, Pierre.
Cabanis, Louis.
Courtal, Vital.
Capitanche, Pierre.
Clemens, Louis.
Cotell, Pierre.
Clemens, Pierre.
Chavanne, Antoine.
Cameux, Pierre.
Caling, Gaspard.
Custod, François.
Cai, Louis.
Cravotti, François.
Caldirola, Jean.
Cogrien, Julien.
Cressan, Dominique.
Claude, André.
Capillons, Jacques.
Collard, Louis.
Curvillet, Jean.
Collet, Pierre.
Chretin, André.
Clusel, Jacques.
Clussierel, Guillaume.
Coquelin, Roch.
Conrad, Pierre.
Caput, François.
Conenta, Louis.
Collignio, Pierre.
Canler, Sébastien.
Chappon, André.
Cassieu, Pierre.
Cauraul, Pierre.
Cordies, Antoine.
Cercle (Le), Jean.
Chamont, Etienne.
Collier, Jacques.
Cutellier, Guillaume.
Comanus, Jean.
Canzter, Louis.
Cartevel, Isaac.
Collin, François.
Claude, Pierre.
Cornibert, François.
Coudray, André.
Cordier, François.
Chatoiseau, Pierre.
Carrattier, Louis.
Coullon, Pierre.
Coudret, Antoine.
Coller, Henri.
Croisset, Jean.

Charâtier, Antoine.
Collin, Jacques.
Cornu, Louis.
Carette, Auguste.
Clericus, André.
Cors, Pierre.
Cornet, Auguste.
Compte, Baptiste.
Compart, André.
Chattarre, Denis.
Chimoi, Hyppolite.
Corte, Baptiste.
Clairque, Jacques.
Contin, Antoine.
Celinte, Persée.
Carlevent, François.
Culte, Rennois.
Cortonier, François.
Cannois, Ferdinand.
Clemont, Jacques.
Coller, Jacques.
Conniare, Joseph.
Champagnon, Antoine.
Cristin, Louis.
Crais, Guillaume.
Carnet, François.
Cenesse, Étienne.
Cannet, Joseph.
Clair, Antoni.
Cericitti, Jucum.
Clavetti, Autonio.
Couvrat, André.
Coullon, Louis.
Coulon, Marie.
Cagliari, Vinzenzo.
Charien, Pierre.
Corte (de), Barnaba.
Caidoil, François.
Chapeaulard, Antoine.
Cerie, François.
Carpoti, Jean.
Caron, François.
Courois, Voru.
Carois, Pierre.
Coulot, Léonard.
Cassien, Joseph.
Carrero, Pietro.
Couche, Jérome.
Calliaux, Florie.
Comte (Le), André.
Constande, Claude.
Crouot, François.
Campou, Pierre.
Cornu, Jean.

Coudrel, Pierre.
Corbione (La), Antoine.
Collin, Pierre.
Casseneuf, Jean.
Colomboni, Jean.
Chiron, Jacques.
Casoli, Joseph.
Champerie, Joseph.
Camelli, Joseph.
Castan, Pierre.
Couchan, Pierre.
Cassini, Vincent.
Cornel, François.
Chavascau, Pierre.
Caesare, Pieta.
Cretien, François.
Calva, Pietro.
Corte, Jean.
Cousin, Joseph.
Carré, Jean.
Crielle, Antoine.
Cremonese, Dominico.
Chanty, François.
Comeliau, Pierre.
Charpantier, Louis.
Colany (du), Thimothée.
Cochoir, Antoine.
Casimir, Jean.
Condamine, Étienne.
Conto, Domins.
Caron, Pierre.
Cholett, Pierre.
Camlert, André.
Cherpantier, Nicolas.
Clément, Pierre.
Cornic, Pierre.
Cuheu, Louis.
Crepaldy, Pascal.
Carras, Jean.
Cochois, Pierre.
Cloucr, Louis.
Carion, Pierre.
Closter, Moritz.
Carron, Louis.
Casemiro, André.
Carnavalli, Louis.
Charpantier, Pierre.
Corino, Joseph.
Clavaud, Mathurin.
Cuhardi, Pierre.
Carrabonis, François.
Chateau, Cécilien.
Condamine, Louis.
Compar, Jacques.

Clouet, Louis.
Cocque (Le).
Careur, Benoît.
Carlois, Joseph.
Claeris, Louis.
Carlevent, Louis.
Consali, Michaël.
Courtel, Pierre.
Coujel, Pierre.
Chosto, Pierre.
Carton, Joseph.
Charpantier, Nicolas.
Caro, Jean.
Czapiel.
Cormerie, Joseph.
Champanier.
Ghocle, Guillaume.
Callierbar, Pierre.
Capra, Jean.
Courdour, Jean.
Coran, Franz.
Cholon, Pierre.
Cabanis, Frédéric.
Castelle, Jean.
Conbéc, Jean.
Cassoni, Angelo.
Chanoira.
Capi, Josi.
Collompe, François.
Combier, François.
Combe, Jean.
Cirodan, André.
Comerad, Jean.
Cesair, Godefroy.
Corsa, Théodore.
Cordelius, Frédéric.
Collet, Jean.
Calderon, Louis.
Charmari, Jean.
Carelier.
Crudelius, Jacques.
Cornesse, Félix.
Carran, Pierre.
Cléments, François.
Chamoe, Pierre.
Claudius, André.
Chemier, Paul.
Cersemacque.
Combier, François.
Corrang, Jean.
Carostio, Seraphino.
Connet, Casimir.
Contarte, Thomas.
Cego, François.

Coudron, Joseph.
Cloiret, Jean.
Caré, Pierre.
Coerber, Louis.
Cau, Pierre.
Chartier, Pierre.
Conrady, Antoine.
Costel, Jean.
Codran, Pierre.
Corry, Peter.
Corry, Nicolas.
Carror, Charles.
Criol, Henri.
Claude, Jean.
Calet, Antoine.
Cournier, Jean.
Carvalet, Jean.
Cardot, Sirgue.
Coste, Jean.
Charlel, Louis.
Camboly, Jean.
Chaulet, Jean.
Corny, Nicolas.
Comte, Louis.
Chauvin.
Casini, Jean.
Casemi, Louis.
Cheminade, Pierre.
Chauvin, Pierre.
Cousales, François.
Chilon, Jean.
Corec, Pierre.
Crerc (Le), Nicolas.
Cordonnier.
Crousses.
Covantres, Pietro.
Chalot, Jean.
Colomb, Pierre.
Colar, Baptiste.
Chiabre, François.
Chantua, Louis.
Colenet, Antoine.
Charrou, Pierre.
Caudellier, Guillaume.
Castel, Joseph.
Collnez, Nicolas.
Caff, François.
Chevriu, Nicolas.
Cambeme, Jacques.
Cambry, Louis.
Cameslit, Jean.
Coudrov, Guillaume.
Castel, Antoine.
Cruche, François.

Coste, André.
Cabani, Jean.
Croix, Louis.
Comasilin, Pierre.
Cestre, Louis.
Colombe, François.
Cherdou, Charles.
Coutourier, Jacques.
Chaillot, Jean.
Collier, Jean.
Crenier, Antoine.
Charelle, Pierre.
Coknu, Jean.
Costé, Bellard.
Cortexe, Pierre.
Cardenaud, François.
Coulon, Chartron.
Cortier, Matthieu.
Cattelani, Auguste.
Coette, Pierre.
Clairot, Charles.
Corgena, Jean.
Clermont, Étienne.
Carbé, François.
Capelle, Philippe.
Courteaux, Pierre.
Conturier, Pierre.
Comte, Jean.
Casserre, Jean.
Chante, Antoine.
Charrau, Delgege.
Cheval, Charles.
Commercier, Antoine.
Cassard, Jean.
Carpantoir, Gagne.
Courrando, Paul.
Croupeaux, Jacques.
Choule, Antoine.
Commarre, Antoine.
Caquelle, Pierre.
Calle, Georges.
Callerus, Antoine.
Cretau, Martin.
Cailleer, Jean.
Caussonnier, Jean.
Caissinne, Louis.
Cobler, Simon.
Chevalier, Jean.
Cartier, Valentin.
Chevalier, Victor.
Capechello, Pierre.
Croupon, Jacques.
Cabrosse, Louis.
Chambly, Joseph.

Charles, Louis.
Charles, Louis.
Chipie, Legard.
Casso, Jules.
Cromier, Pierre.
Chaudro, Castel.
Carautonne, Philippe.
Chauvin, Félix.
Callé, Gillet.
Chevalier, Victor.
Cassarobe, François.
Chery, Georges.
Cailliassiaire.
Coullese, Paul.
Chevalier, Charles.
Caumont, Jean.
Cavain, Jean.
Carvano, Jean.
Cassorey, Pierre.
Court, Pierre.
Charson, Pierre.
Chaulan, Adrien.
Castera, Alphonse.
Chauvin, Dominique.
Cardonne, Joseph.
Cairland, Georges.
Courchilibi, Silvia.
Cuiro, Jean.
Carri, François.
Chockje, Jean.
Cusle, Sanct.
Chislons.
Chelar (de), Pierre.
Camelli, Matthieu.
Coupel, Augustin.
Chaume, Denis.
Comprat, François.
Crussaux, Joseph.
Carvage, Léonard.
Carnaille (de), Louis.
Chaumetan, André.
Camel (Le) (Guillaume.
Charbon, Marie.
Constant, Laurent.
Cochois, Jacques.
Canitro, Jean.
Chanois, Étienne.
Claeregau, Honoré.
César, Satierre.
Chaflard, Joseph.
Cotti, Joseph.
Croati, Pierre.
Charmantier, Clément.
Cairad, Rémond.

Clementin, François.
Camel, Louis.
Cherveiul, Remi.
Challot, François.
Calrens, François.
Cavalie, Jean.
Carado, Claude
Carouche, Jean.
Cumita, Thomas.
Chorich, Xavier.
Chabrie, Claude.
Cotchevar, Matthieu.
Clauss, Carl.
Cordial, Pierre.
Chière, Germain.
Chomet, Nicolas.
Chavigny, Nicole.
Cartier, Andrica.
Casonova, Bernard.
Chéminol, Jacques.
Carullies, François.
Conniel, François.
Colart, André.
Chatelard, Claude.
Cerot, Jean.
Chapeyron.
Castielon, Antoine.
Chechy, Dominique.
Creuset, Louis.
Castel, Pierre.
Cave, Antoine.
Cadet, André.
Charleau.
Claus, Louis.
Clavie, Julien.
Coste, François.
Camelli, Joseppe.
Chagelot, Antoine.
Charry, Étienne.
Courreau, Étienne.
Courduron, Raimond.
Chodrome, Jean.

Combe (La), Gabriel.
Comte (de), Louis.
Clumban.
Chauvin.
Caneti, Jérôme.
Caslaquieres, Jean.
Congade, Vincent.
Cavelier, Jacques.
Capelle, Jean.
Cudel, Jean.
Corbillé, Joseph.
Corbé, Nicolas.
Cravalli, Philippi.
Charbot, Urbain.
Counc, Joseph.
Crombai, Pierre.
Cummeler, Matthieu.
Cahoit, Baptiste.
Cagnais, Jean.
Chigot, Étienne.
Cremmel, Charles.
Constance, Léon.
Coquain, Silvain.
Coson, Francois.
Cocherady, Georges.
Cruset, Jacques.
Cochery, Auguste.
Constant, André.
Coutau, Antoine.
Chrispordy, Joseph.
Choisell, Joseph.
Cinet, Baptiste.
Comte (Le), Jean.
Couebaum, Antoine.
Canmo, Jacques.
Cannin, Joseph.
Chevalier, Pierre.
Chevalle, Gilbert.
Coste, Pierre.
Coidal, Marschal.
Chevallie, Étienne.
Corty, Thomas.

Castani, Louis.
Consely, François.
Cause, Barthélemy.
Corgne, Marie.
Capelly, Pierre.
Couaillier, Jean-Baptiste.
Catharine, Pierre.
Chamon, Joseph.
Chaestre (La), Louis.
Canet, Jean.
Connais, Dominique.
Comusti, Santi.
Columb, Christophe.
Carrere, Gratien.
Costy, Joseph.
Colombe, Paul.
Courantin.
Chaulès, Jean-Baptiste.
Chere, Jean.
Caler, Thomas.
Comte (Le), Pierre.
Caro, Jean.
Chictain, Jean.
Coullon, Pierre.
Charpentier, Pierre.
Cada, Barthelemy.
Coutarel, Jean.
Cuille, Joseph.
Chabeau, Léger.
Crusa, Louis.
Catin, François.
Cazio, Francesco.
Czipa, Joseppe.
Cambioli, Baptiste.
Chauvan, Pierre.
Cheval, Jean.
Cantale, Levé.
Charries, Nicolas.
Ciglia, Necoleis.
Comte, Joseph.

D.

Denis, Laure.
Deverer, Pierre.
Deblanc, Alexis.
Deverer, Pierre.
Deblanc, Alexis.
Ducain, Jacques.
Detant, Matthieu.

Douché, Pierre.
Duner, Peter.
Dubois, Pierre.
Duet, Alexandre.
Demassière, Jean-Baptiste.
Deliancourt, Baptiste.
Droué, Baptiste.

Delahaie, Louis.
Druard, Nicolas.
Defaine, Nicolas.
Dufour, Claude.
Degressin, Charles.
Ducros, Auguste.
Dumont, Pierre-François.

D'heure, François.
Danselle, François-Milain.
Denet, Bonaventure.
Duplessis.
Dominique, Rouge.
Delorme.
Dacheul, Jean-Baptiste.
Delonney.
Duval, Jean-Pierre.
Delier, Pierre.
Dar (van), Antoine.
Delamar, Louis.
Deleau, Antoine-Louis.
Diable, Antoine.
Dant (La), Louis-Auguste.
Davaillou, Antoine.
Dunauce, Étienne.
Dalamar, Jean.
Dihannoret, Bottiau.
Dupré, Augustin.
Daden, Claude.
Desir, Chenier.
Del, Nicolas.
Dauvel, Remy.
Dibien, Otto.
Duchaine, Jean.
Dubois, Louis.
Delamotte, Louis.
Duveryet, François.
Demant, Charles.
Delef, Antoine.
Denis, Pierre.
Denis, Charles.
Duboissu, François.
Debrou, Jean.
Duchanin, Pierre.
Demence, Xavier.
Dern, Pierre.
Dumas, Louis.
Doré, Jean.
Dufrechoix, Pierre.
Duc, François.
Decroix, Jean.
Dummie, Pierre.
Dupont, Pierre.
Deste, Jean.
Dutel, Jean.
Durand, Pierre.
Dupes, Jean.
Dumas, Pierre.
Demonat, Pierre.
Dumas, François.
Dumenay, Jacques.
Dufresne, André.

Dumenil, Pierre.
Duschoiselle, André.
Danser, Pierre.
Dubois, Louis.
Douschoiselle.
Dechorte, Pierre-François.
Dujat, Bernard.
Dangleter, Louis.
Dangletterre, Joseph.
Dessert, Baptiste-Jean.
Duirand, Soulis.
Domergue.
Detny, Auguste.
Delclo, Jacques.
Demantier, Jean.
Darnello, Fernando.
Debusch, Johannes.
Duvrecheiu, Auguste.
Doboag, Joseph.
Damen (van), Dominicus.
Dubois, Louis.
Dumac, Pierre.
Denni, Ferdinand.
Dumeneuil, Pierre.
Dublino, Narcisse.
Decobonum, Joseph.
Devis, Jean.
Dumage, Devire.
Debru, François.
Dorcus.
Diagé, François.
Dieckelmann.
Deselle, Jean.
Dupré, Georges.
Delon, Philippe.
Dombusch, Ebert.
Douville, Louis.
Durand.
Dereberge, Jean.
Ducau, Jean.
Drisson, Pierre.
Durand, Pierre.
Dobudues, Ferdinand.
Dadurin, Baptiste.
Degrisse, Charles.
Dominu, Jean.
Dubal, Henri.
Dessie, Baptiste.
Durand, Jean.
Dubois, Georges.
Durschende, Dominique.
Double, Eustache.
Dupont, Pierre.
Deiss.

Devaut, Charles.
Dupont, Pierre.
Dupitrai, Baptiste.
Dejanne, François.
Doupois, François.
Delumel, César.
Dumac, Pierre.
Doussaint, Jean.
Decardieu, Pierre.
Detrois, François.
Dupont, Julius.
Durand, Pierre.
Delarne, Joseph.
Delorieure, Antoine.
D'houilly, Pierre.
Delma, Joseph.
Doreau, Jacques.
D'or, Clément.
Domac, Benathe.
Devigne, Jean.
Detroi, Jean.
Denize, Pierre.
Decoin, Nicolas.
Deschamp, Baptiste.
Derier, Jean.
Dopont, André.
Dufey, Julien.
Dufresne, Baptiste.
Dupont, François.
Dessie, Jean.
Dicoro, François.
Dumme, André.
Dundo, François.
Dicie, Julien.
Dierce, Jean.
Dobler, Elias.
Demont, Joseph.
Detache, Jean.
Daluck, David.
Dasto, Antoine.
Decha, Jean.
Derofiniac, Louis.
Dusse, Joseph.
Dirmage, François.
Dominic, Pierre.
Doursaine, Digesse.
Dicoro, Maurice.
Dandea.
Dirard, Jean.
Deter, Pierre.
Dilone.
Delanso, Jean.
Derigibus, Antoine.
Derion, Pierre.

Delacaille, Pierre.
Duvire, Antoine.
Deguin, Jean.
Dechamps, Pierre.
Dessaunier, Jacques.
Devos, Marie.
Dusse, François.
Dido, Jacques.
Deage, Jacques.
Dardennes, Jean.
Dettrois, Antoine.
Dule, Pierre.
Devigne, Pierre.
Dechamps, François.
Damayne, Joseph.
Deuguet, Jean.
Dupois, Pierre.
Dehé, Thomas.
Delaume, François.
Duclols, Pierre.
Dupont, Félix.
Dugrava, Jean.
Doneau, Jean.
Detaut, Mathias.
Dumas, François.
Drouet, Pierre.
Duchée, Pierre.
Damier, Paul.
Dulder, Melchior.
Dettrois, Jean.
Dumme, Pierre.
Decoupade, Jean.
Diener, Peter.
Decombe, Gerard.
Dubois, Pierre.
Duet, Alexis.
Demasière, Jean.
Droué, Jean.
Delahaie, Louis.
Duet, Jean.
Dupont, François.
Druard, Nicolas.
Devin, Pierre.
Defaine, Nicolas.
Duboc, Louis.
Degens, Pierre.
Dufour, Claude.
Degui, Jean.
Degressin, Charles.
Devigne, Jacques.
Duerot, Auguste.
Dery, Louis.
Delanue, André.
Denelle, Pierre.

Dumont, Pierre.
D'heine, François.
Dardennes, Jean.
Danquigny, François.
Deguet, Henri.
Delloir, François.
Dumme, Jean.
Dumouillen, André.
Defrerne, Jean.
Dehée, Pierre.
Dettroi, Jean.
Docors, Jean.
Dauplan, André.
Detouché, André.
Dumac, Jacques.
Daru, François.
Doser.
Duchesse, Louis.
Ducher, Antoine.
Daumont, Louis.
Deschampes, François.
Doulicourt, André.
Drouet, André.
Duvrechein, Auguste.
Diaut, Antoine.
Davoust, Philippe.
Dupont, Pierre.
Delingre, André.
Devieret, Ferjeux.
Defasse, François.
Dettroi, Pierre.
Durand, Martin.
Dolin, Pierre.
Dautel, François.
Desontierre, Jean.
Desontier, François.
Duvan, Jacques.
Devrient, Pierre.
Dubois, François.
Dumatier, Pierre.
Devrient, Jacques.
Dubois, Pierre.
Dinter, Jean.
Dulois, Jacques.
Dessever, Guillaume.
Duclos, Jacques.
Donner, Peter.
Dusang, Olivier.
Dovamet, Michel.
Darcad, Pierre.
Drache, Paul.
Davignot, François.
Davoust, François.
Denizet, Nicolas.

Decombe, François.
Dupargue, André.
Dormé, Jacques.
Dorléans, François.
Dougnai, Daniel.
Debavelair, Petit.
During, Pierre.
Debougnoux, Pierre.
Dumac, Jacques.
Devigne, Pierre.
Dernois, Pierre.
Deniaux, Antoine.
Drechsler, Frédéric.
Dittmar, Jean.
Dougnai.
Dopke, Gerard.
Deslandes, Jean.
Deniaux, Antoine.
Dechamps, Pierre.
Doucet, Joseph.
Dessair, François.
Douay, André.
Delfasse, Alexis.
Delanois, Jacques.
Dabel, François.
Digoblane, André.
Dufaix, Pierre.
Dupont, François.
Deniot, André.
Delahai, Jacques.
Danssin, Pierre.
Duchesne, Pierre.
Desorgni, Louis.
Dumatin, Jacques.
Dupanse, François.
Dutony, François.
Dominique, Pierre.
Deverly, Pierre.
Devrient, Louis.
Dettroi, François.
Degois, Jean.
Deligni, Henri.
Deverly, Jean.
Duchine, Pierre.
Dufresne, Antoine.
Durand, Pierre.
Degrise, Pierre.
Duchon, Pierre.
Delafond, Jean.
Delagine, Toussaint.
Duchon, François.
Dornie, Jean.
Dauplan, Jean.
Dolaga, André.

Detouché, François.
Duboc, Jacques.
Devrient, Louis.
Duclos, Jacques.
Duclos, Jacques.
Dumerard, François.
Dumaneit, Henri.
Ducasse, François.
Desonte, Louis.
Dewal, Léonard.
Duvé, Louis.
Durinier, Joseph.
Dufal, Antoine.
Dassela, Louis.
Dubois, Pierre.
Duringer, Joseph.
Duchesse, Jacques.
Duval, Léonard.
Diable, André.
Duvall, Léonard.
Duclos, Jacob.
Devrient, André.
Demosel, Jean.
Deeck, Henri.
Dubreville, François.
Deidenburg, Joseph.
Diehl, Jean.
Dubois, Louis.
Devaux, André.
Delau, Jean.
Ditfur, Pierre.
Durand, François.
Develdre, Louis.
Dahlhaus, Adam.
Dumenill, Pierre.
Dornié, André.
Dupont, Pierre.
Dobers, Michel.
Demenu, François.
Dufrechoux, François.
Doré, Louis.
Dumas, Pierre.
Dupret, Charles.
Derint, Louis.
Deletter, Jacob.
Dumois, Louis.
Delvogt, Henri.
Demange.
Denis, Baptiste.
Dominic, Jean.
Domini, Antoine.
Duc (Le), François.
Delorme, Pierre.
Dileus, Antoine.

Demino, François.
Delsemayer, Nicolas.
Dake, Henri.
Domine, Pierre.
Ducroc, Auguste.
Desmer, François.
Deronnes, Louis.
Desmes, Louis.
Dobellin, François.
Delerte, Louis.
Destandre, Robert.
Durat, Pierre.
Devis, Juillet.
Devis, Guillaume.
Dumac, Pierre.
Dovrelle, Antoine.
Durbois, Guillaume.
Damarse, Martin.
Dumeuse, André.
Deleon, Jean.
Diable, Nicolas.
Dumense, Antoine.
Demoulin, François.
Doiré, Alexandre.
Discord, Bernard.
Desnoir, Pierre.
Doline, Étienne.
Ducher, François.
Dorida, Pierre.
Delorme, André.
Dorida, François.
Deboures, Gilbert.
Deloy, Joseph.
Desvaux, Jean.
Devis, Pierre.
Drèze, Antoine.
Dumont, Jean.
Dubreuil, Nicolas.
Danguit, Antoine.
Delancourt, Jean.
Davoust, Guillaume.
Debreuil, Jean.
Dornie, Pierre.
Dygen, Baptiste.
Deumerien, François.
Durechat, Jean.
Dupont, André.
Dujardin, Jacques.
Divais, Pierre.
Dumarch, Charles.
Duhoi, Joseph.
Decote, Antoine.
Droschert, Antoine.
Duraut, François.

Dejou, Pierre.
Decole, Antoine.
Darut, Pierre.
Dalettie, Joseph.
Drouille, André.
Delaitre, Baptiste.
Depont, Victor.
Després, André.
Dominice, Laurent.
Dasset, Jean.
Dorme, Michel.
Deluo, Michaël.
Dalaste, Baptiste.
Dorte, Jean.
Dunnes, Jean.
Dubois, François.
Dumange, François.
Dumter, Louis.
Ducharné, André.
Davoust, Pierre.
Dubio, André.
Danselle, Pierre.
Domini, Quinti.
Douner, Joseph.
Dominic, André.
Dufeu, Joseph.
Desin, Théodore.
Dupont, Louis.
Denis, Jean.
Dorge, François.
Daunehl, Pierre.
Daquemine, Pierre.
Diezé, François.
Dimelier, Pierre.
Duvivier, François.
Depoli, Antoine.
Durat, Benoît.
Dressé, Pierre.
Dufresné, Guillaume.
Dumacque, Guillaume.
Duhajon, Pierre.
Dunire, Jean.
Didie, Louis.
Dubrevie, Antoine.
Delbours, Jacques.
Dallvous.
Doloy, Jean.
Domineur, Machany.
Drugée.
Dariot, Pierre.
Dargau, Louis.
Dorrour.
Dimolair, Jacques.
Dijong, Jean.

Delmony, Joseph.
Devrient.
Dietrich, Johannes.
Dettroi, Frédéric.
Devarraine.
Dinell, Louis.
Dide, Pierre.
Damon, Blaise.
Devonde, Philippe.
Disor, Etienz.
Duback, Frantz.
Dussier, Joseph.
Danise, Savellance.
Dinedick, Jean.
Disson, Jean.
Dettrois.
Dino, Édouard.
Dufois, Nicolas.
Dsrian, Joseph.
Dumas, Joseph.
Dorval, Jean.
Dout, Jean.
Dichua, Jean.
Dumusse, Étienne.
Dominic, Louis.
Dumac, François.
Dominica, Pierre.
Deter, Frédéric.
Diable, François.
Duclos, Jacques.
Darvallion, Étienne.
Damia.
Deroe, Julien.
Dehude, Elaus.
Devil.
Digrenet.
Dumont.
Depuraty.
Domini.
Drual, Antoine.
Durenton, André.
Dumont, Paul.
Delaphierre, Pierre.
Debouché, Augustin.
Dubois.
Desenelor.
Dumacque, Étienne.
Derce, Jean.
Dessere, André.
Dory, Louis.
Dilaine, André.
Duboi, Jacques.
Dannie, Jean.
Deuss, Werner.

Deloure, Réné.
Dufontenet.
Dague, Pierre.
Dedresse, Louis.
Delante, Antoine.
Dupuis, Pierre.
Devertun, Pierre.
Dobré, Louis.
Dedualie, Jean.
Dettroi, Pierre.
Doom, Joseph.
Desille, François.
Doechre.
Delaray, Louis.
Donelly, François.
Delaumi, Charles.
Duhoul, Jean.
Dessoulières, Jean.
Delayer, Baptiste.
Deschamps, Mathieu.
Desquenellor, François.
Derhorst, Erraud.
Delbe, Henri.
Denys, Jean.
Dupont.
Doulim, Pierre.
Duclos.
Douzi, François.
Dreiat, Georges.
Dupont, Jean.
Dubois, Pierre.
Decoque, Frédéric.
Dazonnet, Vinnie.
Deverdet, Sébastien.
Dridon, François.
Decoques, Pierre.
Depuis, Jacques.
Dosac, Pierre.
Dauphin, Étienne.
Doucent, Pierre.
Donnery, Alexandre.
Deloire, Pierre.
Dumenet, Étienne.
Dejardi, Antoine.
Delpeché, Pierre.
Donar, Pierre.
Dumac, Pierre.
Debar, Conrin.
Dubois, François.
Dusourd, Jean.
Drichaud, François.
Delahaye, Pierre.
Derutt, François.
Dupont, Désiré.

Deques, Louis.
Diglet, Louis.
Dufresne, François.
Devagé, Jean.
Dominique, Pierre.
Duré, Bernard.
Dessaut, Martin.
Duré, Pierre.
Desco, Marquet.
Dupart, Leroue.
Daury, Joseph.
Delogie, Charles.
Dotte, François.
Dupague, Sébastien.
Dubuine, Guillaume.
Dupuil, Jean.
Delviaege, Adam.
Doueraux, Étienne.
Dominique, Joseph.
Dounelle, Pierre.
Dupuis, Laurent.
Dammingne, Paul.
Davaux, Gaspard.
Ducroc, Étienne.
Dure, Bernard.
Dupuy, Gaspard.
Degaul, Pierre.
Dupartassant, Étienne.
Dominique, Joseph.
Dominique, Pierre.
Dubeare, Petit.
Duboure, Jean.
Dubois, Mathias.
Dechamps, Louis.
Debalchaud, Aoust.
Dubneur, Étienne.
Dessus, Jean.
Davattrelle, Moulis.
Dominique, Étienne.
Dominique, Paul.
Dapier, Bastard.
Duport, Lerroux.
Douder, Joseph.
Doneraux, Étienne.
Dore, Étienne.
Dolas, Pierre.
Delis, François.
Desbello, Auguste.
Despa, Audion.
Dupain, François.
Deshrodelle, Michel.
Dear, Maurice.
Dola, Bernard.
Derbé, Jean.

Droi, Galore.
Dubré, Paul.
Duham, Pierre.
Dupré, Andemio.
Dassomville, Jean.
Duran, Bordo.
Dion, André.
Dabrin, Jacques.
Desirat, Pierre.
Dugros, Louis.
Despaux, Guillaume.
Daguzan, Louis.
Darré, Pierre.
David, Pierre.
Duhamel, Jean.
Defarge, Benoît.
Decol, Dominico.
Dolokunky, Joseph.
Dallescall, Suanne.
Denni, Forte.
Dec, Raphaël.
Dassow, Ari.
Donne, Dio.
Dabon, François.
Dupré, Jean.
Dulchet, Nicolas.
Dansie, Jacques.
Duquenoy, Pierre.
Dupain, Joseph.
Degressin, Louis.
Dayern, Fournier.
Dupret, Antoine.
Doerac, Aland.
Doumont, Pierre.
Delauné, Joseph.
Du Moulin, Pierre.
Doris, Dominique.
Dechan, Benjamin.
Dumontel, Antoine.
Dorschul, Jean.
Duret, François.
Duron, Jean.
Dibou, Antoine.
Danterre, Louis.
Doula, Baptiste.
Duflaut, Pierre.
Dijon, Joseph.
Dubois / Mathias.
Dolles, Joseph.
Domolaud, François.

Demerage, Jean.
Dischamp, Claude.
Dakolen, Léonard.
Dophes, Bernard.
Duchesne, Jean.
Dubois, Joseph.
Dumond.
Delpeche, Louis.
Dhoul, Charles.
Douley, François.
Desplain, Louis.
Devaux, François.
Debellise, Antoine.
Dontheim, Jean.
Delacourt.
Delaunay, Jean.
Dequet, Pierre.
Dupuis, Jean.
Dentere, François.
Dilli, Jean.
Dupratte, Antoine.
Daudumont, Pierre.
Desselle, Antoine.
Devrient.
Delbo, Louis.
Delphus, François.
Devors, Johann.
Dochre, Frichjats.
Deschamps, François.
Diare, Pierre.
Drevon, Joseph.
Dermont, Pierre.
Devaux, Mathieu.
Dufour, Jean.
Doormann, Lambert.
Doprès, Jean.
Dreyssen, Gerard.
Dertin, Jean.
Dupont, Michel.
Demay, André.
Dubois, Baptiste.
Dartesse, Jean.
Dupuis, Pierre.
Dumon, François.
Deffein, Auguste.
Deperg, Pierre.
Dyon, André.
Demoulin, Joseph.
Duboire, François.
Daru, Jean.

Dallonis, Guillaume.
Defaisere, Auguste.
Dillion, Léonard.
Domain, Louis.
Delorme, Antoine.
Dubray, Jean.
Douvergnie, Jean.
Duclor, Laurent.
Delsobre, Etienne.
Dupressois, Jean-Louis-Henri.
Dofendam, Louis.
Dubien, Jean.
Deffner, Louis.
Doge, François.
Ducret, Jean.
Delaume, François.
Dugrava, Jean-Baptiste.
Dumas, François.
Duel, Jean-Sylvestre.
Devin, Jean-Pierre.
Duboc, Louis.
Danquigny, François.
Defresne, Jean-Nicolas.
Ducros, Jean,
Deguerre, Arnaud.
Devallois, Louis.
Dacaruge, Jean.
Dagondt, Marie.
Dufée, Charles.
Dulio, François.
Dubois, Pierre.
Deviet, Jean.
Daumasse, Jean-François.
Denoquet, François.
Deliancourt, Jean.
Devanlois, Conrad.
Durin, David.
Dresch, Frédéric.
Dubois, Charles.
Dominis, Biendinne.
Daudiez, Charles.
Derrier.
Drunavel.
Desequel, François.
Despère, Jean.
Dirard, Jean.
Domin, Simon.
Daniel, Jacques.
Danol, Manuel.

E.

Esling, Mathias.
Escarvace, Charles.
Escarvace, Charles.
Escaraguel, Paul.
Emmanuel, Antoine.
Emery, Jean-Baptiste.
Emor, Wilhelm.
Eimable, Plasis.
Etne, Jean-Louis.
Eliot, Charles.
Ervel, Laurent.
Eydern, Nicolas.
Egrand, Joseph.
Egubulle, François.
Egny, Jean.
Ehrenfried, Léonard.
Egny, Jacques.
Egny, Antoine.
Enfout, Louis.
Emerit, Jean.
Estnagel, Henri.
Ebbinech, Wilhelm.
Exact, Jacques.
Eslel (L'), François.
Estoq (L'), André.
Ervain, Jacques.
Eggert.
Enfout, Pierre.
Emery, Baptiste.
Estocq (L'), Pierre.
Eliot, Baptiste.
Exat, Jean.
Étienne, Joseph.
Evard, Pierre.
Eusèbe, Jean.
Escaraguel, Paul.
Erruet, Pierre.
Enrietto, François.
Elissonde, Pierre.

Eude, Ettienne.
Emille, Carle.
Ezergoece, André.
Enrietto, André.
Espinase, Julien.
Evraerd, François.
Erbin, Baptiste.
Erruet, Jean.
Eron, François.
Eron, François.
Estocq (L'), Pierre.
Erischmann, Daniel.
Espiat, Dominique.
Ettienne, Pierre.
Erfaillin, Louis.
Engels, Simon.
Engelbert, Pierre.
Eckmann, Baptiste.
Egny, Jean.
Eikelmann, Carle.
Epels, Jacques.
Eismann, Johann.
Enninghoff, Stephan.
Epels, Georges.
Enoch, François.
Estoc (L'), Pierre.
Euslen, Pierre.
Ecarno.
Ervois, Pierre.
Eno, Wicel.
Estible, Joseph.
Eisenblattner, Christian.
Ehrn, Cornelius.
Embsord, Gottlieb.
Encron, Pierre.
Etienne, Etobel.
Emiliarme.
Esquerret, Jean.
Eubulas, Pierre.

Estieu, Jean.
Emmery, Gabriel.
Ernel, Louis.
Evere, Pierre.
Enam, Pierre.
Eubulas, Georges.
Esconne, Pierre.
Emalienne, Baptiste.
Elate, Valentin.
Espaon, Jean.
Etienne, Pierre.
Endeur, Castagne.
Epionet, François.
Epiau, Jacques.
Ertebeuet, Pierre.
Escalier, Antoine.
Erao, Pierre.
Eyer, Martin.
Erbaument, Brutus.
Erzoge, Charles.
Eichholz.
Escure, Etienne.
Evrard, François.
Evandrigo.
Efferls, Eberhard.
Edelin, Pascal.
Enfant naturel, Marien.
Eldey, Augustin.
Etienne, Louis.
Espira.
Elias, Dominique.
Ervaine, Nicolas.
Erdeau.
Ebobat, Vincent.
Emmery, Jean.
Erenau, Jean.
Emanuel, Jacques.
Escandre, Pierre.

F.

Fertan, Antonio.
Folin, René.
Franciesca, Giapella.
Fertan, Antoine.
Faucamprat, François.

Fonderfonco, Jean.
Floch, Victor-Louis.
Favier, Joseph.
Fleurey, Thomas.
Fortel, Philippe.

Fabulet, Pierre-Jacques.
Foinet, Daniel.
Flamant, Louis.
Fleury, François.
Frerion, Pierre.

Fèvre, Paul.
Fagere, André.
François, Teste.
Favre.
Ferlin.
Fortin, Michel.
Fouquet, Nicolas.
Froge, Louis.
Festjen, Mathieu.
Foché, Pierre.
François (Le), Jean.
Félix, Guillaume.
Felier, Pierre.
Foutier, François-Casimir.
Feré, Antoine.
Fortain, Martin.
Firmen, Cardon.
Femet, Guillaume.
François, Causigue.
Fourchet (Le), François.
Florentin, Berlail.
Faissotte, Antoine.
Fouchet, Pierre.
Frian, Pierre.
Froid (de la), Jean.
Flandern, Joseph.
Fransva, Limojan.
Figuier, Jean.
Finett, François.
Fussoletti, Jean.
Fremon, Séraphin.
Fauressier, Jean.
Fricknau, Joseph.
Fischer, Arie.
François, Daniel.
François, Louis.
Flosdorff, Wilhelm.
Fering, Joseph.
Frumer, Wilhelm.
Funelle, Johann.
Falley, Pierre.
Flamand, Louis.
Fouchet, Michaël.
Fordel, Mathieu.
Fournier, Pierre.
Frainard, Jean.
Fervier, André.
Foureli, Sion.
Favre, Pierre.
Felice, Jean.
Fabrini, Jean.
Fournier, Benjamin.
Fournier, Carle.
Fonli, Antoine.

Fouquet, Louis.
Fontin, François.
Fovel, Gabriel.
Fournier, Dominique.
Facotti, Antoine.
Froncont, Jean.
Fervier, Pierre-Joseph.
Fortier, Jean.
Fayolle, Louis-Théodore.
Friohet, Gaspard.
Franck, Friedrich.
Fregut, Bernard.
Fossier, Jacques.
Forzoni.
Frase, François.
Fans, Jean.
Fourgio, Pierre.
Farscho, Bartholome.
Febrer (Le), Pierre.
Feregat, François.
Freschuard, François.
Ferodet, Blaise.
Fumé, Henri.
Fraid, Charles.
Free (Dy), Bartholome.
Feregatto, Pierre.
Fabreau, Pierre.
Flaudalle, Pierre.
Faupart, Louis.
Fandron, Jean.
Fabri, Joseph.
Fomasin, Antonio.
Fourniere, Pierre.
Faucampré, François.
Florio, François
Furrer, Christophe.
Franchée, Antoine.
Favial, François.
Fleury, Pierre.
Floria, François.
Felosbruck, Jacob.
Flooh, Victor
Favier, Joseph.
Formbaum, Wilhelm.
Fleurey, Thomas.
Fath, Joulius.
Fortel, Philippe.
Fabulet, Pierre.
Fougnet, Pierre.
Fevré, Simon.
Faudalle, André.
Feregatto, Pierre.
Fidor, Antoine.
Foinet, Daniel.

Falon, François.
Flamant, Louis.
Fleury, François.
Frerion, Pierre.
Fevre, Paul.
Forgeron, Jacques.
Favrat, André.
Fabre, François.
Fink, Jacques.
Félix, Zacharie.
Fiuk, Jean.
Furck, François.
Firar, Dominique.
Francois, Daniel.
Friederique, Joseph.
Fidon, Jean.
Filmay, Julie.
Filmay, Pierre.
Fines, James.
Fellere, Christian.
Fures, Jean.
Fiol, Joseph.
Fidèle, Paul.
Fuvicau, Coussait.
Faula, Jean.
Fench, Pierre.
Foupino, Jacob.
Funfstuck.
Foule, François.
Favrat, André.
Falconier, André.
Fouraux, Claude.
Fleury, François.
Fournade, François.
Ferreyre, Jean.
Faudaller, André.
Feregatto, Pierre.
Flesch, André.
Fabert, François.
Faudalle, Joseph.
Favre, Antoine.
Fortier, Jean.
Fort, Jacques.
Fortier, François.
Fromm, François.
Fouquet, Antoine.
Ferry, Jean.
Fimes, Pierre.
Félix, Louis.
Fête, Jean.
Ferré, Antoine.
Fleurire, Frédéric.
Faudra, Pierre.
Fritoballe, Mathieu.

Filie, François.
Fabert, Jean.
Fanchon, Louis.
Fridant, Pierre.
Florigny, André.
Finet, Étienne.
Fiquier, Georges.
Focquet, François.
Freyhoff, Jacob.
Feré (La), Antoine.
Fussoletti, Jean.
Fabre, Antoine.
François (Le).
Fouquet, André.
Fleuris, Jacques.
Furet, Jean.
Fredin, Pierre.
Franche, Jean.
Fontaine, Louis.
Feré, Réné.
Félix, André.
Fontaine, Étienne.
Ferrari, Louis.
Florigny, Pierre.
Filoux, André.
Fredy, François.
Forrai, Hubert.
Filotrean, Antoine.
Ferbie, Joseph.
Fallert, Pierre.
Ferrari, Piétro.
Friedmann, Michaël.
Franchette, Louis.
Fittig, Jean.
François, Jean-Louis.
Faverni, Antoine.
Floretti, Antoine.
Fosse (La).
Fleury, Louis.
Fabien, Laurent.
Fischer, Johann.
Fresse, François.
Fenerat, Jean.
Finaud, Joseph.
Fallai, Nicolas.
Foudcri, André.
Fabrie, François.
Finant, Joseph.
Fredeu, Antoine.
Filiade, Jean.
Febre, Martin.
Fresne (du), Paul.
Ferron, André.
Frigot, Louis.

Fachetti, Benedict.
Fileus, Jacques.
Ferchetti, Benedict.
Fidèle, Henri.
Favier, Thomas.
Faquito, Carlo.
Faisant, Basile.
Fehlmann, Henri.
Ferard, Louis.
Fennel, Conrad.
Ferrang, Louis.
Florian, Julien.
Ferrang, Jean.
Flamang, Pierre.
François, Franz.
Fischer, Christian.
Ferming, Pierre.
Falic, Simon.
Falit, Carle.
Fonda, Joseph.
Flemming, Pierre.
Fernon, Pierre.
Fernoel, Antoine.
Feu (Le), Joseph.
Fidelius, Adam.
Fridul, Jean.
Flameau, Jean.
Force.
Feanhan.
Famiege.
Flaer, Jean.
François, Philippe.
Fournier, Pierre.
Fortin, Jean.
Forieu, Martin.
Franchetti, Louis.
Frolar, Jacques.
Fees, André.
Flandrin, Jean.
Foresse, Pierre.
Frausiel, Louis.
Feincron, Pierre.
Forneaux, François.
Farcheron, Antoine.
Fabre, Joseph.
Fleuret, Antoine.
Fouquet, Jean.
Faudenbalck, Baptiste.
Ferre, Pierre.
Flogets, Pierre.
Frusiot, Silberte.
Finet, Antoine.
Fourt, Louis.
Filique, François.

Faver, André.
Framon, André.
Fellico, Désiré.
Four (Le), Louis.
Ferard, Louis.
Florant, Baptiste.
Fleury, Louis.
Feury, Jacques.
Fourclis, Antoine.
Furcheron, Jacques.
Fornert, Antoine.
Fricoult, Jean.
Farchet, Baptiste.
Fauvé, Aimable.
Fournier, Pierre.
Foeseller, François.
Francard, François.
Fiemoine, Henri.
Ferrand, François.
Fraitier, Joseph.
Fournier, Auguste.
Folorne, Frounquil.
Fellier, Antoine.
Froumaire, Marie.
Fredering, Baptiste.
François, Michel.
Fienne, Antoine.
Fautan, Marie.
Ferry, Guillaume.
Falche, Jean.
Frouchois, Paul.
Fabonne, François.
Félix, Jean.
Fitain, Gilbert.
Ferigaut, Pierre.
Frichot, Cauturelle.
Fournes, Pierre.
Frilleron, Jean.
Flacourt, Jean.
Faussi, François.
Ferre, André.
François, Louis.
Franayet, Adam.
Fini, Antoine.
Fargasse, Jean.
Feillant, Joseph.
Ferrière, André.
Fracaire, Réné.
Falaise, Pierre.
Faire, Simon.
Flicat, Jean.
Fricaye, Pierre.
Fournat, Pierre.
Frabernas, Pierre.

Fanset, Paul.
Ferempuy, Joseph.
Foudesque.
Fouqué, Louis.
Ferri, Joseph.
Friskow, Pierre.
Foissoin, Reibeau.
Francko, Augustin.
Frischier, Antoine.
Fereke, Joseph.
Finet, Baptiste.
Formaug, François.
Forowagne, Aromen.
Fulgan, Ferdinand.
François, Julien.
Fourtannier, Jean.
Faquinet, Paulin.
Fabre, Louis.
Fontaine, Joseph.
Fleischmann, Léonard.
Fortune, François.
Foladori, Dominico.
Frizius, Cornillois.
Feriol, Richzer.
Ferray, François.
Fleurimond, Cousin.
Franok, Louis.
Florie, Eugène.

Fourcade, Laurens.
Fourcade, Charles.
Freno, François.
Francioni, Sabadi.
Fredlack, Heinrich.
Fredenbach, David.
Firpe, Antoine.
Fitz, Philippe.
Ferre, Louis.
Francans.
François, Charles.
Fromond, Claude.
Fander, Michel.
Fouilloux, Jean.
Faber, Antoine.
Fontaines.
Félix, Marie.
Filliotte, Jean.
Faugot, Anne.
Francoguy, Jean.
Faiquine, Valentin.
François.
Fellet, Jean.
Fischer, Guillaume.
Février, Antoine.
Ficher, Jacques.
Fourne, Pierre.
Felerac, Barthélemy.

Feldans, Germain.
Ferron, Jean.
Farrarie, Antoine.
Foglie, Gaspard.
Fougem, Pierre.
Faillade, Alexandre.
Fromand, Guillaume.
Flavier, François.
François, Anne-Pierre.
Frotobulle, Matthieu.
Ferret, Jean.
Fromentin, Victor.
Farand, Joseph.
François, Henri.
Fuschie, Jean.
Franciesca, Giapella.
Fabri, Joseph.
Fièvre, Simon.
Fessar, Michel.
Farueux, François.
Floy (du).
Foque, Louis.
Ferrero, Michel.
Fredu, Guillaume.
Famais, Félix.
Fusinai, Pierre.

G.

Giboule, Louis.
Glaude, Pierre.
Gainbulanie, Jean.
Grison, Marin.
Gippulu, André.
Gonau, François.
Glaude, Pierre.
Gainbulance, Jean.
Grison, Marien.
Gippula, André.
Gonau, François.
Gallant, Joseph.
Gille, Joseph.
Garet, Sulpice.
Gerbeau, Jean.
Gardiot, Stange.
Gaboin, Jacques.
Gripon, Laurent-Marin.
Gouet, Charles.
Glou, François.
Gogia, Félix.

Geay, Jean.
Gueule, Jean-Baptiste.
Guidé, C.-Louis.
Garde, Marie.
Gilles, Andrien.
Gohé, Jacques.
Gadifert, Constant.
Gibert, Barthélemy.
Guillot, Alexandre.
Guillerme, Jean-Pierre.
Geaillard, François-Louis.
Gaudin, Pierre.
Guilbert.
Giomard.
Guillot, Pierre.
Grégoire, Jean-Nicolas.
Georges, Neuhard.
Gripe, Claude.
Gosen, Cornelius.
Gatze, Guillaume.
Gay, Étienne.

Guin, Jacques.
Galece, Jean-Marie.
Grossian, Jean.
Gallie, Michel.
Gay, Louis.
Grard, Lague.
Godard, Pierre-Adrien.
Gratian, Marie.
Glaude, Vallet.
Gratique, Gustain.
Gantier, François-Hubert.
Gillet, Jean.
Gay, Guillaume.
Gaugers, Pierre.
Grandville, Jean.
Goli, Auguste.
Gagné, Jean.
Gilé, Pierre.
Guedont, François.
Groce, Innat.
Gimella, Jean.

Girard, Pierre.
Gradier, Nicolas.
Gerardi, Floureil.
Goardin, Jean.
Gagelein, Joseph.
Gonde, Nicolas.
Godard, Baptiste.
Guillereaud, Jean.
Gwordzik, Jean.
Gilbert, Louis.
Guttiben, Jean.
Gombet, Joseph.
Giron, Jean.
Guttiben, François.
Grambet, Jean.
Gilgonelle, Louis.
Grauert, Frédéric.
Gouture, Étienne.
Gocé (de).
Galvanie, Pierre.
Gaddin.
Gardunege, Coutoir.
Genisles, Pierre.
Gervais, Etienne.
Gresset, Jean.
Grange, Baptiste.
Gilbert, Pierre.
Gonfrée, Jacques.
Giavomosi, Paoli.
Grenier, Joseph.
Griegel, Georges.
Gobel, Joseph.
Gaucher, Pierre.
Garidade, Jean.
Glaude, Pierre.
Gaillard, Pierre.
Giraud, Jacques.
Goreitz, Johann.
Gans, Johann.
Girard, Auguste.
Géron, Pierre.
Gonjeau, Georges.
Ganser, Marie.
Glesier, Joseph.
Guillot, Baptiste.
Gout, Louis.
Grande, Louis.
Gueron, Alexis.
Gousse, Jean.
Gabriel, Benoît.
Gilbert.
Godefroy, François.
Glaude, Louis.
Grannich.

Girand, Joseph.
Gautier, Baptiste.
Gratier, Ferdinand.
Gagnard, Claude.
Galliazo, Louis.
Gilbert, Lévêque.
Guiseppe, François.
Griwier, Philippe.
Giolli, Pierre.
Grandie, Nicolas.
Grandie, Jean.
Goujette, Matthias.
Grandiers, Paul.
Glaiser, Jacques.
Giura, François.
Girodeau, Jacques.
Giochin, Pierre.
Guellin, Romain.
Gedes, Pierre.
Glautier.
Guiston.
Goursay, Antoine.
Grand, Pierre.
Gionelle, Guste.
Golland, Ferdinand.
Gornadi, Sino.
Gundi, Jean.
Grosch, Jean.
Gagne, Auguste.
Goschie, Claude.
Gottfried, Jean.
Glodios, Philippe.
Gandillie, Jean.
Giomert, Jean.
Groco, Émanuël.
Gerlo, Pierre.
Gérôme, Jean.
Grande, César.
Guino, Jean.
Germani, André.
Gollie, Victor.
Geraine, Guillaume.
Grivault, Pierre.
Gabet, Baptiste.
Goteaux, Emmanuel.
Guerrin, François.
Gedi, Jesuivar.
Germain, Pierre.
Garo, Rine.
Gomar, Henri.
Gini, François.
Gilles, Joseph.
Gothie, Louis.
Gertin, Jean.

Godo, Joseph.
Gardin, Jean.
Genet, Charles.
Goro, Charles.
Gail, Jacques.
Gaudier.
Guerrin, Jean.
Gournaillo, Jean.
Guillemain, Pierre.
Grange, Pierre.
Gionne, Jean.
Gongeno, Jean.
Gegel, Pierre.
Grassio, Pierre.
Guilleux, Jean.
Garnied, François.
Glatigny, Pierre.
Gallaut, Joseph.
Gillé, Joseph.
Glaude, Pierre.
Garet, Sulpice.
Gonet, François.
Gerbeau, Jean.
Gauche, Pierre.
Gardiol, Saint-Ange.
Gagna, André.
Gardain, Jacques.
Gaboin, Jacques.
Gotron, Denis.
Guinel, André.
Guitonne, Pierre.
Gripon, Laurent.
Gérard, Ari.
Gauvin, Louis.
Goteaux, Jean.
Gouet, Charles.
Glou, François.
Gogia, André.
Geay, Jean.
Gueule, Baptiste.
Gautier, Pierre.
Grayner, François.
Guidé, Louis.
Godinet, André.
Garde, Jean.
Genet, Joseph.
Guillemain.
Gaudemers, Jacques.
Gilles, Adrien.
Gohé, Jacques.
Guintrin, Nicolas.
Greville, François.
Gadifert, Constant.
Gilbert, Barthélemy.

Guillot, Alexandre.
Guilleux, François.
Gilles, André.
Guillerme, Jean.
Girard, André.
Geaillard, Louis.
Gauthier, Pierre.
Guibert, François.
Goule, Louis.
Granduot, François.
Gibet, Louis.
Guiffert, Antoine.
Gombar, Pierre.
Gabains, Pierre.
Gilles, André.
Gouture, Etienne.
Granche (La), Jacques.
Guirard, Baptiste.
Gilbert, Joseph.
Gollmert, Frédéric.
Grenier, Jean.
Gelbert, Joseph.
Gaslaraine, François
Girand, Louis.
Guido, Jean.
Guirelli, Joseph.
Gardinet, Pierre.
Grégoire, Pierre.
Graper, Carle.
Giraud, François.
Gabain, André.
Guillemot, Jean.
Gibellen, Pierre.
Gabet, Pierre.
Gracia, Pierre.
Garbode, André.
Guilonneux, Pierre.
Gracia, Pierre.
Gauthier, André.
Guinet, Baptiste.
Guenep, André.
Giraud, Jean.
Carcia, Jean.
Garon, Pierre.
Godinot, André.
Girard, Louis.
Gabel, Jean.
Guiot, Pierre.
Grandy, François.
Guenel, François.
Guillemain, Jacques.
Griel, Jean.
Gassinel, Pierre.
Geriche, Jean.

Guerrier, Laurent.
Genie, Antoine.
Garro, André.
Gravos, Michael.
Guirol, Emon.
Goyel, Marie.
Gay, Jean.
Garey, Jean.
Gloc, Jacob.
Goisard, Pierre.
Guilpain, François.
Graize, Jean.
Guinodoz, Pierre.
Guichenay, Jean.
Goguelline, Jacques.
Gasse, François.
Gordons, André.
Genet, Antoine.
Guillemain, Charles.
Giesy, Bartholome.
George, Paul.
Gutte, François.
Gabain, Louis.
Guilnet, François.
Gerst, Jean.
Garitas, Louis.
Goutte, André:
Gabain, Pierre.
Gonjou, Pierre.
Golot, Louis.
Gerce, Jean.
Gomet, Jacques.
Gauderaux, François.
Gernier, Jean.
Gerot, Jacques.
Gross, Henry.
Gessert, Guillaume.
Giraud, Pierre.
Goucrot, Louis.
Germain, Louis.
Gotting, Louis.
Girault, André.
Guedon, François.
Gravé, Antoine.
Grondel, Pierre.
Gagard, Pierre.
Gauderot, Ferdinand.
Gouel, Jacques.
Girard, François.
Golin, Pierre.
Grevillaux, François.
Goudin, Pierre.
Gaul, Joseph.
Geautin, Louis

Gabain, Pierre.
Getmann, Pierre.
Gibois, François.
Gilbert, Jean.
Gauthier, Ambroise.
Gipperich, Ludwig.
Gertain, Louis.
Ghysses, Alexandre.
Gironne, François.
Gertain, François.
Godat, Auguste.
Gardino, Antoine.
Gauthier, François.
Gersting, Bernard.
Girol, André.
Gabain, Pierre.
Gouvard, Jean.
Guttiben, Louis.
Gilbert, Guillaume.
Gebhardt, Gaspard.
Grunat.
Germain, Jacques.
Georges, Louis.
Gerbig, André.
Guerret, Louis.
Gimpel, André.
Guillaume, Etienne.
Guérin, Pierre.
Gisseli, Louis.
Guérin, Antoine.
Gabain, Etienne.
Geselschap, François.
Grugny, Henry.
Garnié, André.
Girard, André.
Guillot, Emanuël.
Guérin.
Guiomain, Claude.
Guillemot, Louis.
Giesse, André.
Gilbert, Jean.
Gabain, Antoine.
Gisseli, Jean.
Gottzin, Laurent.
Gelot, Louis.
Gaillart, François.
Gilbert, Louis.
Gostin, Beganne.
Guerre, Baptiste.
Giesen, Louis.
Guttin, Pierre.
Gilbert, Louis.
Gacchreun, Etienne.
Garde (La), François.

Goitzen, Félix.
Gillet, Pierre-Joseph.
Gourier, Louis.
Gossar, Baptiste.
Gaillis, Pierre.
Gelot, André.
Garnie, Jacques.
Gauthier, Guillaume.
George, Louis.
Galliot, Louis.
Goitain, Lorenz.
Gabain, Pierre.
Gustinau, Guillaume.
Giori, Henri.
Grandhomme, Guillaume.
Gerand, Pierre.
Gabbiate, Joseph.
Grilie, François.
George, François.
Gillet, Antoine.
Gariboldi, André.
Guillimot, Etienne.
Germain, Louis.
Gira, Jean.
Gerold, Pierre.
Guillemot, André.
Gibeaut, André.
Gobar, Joseph.
Gentani, Laurent.
Garnier, Jacques.
Guerinat, Chamari.
Gai, Joseph.
Germany, Pierre.
Gaspari, Julien.
Gironne, Gabriel.
Girard, Jean.
Guillment, Jean.
Grouslin, Jean.
Gampardon, Etienne.
Guilleront, Claude.
Grenier, Antoine.
Giovanini, Stephan.
Gilgielsi, Lorenz.
Godra, Pierre.
Girello, Joseph.
Gorraut, Charles.
Galloix, Ferdinand.
Guillau, André.
Gambeau, Etienne.
Gastiboir, Louis.
Garison, Claude.
Gerbert, Antoine.
Guillemot, Louis.
Garnier, André.

Gaud, Frédéric.
Grodan, Antoine.
Gabain, Pierre.
Gaffriont, Baptiste.
Geoffroy, Louis.
Gourlier, Charles.
Gabrini, Jacques.
Giraud, Pierre.
Gieraud, Antoine.
Guirade, Pierre.
Germain, François.
Gris, Victor.
Gimbohl, Etienne.
Garcia, Pascal.
Grandeau, Benoît.
Galle, François.
Gorri, Lessantri.
Gallé, François.
Gobbé, Pierre.
Guillaume, Pierre.
Gonot, Nicolas.
Gallet, Claude.
Gautierres, Joseph.
Gacette, André.
Goejon.
Glatz. Carl.
Ganglow, Johann.
Greinie, Jean.
Garland, Gabriel.
Gatrillie, Pierre.
Gellmann, Gaspard.
Gerbard, Lucas.
Gouivenne, Antoine.
Gulliet, Joseph.
Guerelle, Guillaume.
Grado, Antoine.
Gejctano, Gresan.
Gonia, André.
Gerini, Sante.
Gidie, Jean.
Gaba, Pierre.
Gérard, Louis.
Goujette, Mathias.
Girbal, Jean.
Guth, Ludwig.
Gusta, Joseph.
Glaude, Jean.
Godde, Michaël.
Gourdin, Pierre.
Gondel.
Gorinett.
Grümanet.
Grossier.
Gatren.

Gerrin, Jean.
Guidare, Jacques.
Giollet, Antoine.
Gouly, Louis.
Gorty, Jean.
Gamain, Antoine.
Giou, Pierre.
Garnier, Olivier.
Gabain, Joseph.
Guichard, Jean.
Girrony, Antoine.
Garat, Pierre.
Guignace, François.
Gabe, Joseph.
Giegler, Pierre.
Gerdonar, François.
Gnochi, André.
Guilmain, Nicolas.
Guillemot, Pierre.
Geibell, Adam.
Gatelberg, Pierre.
Godfroi, Louis.
Grandjan, Baptiste.
Guillard, Pierre.
Gite, Louis.
Gillert, François.
Girard, Louis.
Guerriux, Jean.
Gausser, Gérard.
Georges, Baptiste.
Galyneberty, Joseph.
Gadeville, Pierre.
Germont, Jacques.
Girard, Louis.
Getanis, François.
Ginet, François.
Goutiert, Pierre.
Guillet, François.
Graus, Jean.
Gassat, Michel.
Gilmain.
Gaudry, Pierre.
Gileh, Joachim.
Giedon, Jean.
Gonay, Jean.
Gerand, Louis.
Gosard, Etienne.
Gareez, Louis.
Galbialy.
Galebo, Baptiste.
Guilleu, Jean.
Gengirlau, Pierre.
Garmolle, Jean.
Girau, André.

Gregniot, Claude.
Guillemet, Denis.
Gabillot, Jean.
Guilbert, Joseph.
Girau, Claude.
Germain, Baptiste.
Gasparini, Vincent.
Guillot, François.
Gardille, Pierre.
Gutierre, Joseph.
Grenet, Urbain.
Galzin, Jean.
Gaudembouelle, Pierre.
Gronied, François.
Gausset, Marie.
Gallier, Pierre.
Gibolle, Mon.
Garde, Louis.
Gouda, Etienne.
Gaspard, Jean.
Gaudenac, Antoine.
Gimont.
Globe, Hubert.
Gretilly, Baptiste.
Goudin, Pierre.
Gaufdotis, André.
Gaspard, Louis.
Grillin, Guillaume.
Goucobo, Coni.
Goussouait.
Gaux, Pierre.
Gouble, Nicolas.
Guetel, Paul.
Gabriel, Joseph.
Grospau, Jacques.
Gangowy, Pierre.
Giblet, François.
Gronier, Jean.
Grigolle, Joseph.
Gentil, Amand.
Gausset, Adam.
Gaupetit, Jean.
Grevier, Doche.
Gabou, François.
Gario, Claire.
Grilles, Guillaume.
Gaspui, Gandi.
Gainomon, Marie.
Gentil, Hardy.
Geudal, Daniel.
Guery, Cole.
Guique, Charles.
Gaubartelle, Pierre.
Giolet, Lalano.

Gaut, Donbouch.
Gérard, Félix.
Gaupier, François.
Gerond, Pierre.
Grimont, Garde.
Gau, Depuis.
Grintalle, Mathieu.
Gauvet, Adam.
Gillet, Joseph.
Guerrin, François.
Grigolle, Joseph.
Gausset, Pierre.
Galeus, Paul.
Gamanne, Riment.
Gustin, Paul.
Gaudieu, Jacques.
Guerin, Guillaume.
Grimont, Gourdain.
Gauda, Denague.
Gouble, Hubert.
Gillet, Joseph.
Giraut, Antoine.
Geolemas, Jean.
Gabin, Michel.
Guilhem, Antoine.
Garrac, Isidore.
Garé, Guillaume.
Godefroi, Etienne.
Grégoire, Claude.
Graesio, Baptiste.
Galmberly, Joachim.
George, Gertony.
Galamonte, Francisco.
Giga, Maurice.
Goubrolle, Gabriel.
Giomar, Henri.
Gany, Joseph.
Girard, Pierre.
Gino, Joseph.
Godar, Jean.
Guibert, Pierre.
Géramonou, Pierre.
Garde (La), Dominique.
Gorges, Joseph.
Gaudron, François.
Ganet, Pierre.
Gouvin, François.
Grunie, Armand.
Guillier, Etienne.
Gumon, Louis.
Gerhardt, Frédéric.
Gustin, Joseph.
Gray, Joseph.
Garrinac, Jacques.

Gespau, Johan.
Geupin, Pierre.
Gaviote, Louis.
Gonte, Jean.
Gérard, Pierre.
Girardi, Jean.
Gajunzlia, Michaël.
Guilemiz, Louis.
Gorenz, Nicolas.
Gaudain, Pierre.
Gabano, Pierre.
Gonoud, Joseph.
Gorré, Marie.
Germain, Frédéric.
Ganzet, Pierre.
Grossance.
Grouseaux, Louis.
Giboux.
Guillemain.
Godmard, Etienne.
Godeau.
Giraux, François.
Galichet, Pierre.
Geibell, Adam.
Gronet, Jean.
Guilliot, Vaineau.
Gire, Pierre.
Gruel, Urbain.
Guillot, Jean.
Gognards, Herrmann.
Guignard, Pierre.
Gogh (Van), Wilhelm.
Grenier, Georges.
Guillande, Pierre.
Gaberan, Pierre.
Gournay, Joseph.
Gopari, Jean.
Gaspari, François.
Gorset, Benoît.
Galliot, Louis.
Godec, Réné.
Gaude, André.
Gervain, Pierre.
Grégoire, François.
Gounon, Charles.
Gourdan, Charles.
Gili, Ange.
Govi, François.
Gaudibero, Joseph.
Gambini, Pietro.
Gillot, Sevis.
Grondy, François.
Galliot, Jean.
Gazette, Augustin.

Garand, Joseph.
Garaville, Pierre.
Goufre, Louis.
Genard, Antoine.
Gerard, Gabriel.
Goursier, Baptiste.

Gay, Étienne.
Gerond, Aubin.
Guntin, Jean.
Geron, Amand.
Guidoni, Tatio.
Guintrin, Nicolas.

Graule, François.
Gelos, Manichs.
Gilbert, Jacques.
Garnier, Louis.
Gebhardt, Gottfried.
Granche (La), Jacques.

H.

Hastain, Henri.
Hotte, Johann.
Hayden, Barthold.
Heslan.
Hagedorn, Jean.
Hamelin, André.
Hausard, François.
Heretien, Julien.
Herme, Jean.
Humbert, Toine.
Holzam, Henry.
Hendrigs, Jean.
Hout (van der), Lucas.
Hulsberg, Jean.
Hauvard, Pierre.
Hesen, Adolphe.
Harmers, Herrmann.
Hipola (Saint), Pascal.
Hure, Jacques.
Hansten, Pierre.
Haye (de la).
Homera, Louis.
Houlsony, Joseph.
Hermann, Antoine.
Henry, Guillaume.
Hayarde, Pietro.
Hauret, Jean.
Hauret, Jean.
Hechmann, Johann.
Hermet.
Hagniessens, Jacob.
Hauchecorne, Pierre.
Hung, Richard.
Houe, Jacques.
Haineque, Baptiste.
Hubert, Jean.
Houapé, Pierre.
Huvier, Louis.
Hubert, Nicolas.
Huhn, Michel.
Halcinier.
Hautreve, Mathurin.
Heer, Conrad.

Haye (de la), Auguste.
Herold, Ernest.
Hine, Louis.
Hiosal, Charles-Nicolas.
Hanaursau, Anet.
Hertot, Nicolas-Atane.
Haude, Vincent.
Huet, Victor.
Hero, Louis-Philippe.
Houtard, Senateur.
Henin, Jean-Baptiste.
Hebert, Laurent.
Heyme, François.
Hutzkewitz, Stupan.
Hartel, Jean.
Hue, Pierre.
Heoche, Nicolas.
Hubert, Daval.
Hubert, Michaël.
Horché, Franz.
Hemskrek, Cren.
Hamm, Jean.
Harrissard, Gerrard.
Humblat, Jacques.
Hutier, Jean.
Heister, Michaël.
Hense, Daniel.
Haenegraf, Antoine.
Holz, Joseph.
Herbe.
Habasque.
Horst (van der), Peter.
Haudier, Pierre.
Huye, Paul.
Hausier, Pierre.
Haché, Jean.
Huot, Pierre.
Hetting, Antoine.
Hannibal, François.
Hossair, Nicolas.
Hessler, Jean.
Hardue, Louis.
Hahn, Peter.

Hutzmann, Johann.
Hinz.
Hunault, Louis.
Hamon, Julien.
Heil, Mathieu.
Henry, Jean.
Helbert, Louis.
Hambi, Baptiste.
Heller, François.
Henrionet, François.
Henrionet, Baptiste.
Hilbert, Jean.
Huet, Magnus.
Hericher, Pierre.
Honoré, Clen.
Hugelin, Baptiste.
Hieronim, Visconti.
Hellin, Pierre.
Humbert, Pierre.
Hovert, Jean.
Hutellio, Joseph.
Hauchekorne, Peter.
Hung, Baptiste.
Hauswald, Jean.
Houe, Jacques.
Heraye, François.
Humbrecht, Friedrich.
Hugé, Aubin.
Hellies, François.
Houssard, Jean.
Haineque, Baptiste.
Hieronimus, Jacques.
Herbeau, Paul.
Hubert, Jean.
Houapé, Pierre.
Huvier, Louis.
Hubert, Nicolas.
Hellin, Étienne.
Howert, Paul.
Hallé, Jean.
Heusler, Antoine.
Hipoliti, Jean.
Hurion, Jean.

Hardier, André.
Humblot, Pierre.
Heucre, Jacob.
Heincre.
Herold, André.
Herossitrier.
Horn, Cornet.
Herold, Pierre.
Herved, Jean.
Herva, François.
Hisch, Guillaume.
Hieronimus, François.
Herbeau, François.
Heer, Ambroise.
Houet, François.
Hildebrand, Joseph.
Hellin, Jean.
Humbert, André.
Huet, Alexandre.
Holsabre, Jean,
Humbert, Jean.
Harwert, Jean.
Humblet, André.
Haudelar, Pierre.
Hiltebrand, Louis.
Hullier, Louis.
Hautier, André.
Haut, Pierre.
Hucreville, Louis.
Hyronimus, Pierre.
Hogards, Henri.
Homann, Jean.
Henricourt, André.
Hengers, Frédéric.
Hohenadel, Jean.
Houthier, Guillaume.
Hérold, Jacques.
Huteau, Simon.
Hotlin, Carle.
Huffier, Louis.
Haeckelmann, Henri.
Heller, Peter.
Hanchen, Gaspard.
Hohenrolh, Wilhelm.
Hartmeyer, Antoine.
Haltcott, Pierre.
Hollhausen, Johan.
Hierin, Pierre.
Henri, Jacques.
Heinue, Pierre-Jean.—

Homme (L'), François.
Hemis, Jacques.
Hubert, Pierre.
Hemanelli, André.
Huttier, Jean.
Habali, Louis.
Hanazard, François.
Huot, Daniel.
Hubert, Jean.
Hugeron, Jacques.
Hachard, Antoine.
Hurion, Louis.
Huot, André.
Hubert, Lorecy.
Heuning, Georges.
Huxenpati, Louis.
Hubert, Jean.
Hugaetta, Joseph.
Hubert, François.
Hely, Guillaume.
Hofflader, Gaspard.
Hardie, Georges.
Hemanella, Antoine.
Hubert, Nicolas.
Helurand, Antoine.
Hocentini, Gaspard.
Hacard, Pierre.
Hachard, Joseph.
Heymeri, Pierre.
Hutois, Bernard.
Hebois, Pierre.
Hounore, André.
Houbré, Étienne.
Hulcourt, François.
Holland, Joseph.
Herdouis, André.
Hipert, Joseph.
Haug, Jean.
Hasche, Louis.
Heyer, Johann.
Habelau, Johann.
Hauptmann, Christophe.
Hipolotte, Pâques.
Heneroux, François.
Hout, Jean.
Henatel, François.
Henat, Michel.
Henry, François.
Hernu, Jean.
Hennequin, Jean.

Herard, Jean.
Hamont, Pierre.
Henriou, Pierre.
Huffous, Jean.
Huare, Pierre.
Hamel, Henry.
Hugues, Baptiste.
Hebert, François.
Hislard, Jean.
Hydes, Jérôme.
Hoppel, Louis.
Higounine, Jean.
Hemeric, Mathurin.
Himbert, Baptiste.
Hendrick, Pierre.
Hurra, Michel.
Hurnoste, Marie.
Horrie, François.
Halaut, Charles.
Heué, François.
Humedin, Dupuis.
Husimerre, Jean.
Hulo, Jean.
Heredain, Dupuis.
Hugmet, François.
Holon, Harte.
Hardy, Charles.
Hardy, Charles.
Hemasson, Hilaire.
Hievé, Petit.
Hurrier, Paul.
Hautcolas, Didier.
Hoen, Jacob.
Hulaut, Victor.
Heinrich, Jansen.
Huge, Aubin.
Houthier, Étienne.
Huggens, François.
Herfort, Louis.
Horcher, Gottfried.
Horte, Joseph.
Humbert, Pierre.
Hagniesens, Jacob.
Henning, André.
Hube.
Hess, Jacob.
Herinqua, Louis.
Heumarte, Jean.
Heudengen, Guillaume.

I. J.

Juliain, Guillaume.
Juliain, Guillaume.
Joseph, Comte.
Jouanne, Jacques-François.
Jérôme.
Jemau.
Jausen, Michel.
Jean, Martin.
Jambrun, Marcel.
Islaustein.
Jaquin, Barthélemi.
Jossel, Jean.
Joubernard.
Jacques, Louis-Etienne.
Jullien, Guillaume.
Jourdin, Jacques.
Iras, Louis.
Jeune, Thomas.
Julien, Louis.
Jacques, Pierre.
Joseph, Peter.
Jacquet, Louis.
Imbert, Jean.
Juschy, Pierre.
Imouf, Jean.
Imbert, Jean.
Jackno, David.
Joseph, Mon.
Imbert, François.
Jeune (Le), François.
Joseph, Jules.
Jeune, Louis.
Jacquelin, Jean.
Jeanne, Louis-François.
Julien, Jean.
Jensch, Samuel.
Jenal, François.
Jacob, Pierre.
Jenevot, Baptiste.
Jenevot, François.
Jafeu, Claude.
Jonas, Pierre.
Jordan, Antoine.
Jac, Antoine.
Joian, François.
Jarmen, Claude.
Jacnier, Louis.
Joani, Denis.
Jolli, Pierre.

Jermen, François.
Joraine, Pierre.
Jaudano, François.
Iung, Antoine.
Jude, Jean.
Jobert, André.
Joudard, Joseph.
Jaubert, Auguste.
Jarmonaud, Etienne.
Jacuba, François.
Jouanne, François.
Joanni, Jean.
Jordan, André.
John, David.
Jeckaux, Belune.
Jacbert, Pierre.
Jardun (Du), Jean.
Julien, Jean.
Jacques, Lacombe.
Jasquet, Pierre.
Isidoro, François.
Jeannot, François.
Jamard, Louis.
Isidore, Pierre.
Jeune, Antoine.
Jassey, Antoine.
Ihring.
Iverne, Pierre.
Joubert, Louis.
Jacomme, Etienne.
Jaquinot, Antoine.
Jeux, Antoine.
Inderbec, Pierre.
Illerois, Jacques.
Jonhemo, Pierre.
Jotward, Antoine.
Jonès, Pierre.
Juschy, Pierre.
Jansen, Gérard.
Jenker, Nicolas.
Imof, Jean.
Jayne, Pierre.
Jansen, Antoine.
Iset, Georges.
Jemappe, Henri.
Jacobs, Jean.
Jain, François.
Josse, François.
Juise, Michel.

Jargue, Dimi.
Jejourna, Constant.
Jouan, Pierre.
Jape, Jean.
Jeune, Jean.
Jeannette, Jacques.
Jacquinot, Pierre.
Illing, André.
Jacmard, Jean.
Jearduin, Pierre.
Jaime, Marie.
Julien, Georges.
Jagio, François.
Iset, Louis.
Juliavanne, Béatrix.
Julien, François.
Jour (Le), Baptiste.
Josephino, Pietro.
Jama, Jacques.
Jon, Pierre.
Jacomat (Le), Baptiste.
Juillileani, Vincent.
Jourbom, Philibert.
Jamais, Louis.
Jouagois, Etienne.
Jamain, Baptiste.
Joussot, André.
Jaufert, Joseph.
Jean (Le).
Jack, Denis.
Jordan.
Jours, Jean.
Istelien, Louis.
Imbert, Jean.
Jonelli, François.
Joennar, Alexander.
Jowell, François.
Jann.
Jean, Joseph.
Irierie, Jean,
Johad, Michael.
Just, Johann.
Joseph, Jacob.
Jesan, Duplet.
Joseph, Jean.
Jollie, Pierre.
Ibriann, Jean.
Iche, François.
Jacobi, François.

Jousting, François.
Jouan, Jean.
Jacare, Claude.
Jollien, Charles.
Jouclat, François.
Jérôme, Louis.
Jouquet, Guillaume.
Joint, Louis.
Jordan, Etienne.
Imbert, Antoine.
Janetto, Joseph.
Jean, Baptiste.
Jouque, Pierre.
Joseph, Pierre.
Jacques, Pierre.
Ignare, André.
Isalies, Philippe.
Jolty, Nicolas.
Jordan, Baptiste.
Ilmert, Henri.
Irgritie, Georges.
Ignace, François.
Januvet, Denis.
Julliard, Augustin.
Jaspert, Jean.
Jean, Baptiste.
Joua, Joseph.
Joseph, Louis.
Juratinne, Florentino.
Jessenne, Louis.
Jean, François.
Joubout, Joseph.
Jappin, Jean.
Justien, Louis.
Jean, François.
Joseph, Pierre.
Jean, Louis.
Jor, Pierre.
Jahias, Joseph.
Joly, Jacques.
Jean, Baptiste.

Janèpe, François.
Jean, François.
Joseph, Jean.
Jean, François.
Joly, Jacques.
Jenout, Jean.
Julie, Hue.
Irat, Guillaume.
Joly, François.
Jouse, Louis.
Jalivet, Louis.
Jonai, Samarie.
Illion, Louis.
Jourley, Joseph.
Jaisan, Jean.
Jerson, Jean.
Jaemin, Jean.
Jacquinet, François.
Inberio, Jean.
Jeche, Antoine.
Josisch, Barthe.
Ivengartner, Henry.
Jazet, Auguste.
Instermond, Jean.
Joniaux, Joseph.
Jeanetti, Francisco.
Jungerer, Gebhard.
Jouque, Pierre.
Imbert, Antoine.
Imbeau, Sylvain.
Jarjavaie, Pierre.
Jolidon, Joseph.
Jourdain, Louis.
Jop, Jacques.
Joese, Victor.
Joffre, Joseph.
Jassot, Jean.
Jacobi, Joseph.
Jourdain, Jean.
Jodas, Jean.
Joseph, Pierre.

Jardin, Pierre.
Immel, Frédéric.
Jungerer, Gebhard.
Jacaroly, Elia.
Javur, Jacomo.
Jarige, Antoine.
Jude, Jean.
Jourdard, Joseph.
Jarmonaud, Etienne.
Jonquet, Yro.
Jandon, Martin.
Jannin, Alexandre.
Jansen, Joseph.
John, David.
Jirard, Dominique.
Jochmann, Johann.
Janquin, François.
Jérôme, Joseph.
Jermen, Noël.
Justindalle, Florent.
Jenbert, André.
Jonquet, Yre.
Jordan, Jean.
Irvaul.
Jacquiniers, François.
Jodo, François.
Jarraud, Joseph.
Jaclein, André.
Imzuhau, Martin.
Jones, André.
Jamais, Guillaume.
Juiseppe, Antoine.
John, Pierre.
Ibert, Auguste.
Jeannot, Laurent.
Jaco, Nicolas.
Jerney, Jean.
Joanin, François.
Jardin (Du).

K.

Kolchen, Johann.
Krenier, Jac.
Kauffmann, Sébastien.
Kanne, Prosper.
Kurval.
Kool, Anton.
Kumi, Nicolas.
Kerwer, Kren.

Kipper, Jean.
Kauer (De), Gedacus.
Klonsdorff, Johann.
Kilian, Rynæ-Michael.
Komers, Peter.
Kurz, Jacob.
Klostermann, Wilhelm.
Kremer, Pierre.

Kratzuer, Wilhelm.
Kronenberger, Louis.
Kervell, Auguste.
Koelert, Jacques.
Karmiers, Jacques.
Karsten, Julius.
Kodermos, Philippe.
Kleho, François.

Korde, François.
Kappe, Joseph.
Kischler, Laurent.
Kerz, Antoine.
Kosse, Daniel.
Krugel, Jean.
Kruse, François.
Kiefer, Jean.
Konynenbourg, Dominicus.
Kovel, Michel.
Kellner, Léonard.
Koll, Adam.
Kunel, Pierre.
Kochan, Guillaume.
Kerkhoff (Von), Johannes.
Kuny, Clément.
Kruger, Friedrich.
Kalikow, Joseph.
Kock, Johann.
Kopp, André.

Kullo, Joseph.
Kodose, André.
Kulbert, Réné.
Kilbert, Antoine.
Knopierre, François.
Klicks, Jean.
Kaesser, Georges.
Keller, Jean.
Kassari, François.
Keneuvre, Jean.
Korol, Jean.
Kayex, Thomas.
Knop, Jean.
Kleine, Chrétien.
Kroeling, Mathieu.
Kors, Jean.
Knoch, Stephan.
Kirst, Jean.
Kittering, Michel.
Krevel, Charles.

Kirschner, Conrad.
Kughoofen, Herrmann.
Kerik, Mathieu.
Krans, Pierre.
Kuyker, Antoine.
Konig, Jean.
Kartou, Hébert.
Kuyen, Giel.
Kanaczack, Valentin.
Kieper, Peter.
Kannengiesser, Jacques.
Kaumenberg, Cornelius.
Kilian, Michael.
Keckroth, Bale.
Kemers, Matthias.
Kannomil, Eduard.
Kungen, Nicolas-Victor.
Kologrande, Carle.
Kalich, Jacques.
Koch, Philippe.

L.

Lavastrie, François.
Linkerbeck, Heinrich.
Labouteillère, Silvain.
Labouteillère, Silbain.
Loubares, François.
Lacombe, Alexandre.
Lomonier, Louis.
Lafeuille, Louis.
Leroy, Casimir.
Liebart, Donard.
Lefton, François.
Latu, Bernard.
Lemiller. Claude.
Lederé, Jean-Nicolas.
Lorio, Jean.
Lechers, Pierre-Félix.
Legrand, Guilain-Côme.
Loise, Jean.
Legrix, Guillaume.
Lecomte, Roch.
Loli, Peter.
Ligne, François.
Laporte, Marie.
Lesage, François.
Lemarchant, Pierre.
Lavigne, Baptiste.
Liste, Amand.
Lemoine, Jacques.
Leroux, Pierre.

Legrand, Toussaint.
Leroux, Louis.
Legrand, Jean-François.
Le Coq, Célestin.
Leneutre.
Lamy.
Laborde.
Larmein.
Lissarb.
Letux.
Lefèvre.
Lesveur.
Leonpaut.
Le Luvre, Jean.
Lersch, Jean.
Lafargues, Pierre.
Lapostelle, Franz-Joseph.
Legue, Mietal.
Landormie.
Lamie, Jean.
Le Bonpain, Jean.
Luderam, Huxtam.
Laroche, Jacques.
Lemont, Baptiste.
Labre, Germain.
Langle, Louis.
Laplanche, François.
Lejeune, Louis.
Langlès, Pierre.

Linie, Jean.
Langlais, Jean.
Levalleur, Jean-Philippe.
Locana, Jacques.
Laurini, Pierre.
Lemaire, Olivier.
Loren, Marie-François.
Leforchal, Jean.
Lajé, François.
Loban, Jean.
Lucin.
Loye, Claude.
Lavenu, Pierre.
Livégue, Pierre.
Laubert, Jean.
Leloire, François.
Lobmeyer, Denis.
Lefreber, Jean.
Lau, Nicolas.
Langi, Louis.
Lengert, Jean.
Le Linie, Pierre.
Lepage, Denis.
Lamberte, Pierre.
Lego, Louis.
Lorenz, Michaël.
Leay, Joseph.
Luciano, Pierre.
Lené, Antoine.

Larue, Joseph.
Limonsin, Nicolas.
Labigang, François.
Labernesse, Jean.
Lorang, Pierre.
Lefrançois, Nicolas.
Luguet, Jean.
Lefèvre.
Lartout, Joseph.
Lhomme, Martin.
Lasalle, Pierre.
Latache.
Lebreton, Jean.
Lucians, André.
Limousin, Jacques.
Luciano, Pierre.
Leni, Jacques.
Lunoisso, Louis.
Levis, Etienne.
Labadins, Antoine.
Lefèvre, Jean.
Lacaille, François.
Lambière, Martin.
Lagess, Philippe.
Lovi, Kunz.
Lecko, Louis.
Lambergue, Jacques.
Lardigé, Gease.
Louvil, Pierre.
Lott, François.
Lequenier, Carle.
Lacherreuille, Jacques.
Luck, Nicolas.
Lenossier, Jean.
Leining, Franz.
Lelis, Antoine.
Loran, Boreille.
Lien, Franz.
Lonn, Frédéric.
Loutier.
Lallemons, Nicolas.
Laroux, Jean.
Lott (Saint), Nicolas.
Lhomme, Pierre-Alexis.
Lepreux, Jean.
Léger, François.
Leguillon, André.
Lemaine, Louis.
Lillie, Pierre.
Lingueroy, Léonard.
Loubier, Alexandre.
Lalu, Etienne.
Lareveau, Joseph.
Lowe, Frédéric.

Lamie, François.
Latauge, Auguste.
Louis, Jacques.
Lion, Joseph.
Lesvier, Jean.
Lenon, François.
Lemann, Mathias.
Lorvain.
Later, David.
Lancier, Ernest.
Lucot, Pierre.
Laporte, Louis.
Loran, Mathias.
Louisse, François.
Lepreure, Pierre.
Lafoir, Jean.
Lambert, Chevy.
Lecollier, Jean.
Longland, Auguste.
Lougeri, Pierre.
Louatowe, Bertrand.
Lerble, Jean.
Landri, Joseph.
Lhevalier, Michael.
Lareveau, Joseph.
Lariou, Pierre.
Legro, François.
Loewie.
Lesser, Antoine.
Louis, Jean.
Laudin, André.
Lefèvre, Jean.
Labanos, Pierre.
Labitte, Joseph.
Lenardi, Pierre.
Lefère, Jean.
Leclois, Jean.
Leduc, Pierre.
Lerois, Jean.
Liebertin, François.
Lamide, Jacques.
Lemasso, Brice.
Lhevan, Pierre.
Limpert, Georges.
Luck, Pierre.
Limor, Joseph.
Lamirac, Claude.
Lerval, François.
Labale, Claude.
Lanottier, André.
Lafon, André.
Lepidua, Jean.
Luet, Constant.
Lobarche, François.

Lorens, François.
Lampe, Joseph.
Lenoir, François.
Ladonei, Pierre.
Lafore, François.
Lingere, François.
Laver, Etienne.
Loliger, Daniel.
Leforsch, Joseph.
Lefefre, Jean.
Legout, Charles.
Lacube, Jean.
Lecoutelaire.
Lenève, Antoine.
Lhoran, Frédéric.
Lescha, Joseppe.
Lencre, Pierre.
La Raison.
Lattach, André.
Lacombe, François.
Lapie, Jacques.
Legales, Nicolas.
Laure, Louis.
Lepetit, Jean.
Lafarce, François.
Lage, Laurent.
Loubares, François.
Lacombe, Alexandre.
Leschetzky, Félix.
Lomonier, Louis.
Lemain, Nicolas.
Le Gau, Jacques.
Lafeuille, Louis.
Leferre, Jean.
Leterer, Frédéric.
Landelle, André.
Lange, Daniel.
Leroy, Casimir.
Larivière, Jean.
Liebord, Donat.
Liourson.
Loeliger, Pierre.
Lebrain, Pierre.
Lefton, François.
Loupie, Pierre.
Latu, Bernard.
Lemiller, Claude.
Leblanc, Jean.
Libral, Jean.
Lamie, Louis.
Ledève, Jean.
Lorio, Jean.
Leclere, Félix.
Lacube, Jean.

Legrand , Côme.
Letournier, André.
Lepetit , Pierre.
Léger , André.
Loise , Jean.
Legrix , Guillaume.
Lecomte.
Loli , Pierre.
Ligné , François.
Laporte , Jacques.
Lagrand, Etienne.
Lonneries , Pierre.
Liégerots , Jean.
Lesage , François.
Levanti , André.
Lemarchant, Pierre.
Lutgens , François.
Lavigne , Jean.
Levie , André.
Lecoutelaire.
Lisle , Amand.
Legal , Pierre.
Lissa , Pierre.
Lemoine , Jacques.
Leroux , Pierre.
Long , François.
Legrand , Toussaint.
Lallemand , François.
Leroux , Louis.
Lena , André.
Legrand , François.
Lajarthe , Jean.
Lappard , Jean.
Lallmand , Pierre.
Lafargue , Jean.
Louret, Alexandre.
Leroux , André.
Lelis , Antoine.
Lebenau , Jean.
Loran , Boreille.
Lecout, Jacques.
Lazabert, Beslart.
Leonhardt , Frédéric.
Landeroi , Pierre.
Landel , Thomas.
Landeroi , Pierre.
Lebrains, André.
Leganec, Jacques.
Lorraing , André.
Laurande , François.
Leclaire , Clément.
Lessawa , Jacques.
Langier, Jean.
Lamotie , Antoine.

Lartigals , Julio.
Lafite, Guillaume.
Lerrier, Jean.
Lettinou , Henri.
Launay.
Letinard , Pierre.
Lovikowsky.
Ligout , Louis.
Leberti , François.
Lesser, André.
Larche , Pierre.
Laplaine , Claude.
Lauza , Pierre.
Lacknied , Pierre.
Labbé , Jean.
Linon , Etienne.
Lacombe , Jean.
Lacube , André.
Luissi . Pierre.
Lasalle, André.
Lascure , Antoine.
Léger , François.
Leclero , Antoine.
Lefebré , Joseph.
Lonbeyre, Bernard.
Lamoureux, Antoine.
Lallmand, Alexis.
Laurent , Antoine,
Lecompte , Louis.
Lecomte, François.
Levie , Etienne.
Lommerie , Jean.
La Raisson, François.
Lenève , Guillet.
Lecoutelaire , Antoine.
Lacombe , Jacques.
Laraison , François.
Laure , François.
Lambert , Jean.
Luffling , Antoine.
Lazari , Antoine.
Loyau , Pierre.
Liganea , Antoine.
Lezen , Laurent.
Lambert , Nicolas.
Lermite , Jacques.
Lami , François.
Ludge , André.
Lesser, François.
Lecoq , Jean.
L'Couttredier, François.
Letertre , Jean.
Laurent , André.
Lemotte , Jean.

Lancelin , Pierre.
Losserau , Réné.
Laube, Antoine.
Leroi , André.
Lagé , Pierre.
Libertain , Louis.
Lheoyot , Louis.
Lemair , Pierre.
Lalverge.
Lohr, Pierre.
Lorand , Pierre.
Loux , Louis.
Lefèvre , Pierre.
Lasserue , Antoine.
Lesseri , Pierre.
Leumert , Antoine.
Lettelier, Pierre.
Laurin , André.
Lambeck , Georges.
Landré, Jacques.
Lesobère , Jacques.
Lexis , Baptiste.
Lebertin , François.
Longva , Louis.
Labigang , André.
Limousin , Jacques.
Lelopint, François.
Laure , Antoine.
Limousin , Baptiste.
Luciano , André.
Lené , Pierre.
Levis , François.
Legager, Jacques.
Lassard , André.
Lafontaine.
Labadins , Henri.
Lichbers . Henri.
Lemoine , Antoine.
L'homme, Guillaume.
Lasson , Pierre.
Lonfaut , Jacques.
Legager, Nicolas.
Levecque, Etienne.
Eument, Pierre.
Lefèbre , Louis.
Lapulla , Michel.
Lecleru , Augustin.
Lonfaut , Louis.
Levoist , Guillaume.
Lessier, Guillaume.
Lambert , François.
Laverne , Jean.
Lecoyrde , Jean.
Lamare , Léon.

Labernesse, Antoine.
Lépissier, Etienne.
Lalière, Jacques.
Leroux, Pierre.
Lorin, Ferdinand.
Lacour, Philippe.
Lamel, Alexandre.
Limand, André.
Levardin, Ernest.
Luerno, Pierre.
Lingue, Pierre.
Lefèbre, Julien.
Laurin, Louis.
Lalard, François.
Luia, Prosper.
Lewêque, Antoine.
Landry, Pierre.
Laquedoc, Antoine.
Lecleri, Louis.
Lebrain, Antoine.
Latasse, Charles.
Lacanon, Joseph.
Lamanche, Pierre.
Lutter, Frauz.
Larrène, Jean.
Lermas, Pierre.
Lomarelli, François.
Lacour, Philippe.
Lépinne, André.
Lattache, Joseph.
Luceau, Jean.
Lacrua, Louis.
Lebrum, Nicolas.
Lehn, Baptiste.
Lucodi, Antoine.
Lecoutte, André.
Lhoran, Pierre.
Luerno, Jacques.
Laurenti, Pierre.
Lenard, François.
Laforu, Pierre.
Laposte, François.
Lenecar, Jacques.
Laronis, Joseppe.
Lutz, Michaël.
Louisson, Pierre.
Lavignac, Etienne.
Lameau, François.
Lauriaque, Guillaume.
Lambotte, Pierre.
Laurain, Charles.
Lanie, Antoine.
Lamisso, Louis.
Lanello, Pietro.

Lamargue (De), Jean.
Luille, Pierre.
Lecher, André.
Laville, Jean.
Lavigne, François.
Levauve, Alexis.
Laberno, Etienne.
Lieur, Picus.
Lamcur, Jean.
Lavin, Jean.
Louis, Arde.
Lesze, Michaël.
Lebrevy, François.
Lemojan, François.
Lego, Louis.
Lorenz, Michaël.
Lagrauch.
Lebrains.
Lillie (Le), Louis.
Lustrack, Bertram.
Luc, Jean.
Libtling, Christian.
Lavain, Peter.
Lavilles, Johann.
Louis, Jean.
Lebelle, Ludwig.
Laurre, Jean.
Lange, Johann.
Louis, Thomas.
Largie, Laron.
Loran, Frédéric.
Lahasch, Naum.
Leschky, Jean.
Leasan, Philippe.
Lovanier, Pierre.
Louve, Pierre.
Ledbel, Louis.
Lovigée, Jean.
Leho, Joseph.
Lorenz, Michaël.
Limojan, François.
Lego, Louis.
Lucaster, Jacques.
Leipoldt, Antonie.
Lucin, Pierre.
Leithaus, Christian.
Larbre, Baptiste.
Laroche, Pierre.
Laplanche.
Lejeune, Louis.
Lecoult, Pierre.
Langlais, Jean.
Lefarchet, Antoine.
Lemouetti.

Lallanully.
Legat.
Lamy, Pierre.
Laulion, Louis.
Lefent, Pierre.
Lichenot, François.
Larivière, Jean.
Lephay.
Lorenzo, Pierre.
Lebour, Jean.
Lavare, Etienne.
Latour, Pierre.
Loraul, Joseph.
Laurent, François.
Landey, Julien.
Lamotte, Baptiste.
Loret, Pierre.
Lannier.
Lani, Pierre.
Lecong, Jean.
Laugier, Joseph.
Lignon, Jean.
Lemoussin, Baptiste.
Lampires, Alexandre.
Laubetz, Guillaume.
Labiron, Baptiste.
Lecompte, Jean.
Leitz, Joseph.
Lafond, André.
Lemarson, Etienne.
Letouir, Joseph.
Lados, Jean.
Landry, Antoine.
Lebros, Baptiste.
Langlois, Pierre.
Lajarme, Antoine.
Lavanie, Louis.
Labon, Pierre.
Letrovel, Jean.
Lefève, Pierre.
Laballut, Jacques.
Lemoigue, Coan.
Lansout, Esprit.
Latour, Pierre.
Lajarme, Pierre.
Levous, Jean.
Lauptal, Guillaume.
Lafareco, François.
Loichot, Pierre.
Lecourt, Charles.
Lavendrine, Jacques.
Loudovin, Louis.
Lodis, Jean.
Lacroix, Jean.

Lescuillier, Jean.
Louissière, Antoine.
Laroche, Antoine.
Lacroix, Pierre.
Lodille, Philibert.
Lasché, André.
Lavanil, Emenil.
Léon, Jean.
Lacour, Louis.
Lorin, Jean.
Lefèvre, Augustin.
Langlois, Pierre.
Larue, Jean.
Laire, Joseph.
Lebreton, Jean.
Leguet, Louis.
Laurio, Sille.
Laurendome, Pierre.
Laurent, Vignaux.
Lageue, Louis.
Launet, Dominique.
Laurent, Antoine.
Laudeu, Joseph.
Louis, Etienne.
Lemerre, Pierre.
Lapalle, Dominique.
Letors, Louis.
Lavary, Etienne.
Laury, Aury.
Louis, Jean.
Lavoire, Jean.
Lejosse, Regnier.
Ladoir, Pierre.
Laurin, Jean.
Labaude, Mathieu.
Legrand, Dupré.
Lavedy, Félix.
Lehu, Guillaume.
Laurant, Barthélemy.
Lauroue, Pierre.
Lefranc, Pierre.
Lafoir, Pierre.
Lebrun, François.
Lemoure, Pierre.
Lavoir, Pierre.
Leranne, Pierre.
Latuno, Joseph.
Lemaire, Piquet.
Léger, Philippe.
Levieuck, Gilles.
Loiret, Dominique.
Loick, François.
Laurent, Antoine.
Labé, François.

Latoure, Pierre.
Lomaier, Antoine.
Libremont, Batier.
Lertot, François.
Legé, Hubert.
Lava, Mathieu.
Lablite, Joseph.
Lueil, Jacques.
Leclère, François.
Lalus, Joseph.
Ludemille, Pierre.
Laserre, Pierre.
Lamethe, Joseph.
Lacoste, Armand.
Lanavit, Aimé.
Labat, Guillaume.
Lofour, Fleury.
Luwigo, Lorenzo.
Lang, Blisson.
Lavuet, Julien.
Lærmit, Jean.
Lahait, Anone.
Lasard, Lamand.
Loan, François.
Larront, Vaner.
Loribour, Pierre.
Late, Domenic.
Louis, Barthe.
Lucke, Joseph.
Lepoint, François.
Lefort, Louis.
Lafin, Jacques.
Laurent, Charles.
Lithraino, Andrien.
Lanep, Carolus.
Legrand, André.
Lavau, Remi.
Lavent, François.
Lucae, Francae.
Lavenue, Baptiste.
Layne, Jean.
Lamarchoux, Henry.
Lemardiage, Antoine.
Laghi, Mathieu.
Laurette, Jean.
Lusigue, Jean.
Lammermold, Jean.
Leconte, Julien.
Lassar, Jean.
Larsen, Pierre.
Larnold, Baptiste.
Lufant, La Liberté.
Laurenz, Jean.
Lombard, Jean.

Lyon, Pierre.
Larre, Jean.
Labaude, Jean.
Lafond, Jean.
Labadi, Jean.
Lami, Paul.
Legan, Pierre.
Lenoir, Antoine.
Lambetz.
Lapin.
Leeger, Jean.
Lafon, Pierre.
Lanipinon.
Lemerle, Jean.
Louvel, Michel.
Leblond, Pierre.
Larivono.
Lannied, Paul.
Lamarest, François.
Lambert, Georges.
Laguignoches, Jean.
Labasset, Guillaume.
Lauriston, André.
Lange, Pierre.
Langlais, Louis.
Litie, Joseph.
Labaty, Antoine.
Lucke, Christophe.
Lambert, Augustin.
Lerat, Jean.
Lameusen, Lambert.
Lefèvre, Charles.
Laforge, Pierre.
Léon, Charles.
Louis, Denis.
Largillière, Nicolas.
Leclère, Louis.
Lefèvre, François.
Lepas, Nicolas.
Laurent, Jacques.
Laurix, Bigo.
Leblare, Yves.
Laue, Boque.
Leroux, Pierre.
Lipoit, Jean.
Leleux, Pierre.
Loorsch, Michel.
Lattero, Joseph.
Labuger, Joseph.
Lanelle, Pierre.
Larial, Jacques.
Lazony, Jacques.
Lebougre, Joseph.
Lauzan, Vendex.

Lodouze, Jean.
Lacler, Augustin.
Lesier, Luc.
Legui, Pierre.
Laband, André.
Lemousin, Pierre.

Loupe, Henry.
Langlais, Isord.
Leblanc, Louis.
Légère, François.
Lycoury, Louis.
Lamésange, Antoine.

Lamartin, Henry.
Lacielle, Joseph.
Levot, Benoît.
Lelio, Mathurin.

M.

Majar, Gaspard.
Mainy.
Mopinante, Jean-Pierre.
Morie, Pierre.
Mayar, Gaspard.
Mainy.
Mopinarte, Jean-Pierre.
Morie, Pierre.
Mayard, Gaspard.
Masse, Jean-François.
Malaise, Ferdinand.
Mantoulé, Louis.
Marcozi, Franz.
Morlath, Philippe.
Martineau, Réné.
Maréchal, Dominique.
Martin, Baptiste.
Marrechal, Pierre.
Merio, Baptiste.
Merio, Emmanuel.
Messagé, Gabriel.
Moreau, François.
Merle, Claude-Sange.
Merienne, Antoine.
Maslard, Jean-Baptiste.
Macon, Henri.
Ma, Fabien.
Moreau, Jean.
Merlien, Étienne.
Masse, Joseph.
Moseain, Pierre.
Moyard, François.
Mouti, Pierre.
Maître, Jean-Baptiste.
Maibaum, Pierre.
Michel, Louis.
Mauche, Pierre.
Mellin, Étienne.
Monseigneur, Ambroise.
Marain, Jacques.
Mingot.
Massaut.
Martelot.

Marcks, Jean.
Maréchal, Remi.
Mallet, Jacques.
Mero, Remy.
Miroquet, Dominique.
Montjotge, Jacques.
Messian, Antoine.
Masen (van), Joseph.
Marchand (Le), Pierre.
Marchand, Guillaume.
Martenat, Nicolas.
Macon, Modeste.
Manuel, Carle.
Marchand, Pierre.
Magel, Victor.
Morel, Pierre.
Mange, Jean.
Manuel, Jean.
Marten, Louis-Modeste.
Maleveux, Mary.
Mallat, Louis.
Maraux, François.
Minet, Louis.
Mary, Louis.
Mihiel, Jean.
Montreuil, Roger.
Mauchelet, Gabriel.
Meunier, Antoine.
Mihiel.
Meuble, Silie.
Mallet, Julien.
Majoren, Pierre.
Mallet, Louis.
Meulet, Joseph.
Mathieu, Martin.
Morlos, Nicolas.
Maillard, Philippe.
Moté, François.
Mazorière, Jacques.
Mienne, Casimir.
Marsce, Antoine.
Massain, Louis.
Molain, François.

Matthieu, Ferdinand.
Mayer, Friedrich.
Mietiszick, François.
Mottier, Louis.
Martit, Thomas.
Marne, David.
Memminger, Charles.
Mouquin, François.
Mattisson, Louis.
Morell, Nicolaus.
Manderlée, Louis.
Menard, Jean.
Matthieu, Riviere.
Marschall, Peter.
Martin, Jean.
Matthieu, Jean.
Moerschbecher, Pierre.
Maran, Donau.
Martin, Antoine.
Mutzker, Andreas.
Muller, Johann.
Maass, Frédéric.
Mardokel, Philippe.
Merigardes, Bernard.
Mohr, Henri.
Marin, Jacques.
Mertz, Jean.
Modo, Pierre.
Massin, Philippe.
Moniville.
Menadi, Jean.
Maugere, Julien.
Manille, Claude.
Megler, Jacob.
Matthieu, Paul.
Marilly, Joseph.
Martin, Georges.
Meurier, Antoine.
Mahée, François.
Moutier, Louis.
Maurice, Lannau.
Melelin, Auvrie.
Martin, François.

Mazonne, François.
Martin, François.
Monde, Jean.
Marge, Jean.
Morai, Gevissy.
Marchand, Jean.
Misanae, Jean.
Marquardt, Joseph.
Minigini, Joseph.
Manuel, Antoine.
Musson, Dominique.
Morine, Jean.
Millon, François.
Macaroni.
Matthieu, Joseph.
Moncardi, Joseph.
Morin, Baptiste.
Monthes, Pierre.
Matrin, Jérôme.
Magne, Jean.
Montigéné.
Mousset, Louis.
Mattisson, Pierre.
Mori, François.
Mihiel, François.
Miellet, Jean.
Massa, Domini.
Monje, Jean.
Micker, Gottfried.
Martino, Gilbert.
Mathurin, Joly.
Maniez, Marie.
Minime, François.
Moreau, Léopold.
Moisson, François.
Marvede, Henri.
Manoury, Antoine.
Munc, Joseph.
Menard, Pierre.
Monot, Jean-Louis.
Masse, Villebrode.
Maret, Christophe.
Martinelli, Louis.
Meier, Daniel.
Megouli, Jean.
Mischlo, Denis.
Masurle, Casimir.
Mattiron, Julius.
Marenes, Vones.
Masure, Pierre.
Manete, Lorenzo.
Moirs, Étienne.
Marschall, Doel.
Messiale, Pierre.

Momiss, Jacques.
Megran, Michel.
Menard, Léon.
Manion, Jacques.
Mathurin, Bassin.
Micaut, Julien.
Margue, Jean.
Milan, Jean.
Mini, François.
Memminger, Auguste.
Malir, Antoine.
Mayer, Auguste.
Montrato, Louis.
Modeste, Charles.
Magnetto, François.
Marschall, François.
Meriege, Jean.
Moreau, Pierre.
Minuet, Jean.
Marchand (Le), François.
Montanero, Joseph.
Montelino, Antoine.
Marcatte, François.
Mettaran, Jean.
Masse, François.
Mille, Jean.
Mermet, Louis.
Malaise, François.
Mantoule, Louis.
Mouchetto, Jean.
Massonne, Jean.
Macron, Pierre.
Marcozi, Franz.
Milles, Pierre.
Magnan, Antoine.
Montfredy, Jean.
Maronne, François.
Morreau, Pierre.
Moreau, Jean.
Morlah, Philippe.
Marey, François.
Martineau, Réné.
Maillard, Jean.
Mellier, François.
Maréchal, Dominique.
Mahistre, Pierre.
Mausset, Jean.
Martin, Jean.
Maréchal, Pierre.
Machavoines, Jacques.
Merio, Jean.
Mario, Emmanuel.
Magdlenau, François.
Maire, Etienne.

Marcontoire, Emmanuel.
Minet, Jacques.
Message, Gabriel.
Moreau, François.
Mangeherini, André.
Merle, Claude.
Meige, Jean.
Messonnier, François.
Merienne, Antoine.
Marque, François.
Maflard, Jean.
Macon, Henri.
Marchand (Le), Jean.
Mallet, Charles.
Mat, Antoine.
Macdenier, François.
Montbard, André.
Morus, Jean.
Moreau, Jean.
Merlin, Étienne.
Moulinary, Pierre.
Magnetto, Jean.
Mories, Étienne.
Masse, Joseph.
Moscain, Pierre.
Moyard, François.
Mouti, Pierre.
Marcais, François.
Maitre, Jean.
Montalenti, Jean.
Maibaum, Joseph.
Moiselle, Antoine.
Marioel, Jérôme.
Mack, Gaspard.
Morin, André.
Mendes, Henri.
Motres, Antoine.
Mouiller, Pierre.
Massin, François.
Morandes, Pierre.
Magnü, Louis.
Montagne, André.
Massere, Antoine.
Maréchal, Pierre.
Montretis.
Menzig, Jacob.
Moni, Pierre.
Monte, Antoine.
Morain, Jacques.
Mahoni, Bartholome.
Meyer, Martin.
Marseille, Jean.
Musi, Joseph.
Muffi, Joseph.

Manual, Baptiste.
Macal, Jean.
Martain, Pierre.
Michler, Conrad.
Madezolli, Joachim.
Muquet, Jacques.
Moris, Barol.
Munier, Jean.
Marietas, André.
Menard, Pierre.
Marcacie, André.
Mabille, François.
Mouscardon, Antoine.
Martin, Joseph.
Mestray, Lambert.
Michevand, André.
Mercier, Pierre.
Merlon, Antoine.
Marx, François.
Metivier, Jean.
Marion, André.
Moulinary.
Mariege, Paul.
Marcais, André.
Messiere, Jacques.
Mettavan, Jacques.
Mantua, Pierre.
Moulinary, André.
Marchand (Le), Louis.
Montanaro, Pierre.
Marquardt, Jean.
Motte, François.
Menol, Antoine.
Morceau, André.
Mosson, Jacques.
Margret, François.
Motte (de La), André.
Marget, Claude.
Marichal, Jean.
Morin, Pierre.
Maison, Antoine.
Michot, André.
Marin, André.
Minier, Michel.
Meinert, Jean.
Machard, Pierre.
Martinelli, Jacques.
Marin, Pierre.
Machard, Jean.
Monjean, Pierre.
Menge, Daniel.
Metzner, Baptiste.
Mién, Antoine.
Matille, Baptiste.

Mabille, Pierre.
Moreille, François.
Martin, Jean.
Moral, Jean.
Maré, André.
Meral, Jacques.
Moral, Baptiste.
Moncousin, Louis.
Monweusin, Jacques.
Mullot, Baptiste.
Macdonald, Étienne.
Mouchon, Louis.
Madliene, André.
Mauroux, Étienne.
Murrat, Louis.
Momhard, Louis.
Molard, Julien.
Manot, André.
Maurice, Jacques.
Manoury, Jean.
Milord, Louis.
Millnet, François.
Mennrath, Guillaume.
Mathurin, Pierre.
Molitor, Jean.
Michel, Pierre.
Martin, François.
Martit, Étienne.
Moerce, Jean.
Murenne, Jean.
Murrier, Joseph.
Mora, Louis.
Movant, André.
Mouchenau, Nicolas.
Martin, François.
Merlin, Charles.
Mercier, Louis.
Martin, Jean.
Monheim, Simon.
Moeser, Antoine.
Munier, Pierre.
Maas, Gaspard.
Michoud, François.
Martier, Louis.
Movant, Pierre.
Michot, François.
Montannier, Pierre.
Mrouit, Dieu.
Marti, Antoine.
Mullot, François.
Moren, Pierre.
Martin, François.
Masette, François.
Monet, Amable.

Minu, Jean.
Montigny, François.
Marvede, Louis.
Marseille, François.
Munot, Louis.
Matthieu, Baptiste.
Maritau, Guillaume.
Muccker, Jean.
Marrechal, Pierre.
Menard, Charles.
Martin, Pierre.
Maury, François.
Morlot, Antoine.
Marroin, Baptiste.
Moulin, Baptiste.
Meriaux, Georges.
Moulin, Antoine.
Montois, Louis.
Montrard, François.
Mercier, Frédéric.
Muller, Laurent.
Munier, Pierre.
Mayer, Étienne.
Molard, Michel.
Munier, Frédéric.
Morel, François.
Mazure, Léonard.
Minghelle, Gaëtan.
Morin, André.
Mars, Antoine.
Millac, Joseph.
Martin, Pierre.
Mollin, Jacques.
Maugé, Louis.
Mattio, François.
Marteng, Pierre.
Merle, Jacques.
Maudet, François.
Mauritze, Denis.
Morelli, François.
Meunier, Benoît.
Mari, Jean.
Molard, Pierre.
Montigné, Antoine.
Mazza, Joseph.
Mardie, François.
Massiaux, Pierre.
Mandini, François.
Milord, Pierre.
Modelle, Jean.
Maronai, Pierre.
Mandang, Charles.
Morin, Joseph.
Marie, Joseph.

Mantaile, Simon.
Muller, Nicolaï.
Moret, Louis.
Martine (de), André.
Minio, Pierre.
Marescotti, Joseph.
Menot, Georges.
Meunier, Pierre.
Meriaux, André.
Merlo, Guillaume.
Mullot, Pierre.
Marona, Pierre.
Marisset, Réné.
Mathe, Joseph.
Miguello, André.
Maturin, Jean.
Marcince, Auguste.
Milano, Joseph.
Miseroche, Antoine.
Martele, Jean.
Martin, Joseph.
Molard, Pierre.
Moris, Joseph.
Magnagnini, Louis.
Mazarino, Juliano.
Martin, Pierre.
Mischellow, Louis.
Michelotto, Paul.
Martignot, Antoni.
Maltony, Domingo.
Michael, Louis.
Moris, Jacques.
Marquett, Jean.
Moisson, Baptiste.
Morrège, Blaise.
Moitie, Pierre.
Marin, Claude.
Munot, Pierre.
Maugé, Antoine.
Merlin, Baptiste.
Malgloire, Antoine.
Maltoni, Dominique.
Maselon, Joseph.
Mousselle, Louis.
Moudin, Mathieu.
Malai, Louis.
Merlot, Guillaume.
Mundrie, Baptiste.
Meziaux, André.
Mantey, Pietro.
Meunier, Pierre.
Mindouze, Charles.
Magon, François.
Marseille, Jean.

Minio, Antoine.
Moris.
Murro, Jean.
Mathieu, Joseph.
Margie.
Mischell.
Marvède (Le).
Mathieu, François.
Mayard, François.
Muessner, Jacob.
Mantouro, François.
Mozin, Antoine.
Maset, Jean.
Merwell, Antoine.
Monte, Jean.
Martiny, Jean.
Motte, Christain.
Michand, Jean.
Merda, Reimann.
Meyer, Antoine.
Marck, Michael.
Mathieu, Martin.
Malle, Jean.
Muessel, Bernard.
Marchall, Jean.
Mudner, Geyer.
Mio, François.
Masse, François.
Mathieu, Nicolas.
Millet, Paul.
Mereuli, Jean.
Masse, Jean.
Meuniers, Jacques.
Manuel, François.
Malle, Louis.
Marten, André.
Maresisat.
Mangane.
Manterme.
Monnet, Antoine.
Montreuil, Ferdinand.
Mencier, Jean.
Marie, Jean.
Miquieuche, Fouquette.
Meda, Joseph.
Montenotte, Pierre.
Mallaval, Antoine.
Metivier, Pierre.
Metté, Baptiste.
Manelie, Etienne.
Molier, Pierre.
Marcomb, Pierre.
Moreau, Baptiste.
Mayer, Valentin.

Maze, Jean.
Marceaux, Louis.
Mareschall, Louis.
Montfort, André.
Markol, Markoqui.
Moava, Jean.
Malette, André.
Marvède, Antoine.
Marlot, François.
Mathieu, Antoine.
Massier, Antoine.
Masson, Pierre.
Menard, Julien.
Mohl, Germain.
Munett, Jean.
Manett, André.
Mohamaud, Jean.
Midon, Baptiste.
Meier, Jean.
Mazez, Claude.
Magues, Maurice.
Margraffe, Joseph.
Morel, Claude.
Mouzet, Moyard.
Menegreti, Pierre.
Milas, André.
Matelot, Charles.
Mouchon, François.
Mossarie, Etienne.
Marché, Jean.
Masseraut, Etienne.
Moran, Baptiste.
Mazola, Sante.
Mellier, Henri.
Moreno, Guillaume.
Munier, François.
Mennien, Jean.
Moret, Renard.
Monfort, Etienne.
Marchand, Baptiste.
Moset, Antoine.
Merio, Joseph.
Messelle, Antoine.
Menard, Antoine.
Marte, André.
Mailly, Louis.
Manelli, Pierre.
Maitret, Pierre.
Morinet, François.
Mistraux, Baptiste.
Moureat, Guillaume.
Michau, Jean.
Machiniac, Martin.
Morin, Vincent.

Massard, Joseph.
Marthau, Jean.
Mowire, Jean.
Marie, Jean.
Martin, Pierre.
Martaut, Philippe.
Marrière, François.
Mout, Siboli.
Moutier, Jean.
Martelle, Joseph.
Marre, Pierre.
Mare, Natalie.
Michel, François.
Menau, Frédéric.
Marcon, Chrétien.
Martou.
Menuville, Frédéric.
Martier, Nicolas.
Marie, Hélène.
Maudesauze, Jean.
Mautelle, Pierre.
Marcouète, Jean.
Manuel, Pierre.
Marien, Pierre.
Marie, Paul.
Messre, Antoine.
Mathieu, François.
Marmont, Jean.
Marthête, Etienne.
Millachard, Etienne.
Marchand, Charles.
Metau, Antoine.
Mourtany, Pierre.
Martotet, Carliane.
Metier, Rabouté.
Melledern, Pierre.
Mautarier, Barthélemy.
Marrier, Denis.
Mathieux, Pierre.
Marthe, Nicolas.
Mietto, Ferry.
Marrast, Joseph.
Morthe, Jean.
Mothus, Pierre.
Morai, Jean.
Mindie, François.
Mathieu, François.
Morin, Auguste.
Mandowani, Joseph.
Mauri, Jean.
Mafroi, Joseph.
Messant, Pierre.
Marton, Baptiste.
Mondieu, Etienne.
Massonic, François.

Macht, Auguste.
Miselli, Minoire.
Matin, Auguste.
Marmot, Jean.
Marin, Georges.
Meschinang, Baptiste.
Menard, Pierre.
Meyer, Heinrich.
Marty, Guillaume.
Mari, Jean.
Merle, Geoffroy.
Marser, Félice.
Marche (La), Pierre.
Medar, Etienne.
Matisa, Louis.
Maissard, Silvain.
Modeste, Thierry.
Merer, Joseph.
Mercion, Luc.
Modin, Luc.
Masson, Auguste.
Moulin, André.
Monfre, Joseph.
Maltau, Guillaume.
Marteino, Pietro.
Montanary, Louis.
Mariani, Paul.
Minvieille, Bertrand.
Mariany, Jacques.
Martinot, Guibert.
Morff, Jacques.
Muller, Frédérich.
Meunier, Jean.
Moery, François.
Monpetitjau, Jean.
Macet, Jacques.
Meyer, Kinister.
Maloy, Jean.
Massac, Charles.
Micoclo, Jean.
Montjoie, Jacques.
Monouville, Antoine.
Marion, Jean.
Merinot, Mathias.
Moreau, Etienne.
Merlin, Pierre.
Marie, Jean.
Minguetz.
Mathurin, Louis.
Moutelieu, Joseph.
Menard, Pierre.
Massard, François.
Marlier, Pierre.
Michaël.
Martin, Mathurin.

Mirois, Jacques.
Memeling, Henry.
Montagné, Antoine.
Millon, Antoine.
Martin, Jacques.
Mazureau, Louis.
Mujat, Joseph.
Meulemaure, Mathieu.
Mailard, Pierre.
Mechen, Ferdinand.
Miglipen, Michel.
Miclix, François.
Modar, Baptiste.
Meunier, Charles.
Maric, Joseph.
Meisir, Théodore.
Morat, Jean.
Maintene, Guillaume.
Meinar, Pierre.
Marion, Jean-Pierre.
Marse, Jean.
Martin, Pierre.
Marisoll, Louis.
Montuani, Charles.
Mani, Lugi.
Marchand, Baptiste.
Méchoux, Jean.
Marori, Pierre.
Martinet, Noël.
Medavin, Jean.
Monfredo, Bartholmi.
Marlano, Jacques.
Martin, Pierre.
Mullot, Jean-Baptiste.
Martilony, Abe.
Marse, Dominique.
Marou, Joseph.
Muller, Léonard.
Martial, Dalor.
Mouly, Antoine.
Moulin, Auguste.
Mallet, Charles.
Madeste, Hurmig.
Melis, Alexis.
Marssel, Martin.
Matture, Mossan.
Michel, Pierre.
Martin, Jean.
Maas, Heinrich.
Minet, Louis.
Mari, François.
Mardinione, Bernard.
Marceaux, Louis.
Montigny, Jean.
Morel, Louis.

N.

Noel, Franz.
Nicolas, Etienne.
Noël, Franz.
Nicolas, Etienne.
Nanéon, Victor.
Nory, Carl.
Neveu, Jean.
Naisie, Pierre.
Nicoud, François.
Nate (V. D.), Baptiste.
Navaux, Pierre.
Noiz, Jean.
Nicolas, Jean.
Nigaud, Pierre.
Nuscus, Wilhelm.
Nowals, Joseph.
Nicolai, Jean.
Neupert, Frédéric.
Niemeyer, Peter.
Nadain, Louis.
Noiran, Pierre.
Neapolitano, Jacques.
Nelso, Jean.
Naturel, Charles.
Negrad, Antoine.
Nègre, Jean.
Noirton, François.
Noirtin, François.
Naef, Joseph.
Nicout, Louis.
Nicout, Louis.
Nelza, Baptiste.
Noye, Pierre.
Neuf, Baptiste.
Nolden, Wilhelm.
Niesfe.
Nicolas.
Naisse, Guillaume.

Naisse; Michaël.
Nouau, François.
Nicolaï, Jean.
Nadale, Etienne.
Nergeon, Jacques.
Nies, Guillaume.
Novia, Claude.
Noël, Jean.
Nesoir, Jean.
Neuf, Pierre.
Neubert, André.
Nicolaï, Claude.
Noali, Alexandre.
Nouvel, Jacques.
Niel, Viaume.
Néro, Jean.
Nouvell, Pierre.
Nanjac, Antoine.
Nevers, Jacques.
Nobiling, Baptiste.
Necger, Pierre.
Nowaly.
Nanony, Bastien.
Nègle, Casimir.
Neumann, Gottlieb.
Natris, Jules.
Noyer, Jean.
Nequosse.
Naché, Joseph.
Nots, Antoine.
Nivenheuge, Corneille.
Nicolas, Marie.
Nicolas, Jean.
Nicolas, Jean.
Nommer, Antoine.
Nalauge, Pierre.
Nelliegrand, Pierre.
Nitar, Baptiste.

Nieleber, Louis.
Nouel, Jean.
Nost, Guillaume.
Norvat, Michel.
Navayolis, Jean.
Noël, Jean.
Nouris, Pierre.
Noël, Victor.
Noix (de la), Louis.
Negaret, Jean.
Niolissert, Jean.
Nicoleit, Jean.
Nougareau, Jean.
Norman, Joseph.
Naldin, Gaspard.
Nicolas, François.
Nanélivieuss.
Novelito, Sébastien.
Niolas, Pierre.
Naugé, Pierre.
Noaldeur, Joseph.
Neneur, Martin.
Negaut, François.
Nicolas, François.
Neveux, André.
Nouvell, Pierre.
Naolabel, Charles.
Notaire, Louis.
Nabatoff, Gilante.
Noël, Jean.
Noir, Jean.
Nicolas, Pierre-Antoine.
Nasse, Louis.
Naigre, Etienne.
Nouvelle, Pierre.
Nolot, Baptiste.
Neveu, Antoine.

O.

Oin (Saint), Jacques.
Oustin, Jean.
Omnes, Pierre.
Olinse.
Ogepy, Pierre.
Ozanau, Henry.
Oweger, Mathias.

Ory, André.
Oting, Philippe.
Orier, Joseph.
Olivier, Mayor.
Olivier, Audien.
Odissie, Charles.
Ossio, Cicio.

Ottai.
Olivier, Philippe.
Oin (Saint), Jacques.
Omnes, Pierre.
Oudenot, Antoine.
Oudor, Jean.
Olivier, Jean.

Olivier, François.
Olivier, Brillond.
Olivier, Antoine.
Oudain, Jean.
Oswald, Jacques.
Ossy, François.
Orléans, Antoinette.
Ory, Pierre.
Orth (Van), Simon.
Oudinot, André.
Oudinot, Pierre.
Ordolio, Antoine.
Olivier, François.
Orlon, Bernard.
Osorell, Pierre.
Ormans, Antoine.
Olivier, André.
Onro, Victor.
Orannes, Etienne.
Olivier, Henri.
Odin, Claude.
Onsoint, André.
Osard, Charles.
Orgau, Jacques.
Orie, François.
Orie, Louis.

Oloin, Valentin.
Otienne, Arnous.
Oang, Pierre.
Odof, François.
Olivier, Louis.
Orange (de), Guillaume.
Orose, Jean.
Ourge, Pierre.
Ouinard, Joseph.
Ortjel, Ernest.
Ogrymer, André.
Ourine, Pierre.
Olivier.
Oreau, Pierre.
Oliveau, André.
Osterdag, Philippe.
Osch, Joseph.
Odeau, Guillaume.
Olivier, Philippe.
Ory, Claude.
Oeberlein, Johan.
Oudin.
Ory, Jean.
Ohle, Antoine.
Osselin, Pierre.
Ozipeirei, Geoffroi.

Oavagard, Marie.
Oberlach, Andreas.
Ortman, Pierre.
Olivier, Joseph.
Odon, Antoine.
Oschard, Jean.
Ouarn, Jean.
Oiseaux, André.
Ogmint, Denis.
Olivier, Jacques.
Olivier, Jean.
Osselin, Jean.
Olivier, Pierre.
Ouvray, Pierre.
Ottinger, Louis.
Ouvrat, Jacques.
Ossain, Jacob.
Ohm, Bonne.
Ollivie, Jean.
Olivier, Baptiste.
Omeute, Jean.
Oehlers.
Ondriot, Léonard.
Odinau, Guillaume.
Ossarno, André.
Otolorai, Jean.

P.

Pascal, André.
Patricon, François.
Pisoerot.
Piperot.
Podvin, Jacob.
Pea, François.
Patricon, François.
Pisoerot.
Piperot.
Podvin, Jacques.
Patricon, François.
Pezaud, Martin.
Patte, Auguste.
Pelletier, François.
Percheron, François.
Peter, Jean.
Pianazi, Ignace.
Penaud, Jacques.
Pillon, Jean-Gabriel.
Pieters, Engel.
Pigeau, Michel.
Papelard, Charles.
Pons, Jean.

Paulisch, Baptiste.
Piraud, Antoine.
Prevost, Alexandre.
Peteaud, Jean.
Pot, Auguste.
Police, Michel.
Prince, Louis-Joseph.
Picard, François.
Peitro.
Pronier, Simon.
Pagni, Pierre.
Pont (d'Entre le), Jean-François.
Potain, Jean.
Paulus, André.
Paule, Jean.
Perneet, Nicolas.
Pleer, Jean.
Paakal, Denis.
Porte, Louis.
Pigau, Jacques.
Plaute, François.
Plesi, Denis.

Prait, François.
Pint, Simon.
Pierrot, Nicolas.
Pleu, Jacques-Guillaume.
Pirla, François.
Poene, Louis.
Pasteur, Clément.
Philistère, Edouard.
Perette, Jean.
Polerissom, Pierre.
Prelé (le), Jean.
Pollet, Jean.
Plouet, Jean.
Pirromet, Marie.
Pierre, Ronald.
Ferrier, Jacques.
Pacourt, Louis.
Pierre, Caugis.
Parchey, Louis.
Patriarche, Pierre.
Parrot, Jean.
Pinart, Alpin.
Puimbet, Michel.

Perot, Pierre.
Picard, François.
Parrot, François.
Porte (La).
Puimbet, Jean.
Puimbois, Etienne.
Pouserunestla, Pierre.
Perrat, André.
Pointis, Louis.
Portier, Jean.
Portel, Joseph.
Petitjean.
Piron.
Pinago, Manuel.
Pasquel, Jacob.
Poutri, Claude.
Poustain, Jacques.
Penelle, Nicolas.
Poitevin, Constant.
Piano.
Pas (La).
Petit, Théodore.
Polet, Henri.
Pirechot, Jean.
Poirson, Pierre.
Philipaux, Etienne.
Petit, Jean.
Parisor, Jean.
Peregrine, François.
Pinor, Jean.
Perseau, Olivier.
Pavoro.
Perrins, Georges.
Postall, Jean.
Pusain, Jean.
Pitcierenz, Benardi.
Pinnot, Jean.
Pasqua, Joseph.
Poize, Martin.
Poiret, Autoine.
Pointes, Jean.
Poconi, Jean.
Parma, Louis.
Pradier, Pierre.
Parisor, Jean.
Punsert, Marie.
Peteran, Julien.
Poiret, Pierre.
Piron, André.
Perdu, Baptiste.
Petit, Nicolas.
Peschu, Pierre.
Peschamerle, Louis.
Pott (de La), Pierre.

Pois (Du), Joseph.
Palisson, Jeannette.
Perring, François.
Pierson, François.
Picon, Louis.
Piquel, Jean.
Poutraine, Victor.
Paradier, Antoine.
Penard, Louis.
Proverbe, Antoine.
Pedro, Jacques.
Prierot, Stephan.
Paul, Pierre.
Pansonève, François.
Prasquet, Pierre.
Prosper, François.
Pollo, François.
Poscher, Baptiste.
Pincina, Angelo.
Pascal, Jean.
Plain, Henri.
Pedrolli, Louis.
Pedotie, Pierre.
Pierrot, François.
Pingol, Pierre.
Porte, Michael.
Pambo, Jacques.
Piaste, Henri.
Pietro, Marie.
Perifilion, Jean.
Puicin, Pierre.
Prati, Antoine.
Ponthier, Jean.
Puisso, François.
Plescho, Jean.
Pellot, Louis.
Perrain, François.
Pautre, Pierre.
Pichini, Michel.
Peillon, Michel.
Peco, Richard.
Pezaud, Martin.
Patte, Auguste.
Pedeville, Emanuel.
Pangout, Pierre.
Pelletier, Jean.
Poncelet, Pierre.
Percharon, François.
Peter, Jean.
Pilloux, Louis.
Pianazi, Agnau.
Poul, Pierre.
Penaud, Jacques.
Pintbert, Louis.

Papin, Pierre.
Poncelet, Jacques.
Pradin, Jean.
Picave, Jacques.
Poncel, Jean.
Picard, François.
Petit, Emanuel.
Papin, Jean.
Pillon, Jean.
Peppina, François.
Picters, Engel.
Parent, Antoine.
Pigeau, Michel.
Plamcard, Gaspard.
Papelard, Charles.
Pous, Jean.
Pilorean, Jean.
Paulisch, Johan.
Peutre, Jean.
Pecco, Jacques.
Picaud, Antoine.
Purliac, Pierre.
Pignord, Pierre.
Prevost, François.
Perrain, François.
Peteaud, Jean.
Plett, André.
Pot, Auguste.
Poisson, André.
Police, Michel.
Pasotti, Pierre.
Presigon, Jean.
Prigot, François.
Pedelles, François.
Pignol, Etienne.
Priot, François.
Péron, Baptiste.
Prevot, Jean.
Pluvinage, Pierre.
Poserte, Martin.
Pischot, Pierre.
Peter, Jacob.
Pelignon, Joseph.
Philippe, Lonin.
Pohland, Christian.
Pommier, Gottfried.
Pestaud, André.
Pierrot, Jean.
Pouet, François.
Percheron, Louis.
Poumont, Jacques.
Passard, Etienne.
Pagge (Le), Jean.
Peronne, Jérôme.

Peloujo, Pierre.
Pradin, Pierre.
Preim, Henri.
Prell, Jean-Henri.
Payen, François.
Pascard, Louis.
Perena, Antoine.
Piot, Antoine.
Pegeat, André.
Peltier, André.
Poletto, Pierre.
Priot, Jean.
Philippion, Jacques.
Paspaille, André.
Pitoreau, Pierre.
Pujol, Pierre,
Prigot, Pierre.
Piot, Pierre.
Perrain, André.
Pautre, Jacques.
Pischini, Pierre.
Peco, André.
Prunant, André.
Point, Jouillin.
Pecco, Pierre.
Petrono, André.
Pieschk, Adam.
Poulachon, Pierre.
Plée, Pierre.
Paul, André.
Pirot, Jacques.
Pingol, Etienne.
Patques, Guillaume.
Perrain, Guillaume.
Parent, François.
Poisson, Jacques.
Poing (La), Antoine.
Picquet, Jean.
Parent, Guillaume.
Poisson, Jean.
Pinant, Bartée.
Pedron, André.
Peroquin, François.
Picardie, André.
Parron, Dominique.
Passolle, Louis.
Pertonger, Jean.
Parise, André.
Pierrot, Pierre.
Piedot, Pierre.
Priot, Pierre.
Perregrim, Jean.
Pignol, Etienne.
Pichot, Jacques.

Pautz, Louis.
Paillet, Louis.
Parras.
Picardes, Pierre.
Perreaux, Hubert.
Perrain, Antoine.
Prevost, Louis.
Pickel, Heinrich.
Poibeau, Jean.
Pothieu, Louis.
Pasquis, Pierre.
Puimbert, Louis.
Paris, François.
Perebois, Nicolas.
Palentin, Debete.
Parrot, Antoine.
Pito, Jean.
Prantou, François.
Pignol, Pierre.
Pilor, Baptiste.
Perot, Louis.
Picard, Pierre.
Parsis, André.
Pointis, Etienne.
Pulz, Georges.
Prantou, Jacques.
Pontonier, Florent.
Popanos, Jean.
Picart, Hypolite.
Pous, Antoine.
Posse, Pierre.
Pasquel, François.
Paris, Pierre.
Pero, Guillaume.
Pigres, François.
Perat, Louis.
Poting, Beaunois.
Philippe, Jacques.
Pierre, Jean.
Picardi, Etienne.
Pitzzaresse, Jacum.
Pichorn, Pierre.
Picardie, Pierre.
Piralin, Jean.
Poil, Jacques.
Paillis, Louis.
Portier, Antoine.
Pignol, Pierre.
Penouie, Joseph.
Polettie, Joseph.
Pascal, François.
Passarini, Thomas.
Poitrell, Jacques.
Prince, Nicolas.

Perart, Louis.
Paillard, Antoine.
Pautaine, Pierre.
Pigres, François.
Piscotty, Louis-Pierre.
Premonde, Jean.
Pardoni, Pietra.
Perrain, André.
Pion, Claude.
Poisar, Pierre.
Playe, Pierre.
Petit, Jean.
Pascal, Pierre.
Pedrollies, Jean.
Pillet, Jean.
Piseu, Louis.
Perrie, Jean.
Paheim, Bartholomi.
Prudier, Jacques.
Pesonne, Secary.
Peyois, Jean.
Passoloni, Antoine.
Piolant, Louis.
Pladant, Philibert.
Picard, Jacques.
Pisini, Joseph.
Perat, Léonard.
Paguass, François.
Pichon, Etienne.
Plantier, Pierre.
Picard, Jean.
Parmentier, Pierre.
Prime, Jean.
Prosper, Félix.
Perrin, Claude.
Pascal, Pierre.
Pretti, Pierre.
Pallis, Jean.
Permontier, Laurent.
Pageolet (Le), Guillaume.
Petit, Charles.
Plus, Réné.
Planty, François.
Porendel, Thomas.
Passaria, Joseph.
Paillie, Pierre.
Planton, Louis.
Pitsine, Joseph.
Penez, Antoine.
Procali, Pietro.
Pietac, Pierre.
Perneger, Christian.
Petite, Joseph.
Pelicano, François.

Pantaloni, Jean.
Pascal, Agoni.
Pichion, Louis.
Prierre, Jean.
Petit, Jean.
Pichoux, Pierre.
Pommier, Jean.
Petitpas, Nicolas.
Pague, Etienne.
Poissent, Pierre.
Pignot, Georges.
Piaurs, Picus.
Piaursje, Louis.
Perelly, Baptiste.
Pouvain, Joseph.
Pinuae, Seutje.
Pellgrain, Vincent.
Pelty, François.
Paering, Klota.
Pierson, Denis.
Piculle, Jean.
Pauly, Antoine.
Pottgie, Sylvestre.
Paradies, Peter.
Payleall, Paul.
Pedrigue, Jean.
Ploa (De), Jean.
Pieson, Pierre.
Perring, Jean.
Pierie, Jean-Marc.
Pietua, François.
Pierre, Jean.
Pontino, Antoni.
Pallie, Jean.
Pierre, Carle-Louis.
Porpoin, Jean.
Patrio, François.
Petitjeau, Baptiste.
Patist, Johann.
Perullier, Johann.
Peaer, Leo.
Petitjean (Le).
Pohl, Pierre.
Prevot, Louis.
Pleusse, Herrmann.
Philistère, Pierre.
Paratte, Jean.
Plauet, Pierre.
Perrein, André.
Perlibe, Jean.
Pugeot.
Philippe.
Predon.
Passcati.

Prosedo.
Pombary.
Pesout.
Pantugème.
Pougostet, Jeminess.
Preget, Jean.
Pierrot, Sonheme.
Portier, Jean.
Pillet, Jean.
Perevige, Paul.
Privalou, Paul.
Penare, François.
Peffort, Baptiste.
Povigna, Etienne.
Prielle, Etienne.
Pichon, Louis.
Pielle, Jean.
Pierre, Baptiste.
Pasgnale, Jean.
Pinstor, Jacques.
Pellet, Pierre.
Palinte, Pierre.
Porte, Antoine.
Philippeau, Jean.
Patras, Pierre.
Pontognie, Etienne.
Peruchon, Antoine.
Petras, François.
Perdrielle, Joseph.
Pecheur, François.
Pernen, Pierre.
Pelion, Joseph.
Panneau, Pierre.
Planis, Pierre.
Pagon, François.
Panembot, Dominique.
Paparelli, Dominique.
Povèse, François.
Pivoine.
Panauzen, Guillaume.
Poulain, Auguste.
Pleine (La), Pierre.
Polanger, Louis.
Persout, Pierre.
Papiesant, Georges.
Passarinot, Jean.
Perourt, Antoine.
Pontesy, Jean.
Piardet, Jacques.
Podet, Jacques.
Pelignon, André.
Provesol, Condral.
Paevre, Michel.
Popi, Antoine.

Pardieu, Louis.
Peminiae, Joseph.
Poubain, Bochvidal.
Pascal, Pierre.
Pigle, Jean.
Pastio, Louis.
Pelletier, Joseph.
Pelot, Baptiste.
Pascaly.
Polet, Charles.
Perrotin, Jean.
Pichaut, Baptiste.
Persion, Joseph.
Poulet, Joachim.
Parot, Laurent.
Petret, Jean.
Pacchiatto.
Peloir, François.
Pellegrand, Charles.
Pourtier, Louis.
Patiezo, Catarina.
Paul, André.
Piaroissier, François.
Potille, Jean.
Poudgrand, Charles.
Piquet, Aimable.
Philippe, Georges.
Permand, Pierre.
Petit, Jean.
Pourrousser, Philippe.
Passon, Pierre.
Pourrot, Philippe.
Perin, François.
Potevin, Gaspard.
Petit, Jean.
Plusson, Jean.
Pillot, Pierre.
Pique, Orgeat.
Pierre, Etienne.
Petou, Jean.
Pory, François.
Pourvoyzier, Pierre.
Paulosal, Pierre.
Petit, Jean.
Plaride, Baptiste.
Pussin, Job.
Philibert, Jean.
Parrouautor, Joseph.
Pourjuies, Jean.
Pikkel, Martin.
Pisardie, Jean.
Poulain, Louis.
Peligrin, Bartholomeus.
Pierre, André.

Pernow, Louis.
Parie, Jacques.
Paut, Bergeret.
Pillgrini, Francisco.
Pierre, Nicolas.
Provelle, Louis.
Pier, Monie.
Primier, Jean.
Perria, Jean.
Philippe, Peter.
Poègle, Aimé.
Pierre, Nicolas.
Purner, Jacob.
Preivot, Pierre.
Puiot, Louis.
Puratun, Boiar.
Privost, Louis.
Prumi, Pierre.
Pillot, Dominique.
Pierre, Jean.
Petit, Jacques.
Pascal, Pierre.
Petises, Baptiste.
Pierre, Jean-Baptiste.
Pegron, Jacques.
Peris, François.
Pomon, Georges.
Pradie, Regis.
Peligrino, Pascal.
Pierre.
Plutz, Martin.
Pregar, Antoine.
Pamutty, Antoine.
Pichelot, Jean.
Payen, Jean.
Perot, Jean.
Peperkorn, Henry.
Ponget, Jean.
Postanges, Amand.
Pautrouille, François.
Pleurer, Charles.
Penseur.
Plato, François.
Pertin, Jean-Antoine.
Poussier; Laserre.

Pinard, André.
Pape, Pierre.
Pilard, Charles.
Patey, Etienne.
Prunelle, François.
Piquiro, Jean.
Prost, Adrien.
Proski, Mathias.
Petit, Charles.
Pellet, Pierre.
Pagan, Louis.
Piedet, Jacques.
Peuch, Erni.
Piquel, Vincent.
Prunau, Jean.
Poriet, Thomas.
Peconnet, Jean.
Perroty, Pierre.
Pinel, Jean.
Parapiel, Georges.
Pecry, Jean.
Pointel, Simon.
Pouternier, François.
Prevost, Belonie.
Petit, Vincent.
Platsi, Dominique.
Pougil, Etienne.
Prey, Pierre.
Pradier, Claude.
Peteroi, Charles.
Petrony, Nata.
Pigne, François.
Petit, Marie.
Peurigo, Jean.
Prodry, Pierre.
Pavero, Mancieri.
Perrard, Joseph.
Puard, Louis.
Paye, Jacques.
Pavalot, Jouioi.
Prost (Van), Andrien.
Pichot, Jacques.
Pesant, Joseph-Michel.
Petit, Jean-Baptiste.
Pipart, Louis.

Page, François.
Pascha, Pierre.
Pascal, Antoine.
Paia, Georges.
Patricon, François.
Pea, François.
Pedeville, Emanuel.
Picave, Jacques.
Petit, Emanuel.
Pignard, Pierre.
Pontain, Pierre.
Play, Jean.
Prospère, Thomas.
Philipps, Guillaume.
Pothieu, François.
Perte, Pierre.
Perring.
Poupou, Pierre.
Philippus, Pierre.
Pinol, Jean.
Premot, François.
Pedoter, Jacques.
Patriot, François.
Perot, Jean.
Pindler, Pierre.
Phillipcon, André.
Prelos, Georges.
Prevot, Etienne.
Phalpin, Nicolas.
Pellegrin, Juillien.
Point (La) André.
Pointes, Antoine.
Prevost, Louis.
Philibert, Claude.
Patienne, Laurent.
Peiff, Johann.
Port, Jean.
Pavarino, Pierre.
Philibert, François.
Philippau, Pierre.
Parent, Antoine.
Plancart, Gaspard.
Picauton, Gilbert.
Persin.

Q.

Quille, Constant.
Quarn, Jean-Baptiste.
Quillier, Louis.
Querelle, Louis.

Quin, Jacques.
Querbes, André.
Queuctin, André.
Quntin, Antoine.

Quintin, Joseph.
Quittier, Jean.
Quitos, Jacques.
Quillion, Pierre.

Quillier, Étienne.
Queme, Barthélemi.
Quineri, Baptiste.
Quittou, François.
Quepa, François.
Quevin, Baptiste.

Quentin, Simon.
Quevend, Dominique.
Quaterim, Valentin.
Quinquine, François.
Quintin, Antoine.
Queldreu, Georges.

Querber, Jean.
Quille, Constant.
Quistin, Jean.
Quisin, Thomas.

R.

Reditto, Antonio.
Rosch.
Rousel, Joseph.
Ravan, Guillaume.
Rosch.
Rousel, Joseph.
Ravan, Guillaume.
Remi, Josua.
Rosatti, Baptiste.
Ripers, Sylvestre.
Reckel, Lum.
Rabais, André.
Rochaud, André.
Rabineau, Louis.
Roberteau, Réné.
Repinset, Pierre.
Risse, Alexandre.
Ricordeau, Ambroise.
Renaud, Étienne.
Rogé, Jean-Victor.
Richard, Alexandre.
Roland, Jacques.
Roché, Alexandre.
Rimbo, Félix.
Reisdorff, Carle.
Renier.
Roux (La), Jean.
Riga, Peter.
Rivière, Désiré.
Roussel, Pascal.
Rymilli.
Roi (Le), Louis-Jacbert.
Rousset, Pierre.
Rnaguehais, François.
Reni, Claude.
Roulan, Jean-Baptiste.
Rapert, Pierre.
Roi (Le), Charles.
Rebard, Charles.
Richard, François.
Rebour, François.
Roi (Le), Jacques.
Romer, Jean.

Roi (Le), Firment.
Robert, Jean-François.
Renard, Jacques.
Roui, Hubert.
Rogue, Charles.
Rejeanboir, Antoine.
Royen, Jean.
Rubio, Louis.
Rouard, Joseph.
Rouge, Antoine.
Roussel, Antoine.
Roche, Jean.
Romendie, Jacques.
Robin, Martin.
Recoi, Joseph.
Robin, Antoine.
Reitenbach, François.
Rattetor, Jean.
Roileau, Antoine.
Randier, Pini.
Romain, Nicolas.
Rognon.
Roi (Le), Louis.
Ramé, François.
Ravel.
Rafort, Pierre.
Redolff, Louis.
Roleau, Jean.
Russier, Crispin.
Rasch.
Ricot, Louis.
Rabellan, Jean.
Rendorff, Jean.
Rosembaum.
Reniot, Louis.
Routier, Jean.
Roussel, Paul.
Ravene, Jacques.
Roi, Étienne.
Roche (La), Louis.
Robert, Antoine.
Rumo, Bertrand.
Ruell, Jean-François.

Russois, Pierre.
Robin, Bertram.
Reuillæ, Dominü.
Regamit, Philippe.
Rose, Henri.
Roi (Le), Jacques.
Richard, Pierre.
Rollet, Philippe.
Rievert, Jacques.
Rouste, Pierre.
Rolla, Girard.
Raffiau, Germain.
Rouillet, Pierre.
Ravène, François.
Remo, Dossiet.
Rameible, Pierre.
Resta, Antoine.
Rée, Jean-Baptiste.
Rowald, Baptiste.
Ross, Pierre.
Roie, Clares.
Renno, Jean.
Remo, Petit.
Royes, Pascal.
Rognont, Hevert.
Rosiniol, Jean.
Rion, Célestin.
Rouille, Joseph.
Réné, Louis.
Rosa, Pierre.
Rœccio, Pierre.
Robert, Daniel.
Rossi, Jean.
Ressae, Pierre.
Ramon, Léonard.
Rougier, Pierre.
Roublaume, Pierre.
Ruf, Vendlin.
Ripers, Sylvester.
Rosatti, Jean.
Reccels, Lum.
Rabais, André.
Rochaud, André.

Robineau, Louis.
Roberteau, Reni.
Ravine, Daniel.
Repinset, Pierre.
Risse, Joseph.
Renaux, Antoine.
Royex, André.
Robert, Jean.
Ricordeau, Ambroise.
Rang, Claude.
Regnier, Pierre.
Royer, François.
Rebourg, Antoine.
Renier, André.
Rouilli, Pierre.
Renaud, Étienne.
Rondeau, François.
Rogé, Victor.
Roché, Alexandre.
Ronche, André.
Ravene, Pierre.
Rimbo, Félix.
Risele, Pierre.
Riedel, Jean.
Rotz, Georges.
Rollin, Louis.
Roulet, Jacques.
Roudé, Jean.
Ribourt, Pierre.
Rochot, Georges.
Richard, Pierre.
Rosellio, Joseph.
Ruterlon, François.
Roeder, Auguste.
Rodewig, Jean.
Rennaus, Saucre.
Rigall, Jean.
Roilanser, Pierre.
Rillier, Jacques.
Rauveau, Simon.
Régis, François.
Romard, César.
Rubbens, Pierre.
Robert, Jean.
Rosteleur, François.
Rouille, André.
Renier, Jean.
Rony, Pierre.
Rouy, Julien.
Revilloux.
Romari, André.
Reignet, François.
Roland, André.
Robillard, Antoine.

Rolite, Louis.
Rigaud, André.
Riga, André.
Risele, André.
Ramon.
Rougier, François.
Roland, Jean.
Renners, Antoine.
Ronche, Jean.
Robert, Antoine.
Rosier, Jean.
Rennert, Paul.
Rivet, Pierre.
Rousseau, Jacques.
Rosse (La), Pierre.
Rollet, Henri.
Roi (Le), Guillaume.
Radigais, Louis.
Roulet, Pierre.
Roquold, Jean.
Renau, François.
Ridard, Antoine.
Robiro, Antoine.
Ramigny, Louis.
Roulet, Jacques.
Ritons, André.
Roisselle, Guillaume.
Roche (La), Jean.
Ribourt, Louis.
Rougelet, Philippe.
Roselze, Pierre.
Russleaux, Antoine.
Romain, Jacques.
Ruterlon, Pierre.
Renaud, André.
Remar, Jean.
Roi (Le), Jacques.
Roie, André.
Ravene, Louis.
Rose (La), Pierre.
Roy, Joseph.
Rodier, François.
Rundo, Jean.
Rollgen, Théodore.
Revennes, Étienne.
Revené, Étienne.
Richard, Pierre.
Rousset, Antoine.
Regnier, François.
Roef, Bernard.
Rigouleaux, Jacques.
Reneri, Jean.
Rousseau, André.
Ronsseau, François.

Robin, Antoine.
Robin, Louis.
Roché (Le), François.
Rougoit, François.
Raval, Jacques.
Rabhausen, Ferdinand.
Rennert, Gabriel.
Riger, Frédéric.
Ratier, Jean.
Rouge, Pierre.
Renaud, André.
Roux, Baptiste.
Roche, Jean.
Rulet, Jean.
Remusat, Baptiste.
Raffinet, Pierre.
Rennoit, Louis.
Resimont, Autoine.
Renson, Guillaume.
Reboir, Henri.
Rovineau, Jean.
Rober, Antoine.
Robiné, Pierre.
Rennert, Antoine.
Rolleville, Pierre.
Rendout, François.
Remusat, François.
Rouard, François.
Rolte, Jean.
Roux, Baptiste.
Rosa, Vincent.
Richeri, Louis.
Richard, François.
Rossu, Joseph.
Renout, François.
Roi, Jean.
Rennois, François.
Romatin, Jacques.
Ricari, Jean.
Rousset, Henri.
Redle, Louis.
Roi, Pierre.
Rousjan, Pierre.
Rupin, Antoine.
Ruttilo, Pierre.
Regasco, François.
Rotti, Antoine.
Ricolli, Jean.
Rappin, André.
Redle, Louis.
Rabowsky, Georges.
Rocher, Louis.
Riess, Michaël.
Rosse, Étienne.

Rizzo, Santi.
Raslin.
Regnier, Jean.
Richard, Henri.
Robert, Oberi.
Reboir, Antoine.
Rambois, Baptiste.
Robinet, Pierre.
Rousso, André.
Richard, Joseph.
Ribetta, Antoine.
Renaud, Joseph.
Rivetto, Antonio.
Reinaud, Guillaume.
Rasquin, Pierre.
Robinet, Louis.
Renati, Francesco.
Resimont, Jacques.
Roucati, André.
Robert, Félix.
Rousselle, Louis.
Raud, Louis.
Rube, Antoine.
Roimont, Pierre.
Ruvros, Arnoldes.
Reneau, Jean.
Richard, Christophe.
Roi (Le), Joseph.
Ramoro, Charles.
Robatour.
Reinau, Friedrich.
Refoldy, Philippe.
Roc, Jean.
Ratthie, Johan.
Roi, Jacob.
Ruscha, Antoine.
Rohar, François.
Rutz, Gaspard.
Romenchy, Martin.
Racko, Paul.
Rebufe, Sartin.
Ronne, François.
Ravée, Philippe.
Ruiff, Jean.
Remmi, Pierre.
Ravéné, Frédéric.
Roque, Pierre.
Richard, François.
Républicain, Guillaume.
Robert.
Roulouge (de), Réné.
Robert, Théodore.
Raphiel, Noël.
Rilaud, Pierre.

Rediany, Jérôme.
Reubiau, Jean.
Ribout, Jacques.
Remmy, Édouard.
Robert, Louis.
Ray, Jacques.
Rousset, Paul.
Rousiau, Laurent.
Robinet, Pierre.
Raab, Philippe.
Redon, Joseph.
Rinnière, Jean.
Renaud, Pierre.
Radonni, Pierre.
Redouche, Pierre.
Royel, Claude.
Redonc, André.
Rass (de), Jean.
Renard, Louis.
Roulle, Julien.
Reddons, Jean.
Ribal, Louis.
Rienval, Louis.
Rivieres, Jacques.
Rienval, Guillaume.
Rentini, Jean.
Revele, Charles.
Requot, André.
Rocher, François.
Reges, Jean.
Roi (des), François.
Rah, François.
Richard, Antoine.
Richardon, Antoine.
Rennert, André.
Richard, Julien.
Renon, Charles.
Redonc, Pierre.
Royer, Louis.
Rencrois, Jean.
Rigot, Jacques.
Rendorff, Pierre.
Ravenau, Pierre.
Ruze, Jacques.
Roset, Jacques.
Ratino, Pietro.
Roulot, François.
Raphare, Fidèle.
Remy, Michel.
Raumière, Frainier.
Rivany, Pierre.
Rochory, Étienne.
Rebelle, Gabriel.
Roché, Étienne.

Rougon, François.
Rosine, Dominique.
Roche, Jean.
Ragé, Antoine.
Richard, Jean.
Rouaille, Nicolas.
Roubis, François.
Raboute, Marte.
Raimond, Dominique.
Reguaisse, Pierre.
Regat, Antoine.
Romaud, Bernard.
Rosier.
Roche, Antoine.
Rouche, Paul.
Ruxe, Laury.
Rokus, André.
Roi, Nicolas.
Roux, Pierre.
Roland, Pierre.
Rossi, Joseph.
Ramont, Jean.
Ruve, Johanna.
Rei, Astruck.
Roi (Le), François.
Ramont, François.
Rennow.
Rouett, Joseph.
Roubel, Simon.
Rousseaux, Pierre.
Roo, Jean.
Rouch, Édouard.
Rosière (Le), Jean.
Roi (Le), François.
Richard, Henry.
Roget, Jean.
Royer, Claude.
Robisson, Pierre.
Rabano, Louis.
Reno, Alexandre.
Rameri, Angeli.
Roy, Bartholomi.
Rochi, Ange.
Ruve, Henri.
Rughi.
Ruffier, Joseph.
Routon, Jean.
Rochel, Jean.
Revot, Pierre.
Roube, André.
Ramany, Pierre.
Rissy, Angiola.
Ruther, Jean.
Renneson, André.

Romain, Louis.
Rocheron, Pierre.
Ries, Georges.
Revère, Jean.
Radine, Nicolas.
Ronduc, Louis.
Rubert, Antoine.
Rouet, Jacques.
Roomer, Conrad.
Rouet, Henry.
Roussin, Jacques.
Rime, André.
Redotte, Guillaume.
Rose, Jean.
Roll, André.

Robois, Noël.
Ritzat, Pierre.
Rollin, Jacques.
Rigam, Joseph.
Roberjon, Baptiste.
Romulus, César.
Remi, Charles.
Rogee, Pierre.
Richard, Louis.
Riecard, Charles.
Rossi, Peters.
Rousseau, Jean.
Robin, Pierre.
Richard, Baptiste.
Raug, Claude.

Roucaudin.
Remaille, Nicolas.
Rigouleaux, Thomas.
Roi (Le), Jean.
Remond, Louis.
Ratumur, Pierre.
Ruppe, Pierre.
Ranfiée, Pierre.
Rolle, François.
Renaud, Étienne.
Richard, Alexandre.
Rolant, Jacques.
Ramon, Jacques.

S.

Stiana, Gardevilla.
Schonbauser, Constantin.
Sarung, Franz.
Schonhauver, Constantin.
Sartori, Piedro.
Sandron, Johann.
Saunier, Jacques.
Spanglet, Sévère.
Skurkuchel, Ernest.
Santi, Tacciani.
Sigi, Jacques.
Sylair, Bernard.
Semin, Jacques.
Schufenecker, Jean.
Sauter, Pierre.
Sequerre, Georges.
Siariès, Jules-Jean.
Sicaier, Ourtoul.
Sancon.
Scheppel, Claude.
Sarrault, Pierre.
Sadi, Antoine.
Schtgermanes, Adrien.
Selier, Jacques.
Suigne, Jean.
Suduin, Pierre.
Soleil, Charles.
Staute, Antoine.
Sourt (Le), Louis.
Soye, Jacques-Étienne.
Sanson, Antoine.
Sanci, Baptiste.
Sulpis, Charles-Louis.
Stervine, Jacques.

Sanschaux, Louis.
Sansfaiu, Joseph.
Salle, Emanuel.
Seriague, Paul.
Sigan, Rollain.
Soir (Du), Jean.
Soleil, André.
Sochalle, Jean.
Staf, Francois.
Sesquel, Pierre.
Sielfa, Ernest.
Saille, Antoine.
Sival, Jacques.
Saban, Joseph.
Soula, Jacques.
Scarella, Pierre.
Sidanze, Moïse.
Seerlé, Jean.
Suban, Jean.
Seux, François.
Scarella.
Salomo, Virgo.
Senoval, Jean.
Segel, Joseph.
Sambatis, Baptiste.
Szinno, André.
Sibranda, Nicolas.
Songier, Antoine.
Singlée, André.
Soduine, Antoine.
Sternan, Jean-Toussaint.
Sloskopf, Georges.
Schmidt, Joseph.
Signalette, Pierre.

Schollin.
Sellestris, Pierre.
Sope, Louis.
Stubey, Johann.
Sell, Pierre.
Schwan, Pierre.
Syrie.
Sanstuit, Cornelius.
Sprangkuhn, Corneli.
Sarot, Jacques.
Simon, Nicolas.
Suraman, Pierre.
Sanguirres.
Service, Amon.
Sengeon, Blaise.
Sebo, Joseph.
Serve, Antoine.
Scheller, Lillie.
Schneider, Heinrich.
Saupe, François.
Serpenti, Antoine.
Simon, Pierre.
Spiess, Emanuel.
Senchi, Jean.
Siholi, Philippe.
Schmidt, Jean.
Sawajer, François.
Schmidt, Balthazar.
Stephan, Dominique.
Sidrois, Alexis.
Szecula, Lorenz.
Surry, François.
Schrans, Jean.
Schoolemann, François.

Schneider, André.
Sandros, Pierre.
Stenalli.
Seurink, Félix.
Semaggbe, Antoine.
Spiess, Louis.
Schaefer, François.
Simon, François.
Schaffen, Pierre.
Sibian, Antoine.
Schampotrini, Lorenzo.
Sattelmann, Joseph.
Stimmer, Moriz.
Schmid, Jean,
Silbain, Pierre.
Silir, Pierre.
Serze, Ribo.
Semplo, Valentin.
Siri, Joseph.
Spagnole, Antoine.
Schiller, Barnu.
Siltrain, Novel.
Sorgevins, Louis.
Schivalbière. Lobrain.
Schleboir, Pierre.
Schanier, François.
Sauvier, Louis.
Serulli, Jacques.
Sobaje, François.
Soumat, Jean.
Souille (Le), Pierre.
Schoning, André.
Serry, Pierre.
Schiegnes, François.
Sabot, Pierre.
Serry, Jean.
Sebastino, Jean.
Sentiny, Gabriel.
Soye, Jean.
Sartorie, Pietro.
Stechmann, Johan.
Schamber, Henri.
Schumacher, Jacob.
Schatz, Christian.
Serru, Antoine.
Saunier, Jacques.
Spangelett, Sévéro.
Skurkuchel, Ernest.
Sonderfondoe, Jean.
Santi, Tassiani.
Sigi, Jacques.
Suicens, André.
Sabatier, Pierre.
Sylaire, Bernard.

Say, François.
Sondricer, Pierre.
Santer, Pierre.
Semin, Jacques.
Soby, Antoine.
Sapte, Pierre.
Soumate, André.
Sequerre, Georges.
Scarie, Jean.
Sanco, Jean
Seché, Jean.
Schier, Pierre.
Secco, Louis.
Schmidt, Heinrich.
Scolles, François.
Sablau, Ludwig.
Sento, Massol.
Sterin, Louis.
Saccrée, Nicolas.
Salzwedel, Jean.
Simon, Pierre.
Seling, Etienne.
Sallé, François.
Sergenton, Jacques.
Soduine, Antoine.
Serennes, François.
Santid, André.
Savarie, Julius.
Sevan, François.
Souffler.
Schwaab, Martin.
Stertz, Jean.
Seville, Daniel.
Sanvalle, Etienne.
Simon, Pierre.
Seitre, Martin.
Schlieder, Jean.
Schulz, Christian.
Staguino, Honoré.
Stochora, François.
Schechet, Mathieu.
Simon, André.
Sommers, André.
Souchard, François.
Sumier, Jean.
Sinner, Jean.
Soumat, André.
Sabattier, Pierre.
Seeger, Pierre.
Sentiny, André.
Sabastian, Henri.
Saunier, Jacques.
Sauviron, Jean.
Samie, Bertrand.

Servais, Louis.
Suau, Antoine.
Silk, Pierre.
Segalo, André.
Santoné, Pierre.
Soceaux, Jean.
Seville, Pierre.
Survin, Jean.
Servin, François.
Sauvalle, Edme.
Sauvalle, Edme.
Siblichaud, Jacques.
Salles, Pierre.
Strouve, François.
Steching, Albert.
Schnelé, Henri.
Salvarine, Antoine.
Soudet, Nicolas.
Schryvers, Jean.
Simon, Louis.
Saille (De), Jacques.
Sonnier, Jacques.
Sahan, Antoine.
Sebrand, Sebrandier.
Soldor, Jean.
Schwal, François.
Sirop, Pierre.
Savignac, Bernard.
Stoepfer, Dieterich.
Souvaint, André.
Soula, Pierre.
Sibalin, André.
Scheder, Jean.
Soussier, André.
Saunier, Louis.
Schneider, Philippe.
Sébastian, Pierre.
Sesja, André.
Sergent, Jean.
Sovry, Laurent.
Sperachy, Dominique.
Schener, Michel.
Scarella, François.
Servien, Pierre.
Sambre, Jean.
Sapotte, Jacques.
Stolb, Johann.
Sussier, André.
Schocco, Marcus.
Sperachi, Louis.
Spagare, Maferi.
Stephanelli, Joseppe.
Spandoni, Loraine.
Sufardi, Domain.

Salvadore , Louis-Pietro.
Selva , André.
Stancare , Jean.
Smidt , Jean.
Stai , Louis.
Salviole , Vincent.
Stohel , Pierre.
Serpinni , Joseph.
Sargues , Pierre.
Suder, Antoine.
Serra, Guillaume.
Siccard , Jacques.
Sauger, Paul.
Sparzi , Pietro.
Songle , Jean.
Schrottier, André.
Sournie , Guillaume.
Sabout , Jean.
Songles , Johannes.
Speller (Van), Pietri.
Sassette , Louis.
Sanguella , Pietro.
Sarlon , Pierre.
Scarroz , Pierre.
Spadiare , Joseph.
Sarazin , Baptiste.
Staple , Jean.
Sené , Baptiste.
Sallinorde , Louis.
Spaldoli , Jean.
Seidel , Joseph.
Salvador, Giacomo.
Saguini , Pietro.
Sack , Leopold.
Sperati , Dominice.
Sebatti , Joseph.
Steinkopf , Johann.
Sencura , Louis-Badre.
Sacuglia, Joseph.
Savaux , Frédéric.
Sermens , Charles.
Spliot , Jacques.
Sabru , Pierre.
Surde , Louis.
Sperachi , François
Sabies , Faber.
Sinoisboir, Jean.
Sukuster, Jacques.
Sarvant , Pierre.
Szampier, Arno.
Scurie , Jean.
Scaboue , Jean.
Scambaty, Nobla.
Sinies , Antome.

Simonie , Joseph.
Sabies, Faber.
Sinosber, Jean.
Sukuster , Jacob.
Sine , Jean.
Semair, Louis.
Saraman , Louis.
Schaeffer, Joseph.
Schillet , Louis.
Sirar, Vincent.
Sipolet, Lambert.
Sertori , Dordam.
Savran, Michael.
Schack , Bruenet.
Sertan , Veni.
Sampie, Burie.
Santini , Jean.
Sairath , Jean.
Sunie , Millo.
Scheri , Helar.
Serin , François.
Sière , Pierre.
Supar, Jacques.
Spiel , Heinrich.
Sarber, Taber.
Sekamael , Pierre.
Sinosbor, Jean.
Salomonis, Frederic.
Schappe , Jean.
Satuchi , Joseph.
Spadda , Paul.
Sillac , Jacques.
Suduin , Antoine.
Siegener, Charles.
Stervina , Jacques.
Solain , Domino.
Sonare.
Sousch.
Saitemir.
Singole , Jean.
Souverain , Claude.
Scribent , François.
Sébastien , Paul.
Soyes , Louis.
Savando , Jean.
Simple , Pierre.
Semire , Pierre.
Schlarepp , Pierre.
Soy, Guillaume.
Siano , Michel.
Sacorona , Joseph.
Semur , Simon.
Sabouret , Pierre.
Simon , Jean.

Schoensler, Guillaume.
Semoll , Pierre.
Stival , Pierre.
Sorbel , Louis.
Saoche , Jean.
Soutsaire , François.
Spaato , François.
Sylvain , Louis.
Sutfairy, Pierre.
Souspaton , Jean.
Soulai , François.
Sarrem , David.
Semartin , Louis.
Subra , Pierre.
Sessiano , Jacques.
Sequance , Etienne.
Saboure , Louis.
Steunco . Mathias.
Savine, Jacques.
Seugueno , François.
Specht , Philippe.
Subreville , Louis.
Sovantligant.
Schagnais, François.
Salanson , Baptiste.
Stivat , Louis.
Sibarre , Jules.
Squellagiota , Dominique.
Semoll , Louis.
Spaates , Georges.
Suger, Joseph.
Soutfère , François.
Sylvain , Guillaume.
Schnapp , Gallus.
Scenosse , Claude.
Sansqui , Baptiste.
Sprate , François.
Sabillois , Jacques.
Siguel , François.
Séant, Martin.
Saulvoot , Jean.
Saucale , Pierre.
Simon , Isidore.
Sauguat , Pierre.
Silyonne , Jean.
Saumère , Louis.
Saujan , Jean.
Soraguet , Pierre.
Simon , Jean.
Sancas , Pierre.
Seize , Jacques.
Similian , Jean.
Sable , Pierre.
Selle , Pierre.

Sabatier, Jean.
Sapi, Louis.
Steffen, Savini.
Siemon, François.
Sagsau, Alberti.
Schiro, Baptiste.
Sauct (Le), François.
Sellhorst, Friedrich.
Sante, Jor.
Silpeus, Simon.
Sevallo, François.
Sinnot, François.
Sansse, Nicolas.
Sandron, Auguste.
Sergeant, François.
Sauval, Jacques.
Samult, Henry.
Sonnet, Pierre.
Schable, Jacob.
Schuester, Alexis.
Soret, Benjamin.
Sluga, Etienne.
Skoflauz, André.
Serot, Félix.
Schlier, Jean.
Sortich, Mathieu.

Simon, François.
Sautini, Antoine.
Stolte, André.
Striker, Jean.
Sabatie, Flanel.
Sebastia, Antoine.
Simonet, François.
Sureau, Louis.
Schise, Simon.
Saucout, Louis.
Sowagan, Louis.
Sergeo, André.
Safor, Louis.
Sanger.
Sureau, Jean.
Suttarin, Jean.
Sapleirot, Louis.
Skabia, Lorenz.
Stuis (Van d.), Cornelis.
Sieger, Jacob.
Strate (Van), Petrus.
Salveleous, Remi.
Satire, Jacques.
Schulers, Pierre.
Schoinaye, Jean.
Sele, François.

Soldas, Jean.
Souchaut, Joseph.
Saumon, Antoine.
Segro, Baptiste.
Serray, Baptiste.
Stoob, Jacob.
Severi, Nicolas.
Scallabi, Antoine.
Seraphine, Deonise.
Scarabat, Lorenz.
Souillier, Joseph.
Spinoly, Dominique.
Seguin, Jean.
Serrot, Baptiste.
Stuis (Van d.), Cornelius.
Stefang, Jacques.
Scatella, François.
Sarung, Franz.
Simon, Arnold.
Schreiber, Peter.
Stare, André.
Savarie, Julius.
Schlingen, Diederich.
Sainger, Joseph.
Spans, Henry.
Sinie, Hieronimus.

T.

Toso, Félix-Jacob.
Totin, Réné.
Tage, Laurent.
Théhé, Thomas.
Thomasin, Antonio.
Thibeaut, Paul.
Tengarten, Jacob.
Toutin, François.
Tellot, Joseph.
Thieri, Pierre.
Tassi, Luiggi.
Tailly.
Talat, Pierre-Sylvain.
Tourette, Joseph.
Tuntaine, Cornelius.
Taurret, Pierre.
Toussel, Pierre.
Thuret, Charles.
Tiken, Manuel.
Tufet, Jean-François.
Tardevel.
Touset, Pierre.
Telget, Alexandre.

Taillemann, Pierre.
Trinité, Jean.
Trion, Pierre.
Tricoult, Marcel.
Torcas, Jean.
Troude, Jean.
Touteville, Jacques.
Trautier, Jean.
Troude, Joseph.
Tallode, Joseph.
Tellino, Louis.
Tanke, Jean.
Tissut, Jean-Baptiste.
Trequier, Jean.
Tiedeneque, Joseph.
Toussaint, Jean.
Tollin, Franz.
Tripoli, Pierre.
Trauchant, Jean.
Trebant, Gabriel.
Tanchof, Nalart.
Trunois, Delimois.
Tenalli, Guiseppe.

Tesson, Jacques.
Tomas, Charles.
Toussaint, Jean.
Tremlete, Joseph.
Thomas, Michel.
Teressen, Jean.
Trabo, Pierre.
Trouve (Le).
Tetin, Jean.
Thouvenin, Nicolas.
Trevi, Jean.
Thiedrai, Auguste.
Tiesie, François.
Tournet, Pierre.
Tonsa, Joseph.
Taroni.
Trabain, Barthélemi.
Tafori, Nicolas.
Tewnout, Jean.
Tolwa, Jean.
Thomar, Jean.
Tristan, Pierre.
Thalmont, Martin.

Thomasdor, César.
Trivollet, Joseph.
Turbilis, Antoine.
Thalmet, François.
Thom, Reine-Riol.
Turnel, Pierre.
Thomas, Pierre.
Tobau, Alexandre.
Trippain, Jacques.
Thomé, Rodo.
True, Baptiste.
Tombeur, François.
True, Baptiste.
Tournat, Jean.
Thalon, Pierre.
Tugliabotte, François.
Turnier, Henri.
Thibaut, Paul.
Tessot, Claude.
Thomas, André.
Tengarten, Jacob.
Thiriés, Jean.
Tadat, Antoine.
Toutin, François.
Tellot, Joseph.
Toussaint, François.
Thieri, Pierre.
Tondeur, François.
Tarant, André.
Tassi, Luiggi.
Tupin, André.
Trivaudet, Jean.
Tupin.
Thomas, François.
Turschetto, André.
Tondeur, André.
Taraus, François.
Taillen, Pierre.
Thibaut, André.
Toussaint, Pierre.
Thouani, André.
Tenaha, Vigilio.
Terra, François.
Tarre, Charles.
Thiessier, Pierre.
Tallandier, Louis.
Tideneque, Joseph.
Timines, Jean.
Toubouss, Pierre.
Thionville, Jean.
Teutschert, André.
Tavide, Jean.
Toocerot, Jean.
Touchored, Julien.

Taillefert, Guillaume.
Talibau, Pierre.
Tartiler, André.
Thophas, André.
Taravel, André.
Tag, François.
Thierry, Jean.
Tertanson, Pierre.
Thierry, François.
Therien, Jean.
Terrand, Pierre.
Turchetto, Dominique.
Torigia, Pierre.
Tondeur, François.
Taraus, Jacques.
Tournade, André.
Tonazi, André.
Tenet, Jean.
Texier, Pierre.
Trotard, Louis.
Tardeil, Conrad.
Teissot, Jean.
Tossati, Paul.
Tessé, André.
Tricourt, Louis.
Tailias, Louis-Jean.
Tisserat, Pierre.
Théodore, Antoine.
Toine, François.
Therné, Louis.
Trinicoll, Antoine.
Thierro, Jean.
Timbrop, Henri.
Tussaint, Louis.
Titges, Jean.
Thole, Jean.
Toutin, François.
Tellier, François.
Tremaux, Jean.
Tranchant, Guillaume.
Tennier, François.
Thiet, Jean.
Triot, André.
Themor, Henri.
Tossand.
Turville, Guillaume.
Tambini, François.
Tara, Joseph.
Thonon, Jean.
Thielemann, Bernard.
Tranchant, Pierre.
Thomas, Antoine.
Thiot, Pierre.
Tundeur, André.

Tuillie, André.
Thonerer, François.
Tarnesani, Jacum.
Tarun, Antoine.
Tranguite, Joseph.
Taroni, Jean.
Toussaint, François.
Trojet, Pierre.
Tarun, Louis.
Taroni, Joseppe.
Tonia, Antoine.
Toscani, Joseppe.
Tronsin, Jean.
Thomason, Claude.
Tuch, Jean.
Tripot, François.
Toussaint, Étienne.
Tadurell, Louis.
Tedeschco, Louis.
Talis, Jean.
Thonnou, Pierre.
Turé, Jacques.
Tallert, Pierre.
Teution, Auguste.
Toulouze, François.
Taburel.
Timerin, Jean.
Triton, André.
Torrée (Le).
Trevero, Joseph.
Troschar, Tomann.
Tion, Lambert.
Tevi, Jacob.
Tourno, Franz.
Trupai, Jacob.
Terle, Franz.
Tourpe, Johann.
Trefel, Herrmann.
Tuer, Jean.
Trie, Lason.
Toir, Joseph.
Tottien, Nicolas.
Trenite, Désiré.
Trion, Jean.
Tousel, Louis.
Tardevel, Antoine.
Telget, Marie.
Trion, Pierre.
Tamarca, Pierre.
Thomar.
Touvray, Antoine.
Troine, Matthieu.
Toscagny, Jean.
Tarille, Louis.

14

Trevan, François.
Terem, Réné.
Tanne, Philippe.
Thibaut, Pierre.
Taburel, Jacques.
Tenier, Pierre.
Tosaleur, Pierre.
Tournay, Pierre.
Théodore, Pierre.
Trotin, Pierre.
Tourioce, Jean.
Tereuf, André.
Tailleure, André.
Tempesce, Charles.
Thalon, Georges.
Tulpin, Pierre.
Tuisel, Pierre.
Tirico, Jean.
Travie, André.
Toussaint, Jeaques.
Trebouillat, Parfait.
Thomassins, Joseph.
Themmel, Baptiste.
Tavieus, Jean.
Tefre, Pietro.
Tepte, Denis.
Tullat, Fidelio.
Tessier, Pierre.
Troillier, Henri.
Torneaux, François.
Theol, Jacques.

Trantsol, Joseph.
Thevenet, Étienne.
Toen, Gaspard.
Tittou, Joseph.
Toussaint, Philippe.
Tourty, Louis.
Toulleville, Jean.
Traverse, Louis.
Tambourin, Pierre.
Taupy.
Tambonin, Pierre.
Trophile, Pierre.
Tailleur, Guillaume.
Thibaut, Mathieu.
Thibaut, Mathieu.
Tachouzin, Jean.
Tamonino, Jean.
Toscani, Antonio.
Tourni, Jean.
Tettu, Augustin.
Thomas, Pierre.
Tissier, Jacques.
Trivoir, François.
Tuiller, Guillaume.
Toussin, Dobé.
Tartaloni, Antoine.
Tourline, Remi.
Telmand, Pierre.
Toussaint, François.
Tomassin, Nicolas.
Talibo, Carlo.

Tournioll, Baptiste.
Talome, Jacques.
Thomasin, Jean.
Theilmann, Henri.
Tagoraz, Pierre.
Tetard, Joseph.
Tourant, François.
Toret, Jean.
Tourss, Louis.
Tosery, Joseph.
Terrietto, Louis.
Tournoi, Pierre.
Tessier, Jean.
Tibich, Pierre.
Taverd, David.
Tschwardy, Dominic.
Torken, Jean.
Tetena, Pierre.
Toupain, François.
Thomas, Pierre.
Tramet, Claude.
Thery, Charles.
Troillier, Pierre.
Tausse, Gaspard.
Tuschelberger, Joseph.
Tusenich, Jean.
Tury, Pierre.
Toe, Pierre.
Tressil, Pierre.
Tiero, François.

U.

Ulm, François.
Uifeuse, Jean.
Uras, Jacques.
Unfraid, Jean.
Urbin, Martin.
Ulm, François.

Urdingen, Pierre.
Urdingen, Pierre.
Uhlenbourg.
Ursin, Louis.
Ursin, Antoine.
Uffren, Jacques.

Urage, Louis.
Ullmert, Jacques.
Udiar, André.
Uhrhausen, Joseph.
Use, Alexandre.

V.

Vallée, Sulpice.
Vincent, Pierre.
Vandesan, Wilhelm.
Violé, Hilaire.
Venmanns, Corneli.
Vanie, Jacques.

Vandlanguedone, Barthé-
lemy.
Verron, Nicolas-Pierre.
Vaillon, Jean-Baptiste.
Vincent, Jean-Louis
Vidor, Antoine.

Vasseur, Augustin.
Verdobio.
Vasseur, Félix.
Veruger, Gilles.
Vivat, Benoît.
Velle (Le), Pierre.

Verkutter, Jean.
Vieu (Le), Pierre.
Vieg, Joseph.
Vauget, Simon.
Vaudain, Jean.
Vendart, Étienne.
Vehet, Jean-Théodore.
Verrier, Jacques.
Viliet, Baptiste.
Venchot, Joseph.
Verrier, Louis-Pierre.
Vallet, Louis.
Vutzaque, Jean.
Vincuritz, Étienne.
Venestre, Louis.
Vignon, Louis.
Vauthied, Jean.
Variblas, Jean.
Vaultez, César.
Villain, Pierre.
Vinson, Bernard.
Vutzaque, Louis.
Venestre, Pierre.
Verthere, Francois.
Vanderkely, Wilhelm.
Vielle, Actien.
Voit, Joseph.
Vigné, Baptiste.
Vasseur, Antoine.
Verrier (Le), Henri.
Vaillard, Julien.
Vincent, André.
Valguie, Philippe.
Vardenberg, Adrien.
Viol, Martin.
Villain, Pierre.
Vignan, Michaël.
Vallet, Louis.
Valentin, Michaël.
Vabel, Pierre.
Villa, Victor.
Victor, Marie.
Verdotz, Léonard.
Valet, Jean.
Varnamatin.
Vincent, Antoine.
Valeau, Joseph.
Vanherck, Jean.
Verdun, Félix.
Vivarelli, Emmanuel.
Vetillare, Marie.
Vivie, Jean.
Vanderven, Michel.
Venblain, Baptiste.

Vincent, Joseph.
Vosmer, Alexander.
Vassieu, Pierre.
Victor, Joseph.
Viviano, Jean.
Villeron, Louis.
Villain, François.
Vincent, Pierre.
Vandesan, Wilhelm.
Valtau, André.
Vioille, François.
Viole, Hilaire.
Vatel, François.
Venmanns, Corneli.
Veillefond, André.
Vinel, André.
Villain, André.
Vaguer, Mathias.
Vanie, Jacques.
Valotte, Jean.
Villems, Peter.
Vanaver, Jean.
Verguet, François.
Vandlanguedouc.
Villé, François.
Vincent, François.
Verron, Pierre.
Verly, Charles.
Vaillon, Baptiste.
Vanderlande, Wilhelm.
Villeron, Pierre.
Vincent, Louis.
Verianier, Pierre.
Vassya, Pierre.
Veillo, André
Vasseur, Augustin.
Villain, André.
Vincent, Pierre.
Vindel, François.
Vassi, Pierre.
Valentin, François.
Vieuville, François.
Vicy, Michaël.
Verriée, François.
Vilette, André.
Vincent, Autoine.
Vielle, Actien.
Vinec, Grégoire.
Vincent, Albert.
Valentin, Franz.
Vittien, Bar.
Verdun (de), Devis.
Victor, André.
Vidalar, Jean.

Victor, Louis.
Vanhoutte, Jean.
Valotte, Pierre.
Vallet, André.
Vaudier, François.
Videcocq, Jean.
Vandercart, André.
Vanselle.
Vanier, François.
Veillo, Étienne.
Verrier, François.
Vinope, André.
Villeron, Louis.
Vetan, François.
Vincent, Antoine.
Vasia, Antoine.
Viviano, Jacques.
Vanhoutte, Jacques.
Vailly, Pierre.
Vallet, Antoine.
Volbring.
Vancouleur, Joseph.
Vignon, André.
Vincent, Jacques.
Vaillant, Pierre.
Villain, Pierre.
Valpilon, Pierre.
Vatel, Baptiste.
Vornau, Louis.
Vernaille, Louis.
Vincent, Antoine.
Vogel, Joseph.
Vimbere, Jean.
Vanpeel, François.
Valérien, Pierre.
Villain, Baptiste.
Vincent, Jean.
Vensmeyer, Henri.
Vanghenbergen, Joseph.
Vendroit, Baptiste.
Vincurt, Henri.
Vauters, Paul.
Vutzaque, Louis.
Vannschmitt, Pierre.
Vincent.
Varnotte, Pascal.
Voituret, Nicolas.
Vuarnet, François.
Venestre, Pierre.
Vignon, Louis.
Vugnon. Pierre.
Voelcker, Thomas.
Vandauestre, Louis.
Vanase, Pierre.

Vanderaiden, Pierre.
Vaturel, Étienne.
Vrohamen, Jean.
Voguels, François.
Vignant, Pierre.
Vielle, François.
Vignon, Jean.
Venestre, François.
Vite, Alexis.
Ville, Pierre.
Vernaire, Étienne.
Vintorie, Marie.
Vidal, Pierre.
Vivier, Jean.
Vallandi, François.
Virguil, Antoine.
Vitone, Pietro.
Vospori, Antoine.
Violatti, Jacom.
Valetti, Jean.
Ventuca, Louis.
Vardewalle, François.
Vicomte, Pierre.
Ventreau, Georges.
Viroux, Pierre.
Vales, Joseph.
Vienne, Jacques.
Vandanestre, Louis.
Veran, Carion.
Vite, Léon.
Viomara, Jean.
Vignant, Jacques.
Valland, Pierre.
Varas, Pierre.
Venat, Pierre.
Violet, François.
Vullati, Ansero.
Velbaum, Michaël.
Vomiali, Antoni.
Vouez, Jean.
Vantadar, Gabriel.
Valche, Antoine.
Vité, Léon.
Verol, Baptiste.
Veneuille, Louis.
Valetti, Vamodi.
Valice, François.
Vesteran, Louis.
Verdu, Jacques.
Valla, Joseph.
Visconte, Louis.
Vincent, André.
Vauromper, Joseph.
Vianne, Pierre.

Villers, Jean.
Ventanelli, Antoine.
Valentin, Franz.
Voisin, Pierre-François.
Vincenz, François.
Vonkhaus, Mathias.
Vienstan, Surrière.
Vune, Jean.
Vatton, François.
Vacaret, Damas.
Volompier.
Valette, Julien.
Voison, Jean.
Victor, Pierre.
Vendart, Jean.
Vidiam, François.
Vendet, Aîné.
Vilain, Jacques.
Vivier, Jacques.
Vilier, François.
Vellé, Jean.
Vallotin, Jacques.
Vigore, Pierre.
Vayeten, André.
Voiset.
Vibollieu, Claude.
Vincent, Pierre.
Verdun, Jean.
Vergun, Antoine.
Vandamme, Pierre.
Vedorf, Guillaume.
Volu, François.
Vagvourny, Joseph.
Vidal, Louis.
Velo, André.
Victor, Jacques.
Verplaucke, Jean.
Vital, Georges.
Verbust, Baptiste.
Vossières, Jean.
Vinsory, Jacques.
Vachez, Pierre.
Videl, Jacques.
Vicaire, Jean.
Viole, Pierre.
Vedorf, François.
Vandanne, Baptiste.
Vital, François.
Verdier, Étienne.
Vandencille, François.
Villers, Guillaume.
Vaguet, Jean.
Valenty.
Valento, Felix.

Vurdan, Louis.
Vaillard, Jean.
Valufereuge, Jean.
Veneunie, Pierre.
Vaderac, Jean.
Volieu, Pierre.
Vocaire, Baptiste.
Vocozelle, André.
Vilaute, Valnoire.
Vocalaise, Paul.
Vatelin, Pierre.
Vignou, Pierre.
Vendurden, Henri.
Vague, Nicolas.
Vivent, Louis.
Vinteline, Philippe.
Vincent, Romain.
Vibert, Étienne.
Vasser, Pierre.
Voirin, Jean.
Veudero, Jacques.
Vimelle, Antoine.
Voinberg, André.
Verbier, Pierre.
Voguet, Gustave.
Vernié, Jean.
Vincent, Massi.
Vaussen, Charles.
Vukelmeyer, Christian.
Vicue, François.
Vargnis, Marc.
Varetti, Charles.
Villard, Louis.
Valiand, Louis.
Virsin, Michel.
Vacazo.
Vartelannottes, Pierre.
Vandiker, Nicolas.
Voisson, Claude.
Vincent.
Vincent, André.
Vannecon, Baptiste.
Viballieu, Claude.
Vatinet, Prosper.
Vihain, Baptiste.
Vermant, Adrien.
Veylbrief, Nicolas.
Vello, Pierre.
Vauvre, Pany.
Volé, Pierre.
Vandage, Joseph.
Varnosse, Rouman.
Varnier, Louis.
Valle, Faudreill.

Vangeli, Jacum.
Violet, Jacob.
Vialler, Jean.
Vincent, Cervière.
Vele, Joseph.
Vemberen, Pierre.

Vernaud, Louis.
Vaudal, Louis.
Vasc, Étienne.
Vau (Le), Charles.
Valadi, Balthazar.
Vallet, Jean.

Viterio, Franz.
Virgile, Bonard.
Vinie, Georges.
Vauthied, François.

W.

Wartalang, Franz.
Wartalang, Franz.
Widier.
Wagner, Gaspard.
Weichemann, Baptiste.
Weiters, Maximilien.
Wagner, Matthias.
Wellems, Peter.
Wanderlande, Wilhelm.
Willemann.
Werk, Jean.
Wantse, Prosper.
Witt (de), Aurig.
Werner, Frédéric.
Woeniack, Pierre.
Weinig, Antoine.
Wallier, Louis.
Warmus, Mathurin.
Weber, Daniel.
Weck, Jean.
Wisbeck, Manzue.
Wandenblas, Hylam.
Willmat, Jean.
Weichenelle, Jean.
Willer, Joseph.
Welter, Franz.
Wiene, Hermann.
Wary, André.
Wunderlich, Philippe.
Waquet, Hubert.

Wenderbech, Henry.
Wilmsen, Bartel.
Wendesen, Jacques.
Weber, Gaspard.
Watrin, Charles.
Wegro, Joseph.
Wardon, Joseph.
Waeplanc, Pierre.
Wessie, Antoine.
Wissinger, André.
Wagner, Gaspard.
Weichemann, Jean.
Walters, Max.
Waditzer, Matthias.
Wende, Franz.
Willer, Joseph.
Weber, Pius.
Wilkens, Römer.
Winkels, Jean.
Wolter, André.
Weiss, Antoine.
Wanta, Pierre.
Witt, Cornelius.
Wirzfeld, Hubert.
Warmus, François.
Weege, Pierre.
Weiler, Bertrand.
Willers, Bernard.
Werner, Louis.
Weiler, Antoine.

Weber, André.
Wolff, Henri.
Wasché, Claude.
Wassillé, Pierre.
Woyes, Pierre.
Winker, Heinrich.
Waldy, Mynele.
Wirdies, François.
Wee (Le).
Westry, André.
Wollies, Antoine.
Wacht, Daniel.
Wittquin, Philippe.
Weil, Conrad.
Waudremer, Jean.
Wandlow, Franciscus.
Welmenier, Jean.
Wallac, Thomas.
Wessel, Jean.
Warocque, Doma.
Wendois.
Walter, Bernard.
Winenja, Rodolphe.
Wynands, Paul.
Watteler, Michel.
Walter, Bernard.
Wenzau, Louis.
Wink, Jean.

X.

Xhenemont, Pierre.

Xanti, Joseph.

Y.

Yardet, Pierre.

Yardet, Pierre.

Yger.

Z.

Zebois, Pierre.
Zebois, Pierre.
Zary.
Zoebel, Charles.
Zona, Réné.

Zupiery, François.
Zanepoli, Joseph.
Zulmgans, Anton.
Ziesler, Joseph.
Zancon, Jean.

Zouss, Louis.
Zanti, Gaëtan.
Zonco, Pierre.
Zimmermann, Verner.
Zanetty, Jacomo.

Généraux, Colonels, Officiers et Employés dans les Armées françaises.

LIEUTENANT-GÉNÉRAL.
Vander Suden, Louis.
    COLONEL.
Bellot, Henry.
    MAJOR.
Lustrac, Bertram.
  CHEFS DE BATAILLON.
Gouache, Pierre.
Ravenan.
Allart, Jean.
    CAPITAINES.
Aine, Jean.
Damplic, Bernard.
Deconte, J.-H.
Faster, Joseph.
Gerland, Gabriel.
Chapelle (La), Frédéric.

Pechard, Alexandre.
Sarburg, R.-J.
    LIEUTENANS.
Arety, Vincence.
Boisard, Achille.
Adeline, J.-B.
Bonetty, J.
Royer, Nicolas-Philippe.
Roble, Charles.
Boquet, F.
Bourgeois, Denis.
Bonet, Francois.
Brandon, Elie.
Brasier, H.
Charmant, Louis.
Cachere, Louis.
Cornet, Aulid.
Didio, Peter.
Feunar, Alex.

Frike, Friedric
Genton, J.
Lemair, L.
Perin, Cloud.
Peytarin, Denio.
Rosvel, V.-H.
Sineau, Jean.
Tanelly, François.
Tauvelle, François.
Werthmüller, H.
Buchler, François.
Druelle, Benjamin.
Smit, Friederic.
  COMMIS DE BUREAU.
Janin, François-Stavin.
    PHARMACIEN.
Lefrance, François.

Les Militaires ci-après désignés sont vivans, et habitent en Russie. Ils ont prêté serment à l'Empire comme sujets Russes.

Albis, Charles, né à Larusch en Brabant.
Arkel, Étienne, habite la colonie de Saratoff.
Bartholomy, Joseph, né à Malmedy, habite le gouvernement de Livonie.
Batenburg (van), né à Nimmegen, *ibid.*
Bawelden, Chretien, habite le gouvernement de Saratoff.
Berg, Pierre, *ibid.*
Bracht, Jean-Christian, habite le gouvernement de Sataroff.
Brand (van der), né à Amsterdam, habite le gouvernement de Livonie.
Burt, Jean, habite la colonie de Saratoff.

Dano, Jean, habite la colonie de Saratoff.
Delend, Guillaume, *ibid.*
Delis, Léopold, *ibid.*
Défandy, Léopold, *ibid.*
Detter, Joseph, *ibid.*
Duhamel, Joseph, né à Oupern, habite le gouvernement de Livonie.
Graf (de), habite la colonie de Sataroff.
Ackman, Jean-Baptiste, *ibid.*
Heid, Jean-Pierre, *ibid.*
Jacobs, Joseph, né à Amsterdam, habite le gouvernement de Livonie.
Konig, Jean, habite la colonie de Sataroff.
Lohmuller, Christian, *ibid.*
Niedeker, Guillaume, de Utrech, habite Bleshof.
Peterson, Jacques, né à Amersofort, habite Wittepsk.
Post, Abraham, habite la colonie de Saratoff.
Prince, Étienne, *ibid.*
Rateit, Jean-Baptiste, né à Lille, habite le gouvernement de Livonie.
Salomon, Jacques, né à Amsterdam, *ibid.*
Samerfort, Germain, habite la colonie de Saratoff.
Schierger, Jean-Géoffroi, *ibid.*
Schmid, né à Leuwarden, habite le gouvernement de Livonie.
Topissen, Albert, né à Gent, *ibid.*
Tor, Joseph, habite le gouvernement de Sataroff.
Trigal, Jean-Baptiste, *ibid.*
Wiong, Jean-Baptiste, *ibid.*
Werscheven, Mathieu, *ibid.*
Werwis, Constantin, *ibid.*

Les Militaires dont les noms suivent étaient nés dans les pays ci-devant compris dans les Départemens français. Tous sont morts en Russie. La Liste ci-dessous, qui contient 62 noms, est extraite d'une autre Liste qui comprend 7,500 noms qu'on n'a pas cités, mais sur lesquels on donnera les renseignemens qui seraient demandés.

Noms et Prénoms.	Lieux de Naissance.	Départemens.	Morts à
AMES, Jean.	Bergweiler.	Trêve.	Kaluga.
Amfuhr, Nicolas.	Hulscheid.	Roer.	Charkow.
Ardey, Hermann.	Wiblinwerde.	*Ibid.*	Tula.
Arens, Charles.	Eukirch.	Rhin et Moselle.	Rasan.
Aubertirle, Joachim.	Traverauch.	Roer.	Tambow.
Balters, Jean-Godfried.	Gumersbach.	*Ibid.*	Jaraslow.
Baumgarten, Henry.	Griethausen.	*Ibid.*	Woronesch.
Bekers, Pierre.	Aix-la-Chapelle.	*Ibid.*	Birguthsch.
Behr, Adam.	Ostweiler.	Rhin et Moselle.	Kassimir.
Bentum, Roger.	Mehr.	Roer.	Rasan.
Berg, Friederic.	Hasselbach.	Rhin et Moselle.	Charkow.
Bernhard, Georges.	Rappelsdorf.	Rhin.	*Ibid.*
Berve, Jean-Dietrich.	Helve.	Roer.	Sengilo.
Bewer, Jean-Nicolas.	Neuweiler.	Trêve.	Nischni.

Noms et Prénoms.	Lieux de Naissance.	Départemens.	Morts à
Bilke , Guillaume.	Holsterhausen.	Roer.	Chersan.
Bislinghoff, Jean-François.	Lippe.	Munster.	Livin.
Bitzer, Jean-Louis.	Hocherscheu.	Roer.	Semlansk.
Batterwerk , Ulrich.	Eschweiler.	Ibid.	Temsa.
Bouman , François.	Hambron.	Rhin.	Mzensk.
Bonn, François.	Cologne.	Roer.	Schitomir.
Bonneberg , Bernard.	Werd.	Ibid.	Jelisabeth.
Bornuan, Friedrich-Gme.	Wesel.	Ibid.	Bobnow.
Brach, François.	Cologne.	Ibid.	Michalow.
Branker, Henry.	Gelsenkirchen.	Ibid.	Tambow.
Brand, Joseph.	Bonn.	Rhin et Moselle.	Orel.
Brass , Jean-Gaspard.	Elberfeld.	Roer.	Rasan.
Braubach, Herman.	Haddenbach.	Ibid.	Petrowsk.
Brempt (von).	Cologne.	Ibid.	Saratow.
Breuer , Jean-Conrad.	Dusseldorff.	Ibid.	Laischer.
Brey, Gehrard.	Weeze.	Ibid.	Nitschui.
Brinkman , Jean.	Cologne.	Ibid.	Dmitrowsk.
Broksieper, Gaspard.	Kuppelberg.	Ibid.	Crazinweg.
Busing, Godfried.	Camin.	Ibid.	Légion d'Allemague.
Conrad, Antoine.	Goderberg.	Rhin et Moselle.	Cherson .
Cornelissen , Pierre.	Geldern.	Roer.	Kroni.
Cromerius , Joseph.	Dormagen.	Ibid.	Sisseran.
Daas, Jean.	Staken.	Rhin.	Sinsdal.
Detzler , Jean.	Dirmingen.	Trêve.	Michalow.
Dève , Pierre.	Saarlouis.	Ibid.	Witschin.
Dietrich , Gaspard.	Limbourg.	Roer.	Petrowsk.
Dienslar , Guillaume.	Kukam.	Ibid.	Danilow.
Dinsing , Henry.	Braubauer.	Ibid.	Owmutsch.
Dohler , Pierre-Martin.	Cochem.	Rhin et Moselle.	Kallow.
Dorper , Pierre-Jean.	Saint-Anton.	Roer.	Buminsk.
Dortvan , Conrad.	Bruggen.	Ibid.	Kasan.
Dreden, Pierre.	Elberfeld.	Ibid.	Berowsk.
Drost, Pierre.	Bilk.	Ibid.	Légion allemande.
Dubornoi , Claude.	Wesel.	Ibid.	Kasan.
Dupin , Jacques.	Hiesfeld.	Ibid.	Saratow.
Ekbard , Henry.	Ham.	Ibid.	Cherson.
Eckel , Henry.	Kirchberg.	Rhin et Moselle.	Dankow.
Edel , Mathias.	Orembt.	Roer.	Reisk.
Ehl , Théodore.	Gleuel.	Ibid.	Petrowsk.
Eik , Jean-Guillaume.	Matnura.	Ibid.	Légion allemande.
Eikelberg, Gaspard-Henry.	Jserlohn.	Ibid.	Lambirsch.
Eiden , Mathias.	Rell.	Trêve.	Wologda.
Eiffler, Jean-Michel.	Dieblich.	Rhin et Moselle.	Wladcmir.
Ekens, Mathias.	Wetten.	Roer.	Jaraslow.
Esser, Pierre-Jacob.	Saint-Hubert.	Ibid.	Rasan.
Elspaz, Henry.	Kappelen.	Ibid.	Wolsk.
Emmers, Jean.	Gemunden.	Rhin et Moselle.	Saratow.
Engels, Gm.	Kaltenberberg.	Roer.	Petrowsk.

I

www.ingramcontent.com/pod-product-compliance
Lightning Source LLC
Chambersburg PA
CBHW071230290326
41931CB00037B/2586